Bibliografische Information der Deutschen Nationalbibliothek:

Die Deutsche Nationalbibliothek verzeichnet diese Publikation in der Deutschen Nationalbibliografie; detaillierte bibliografische Daten sind im Internet über http://dnb.d-nb.de abrufbar.

Impressum:

Copyright © 2014 ScienceFactory

Ein Imprint der GRIN Verlags GmbH

Druck und Bindung: Books on Demand GmbH, Norderstedt, Germany

Coverbild: By Avda (Own work) [CC-BY-SA-3.0 (http://creativecommons.org/licenses/by-sa/3.0)], via Wikimedia Commons

Atomausstieg? Ja bitte!

Gründe und Folgen einer Abkehr von der
Atomenergie in Deutschland

Julia Steblau: Der Atomausstieg als Folge der Reaktorkatastrophe in Japan (Fukushima) 2011 7

    1. Einleitung 8

    2. Die Atomenergiegewinnung 9

    3. Atomenergiewirtschaft in der Bundesrepublik Deutschland 13

    4. Fazit und Ausblick 15

    Literaturverzeichnis 17

Haike Naemi Blinn: Der bedingte Einfluss der Antiatomkraftbewegung auf den geplanten Atomausstieg Deutschlands 19

    1. Atomkraft – nein danke?! 20

    2. Die Geschichte der deutschen Atomenergiepolitik 20

    3. Die Korrektiv- und Initiativfunktion sozialer Bewegungen 24

    4. Einflussfaktoren auf den Erfolg der Antiatomkraftbewegung 27

    5. Greenpeace – Spektakuläre Aktionen als Motor der Antiatomkraftbewegung 30

    6. Die Grünen und der politische Wandel – das Atomausstiegsgesetz 32

    7. Fazit: Ein/Aus – So einfach ist der Atomausstieg?! 33

    Literaturverzeichnis 35

Henrik Nagel: Die Ablösung der Kernenergie durch erneuerbare Energien in Deutschland 41

    1. Einleitung 42

    2. Energieträger und ihre Nutzung 43

    3. Erneuerbare Energien 43

    4. Bisheriger Stand erneuerbarer Energien in Deutschland 45

    5. Aktueller Energieverbrauch und Kosten 48

    6. Trends erneuerbarer Energien in Deutschland 51

    7. Fazit 56

    Literaturverzeichnis 57

Tobias Henze: Nuclear power in Germany – History and future prospects 63

   Abstract 64

   List of abbreviations 65

   1. Introduction 66

   2. Analytical framework 70

   3. Historical analysis 78

   4. Germany's new energy program 117

   5. Conclusion 124

   References 128

Marcus Kreysch: Die wirtschaftlichen Folgen des Atomausstiegs in Deutschland 143

   1 Einleitung 144

   2. Die Historie und Bedeutung der Kernenergie 146

   3. Der Atomkonsens der Bundesregierung unter Gerhard Schröder und die spätere Wiederaufhebung durch die Bundesregierung unter Angela Merkel 160

   4. Das Reaktorunglück von Fukushima und deren Auswirkungen auf das deutsche Energiekonzept 170

   5. Die wirtschaftlichen Folgen des Atomausstiegs durch das neue Energiekonzept zur Energiewende 178

   6. Fazit 200

   Literaturverzeichnis 203

   Anhang 209

Julia Steblau (2011): Der Atomausstieg als Folge der Reaktorkatastrophe in Japan (Fukushima) 2011

1. Einleitung

Mitte der 70er Jahren wurden in Deutschland die ersten Stimmen laut, die die Atomenergie ablehnten. Dabei wurde der erste Reaktor schon 1953 errichtet, in der Nähe von München. Genutzt wurde die Atomenergie zur Energiegewinnung schon seit den 60er Jahren. Geplant waren damals 40 neue Kraftwerke bis zum Jahr 1985.

Der Begriff des *Atomausstiegs* flammte während der Proteste in Gorleben und bei gewalttätigen Auseinandersetzungen zwischen Demonstranten und Polizei auf.[1] Viele Menschen schlossen sich der Anti-Atomkraft-Bewegung an, nachdem 1986 der Reaktor in Tschernobyl (Ukraine) explodierte.[2] Zeitgleich waren über die Jahre hinweg bei den politischen Parteien Deutschlands differenzierte Ansichten zum Thema Atomkraft vertreten.

Die gesetzliche Grundlage zur Nutzung von Kernkraftwerken zur Energiegewinnung bildet in Deutschland das Atomgesetz (AtG), das 1960 in Kraft getreten ist. Seither gab es zahlreiche Neuerungen. Die erste große Novellierung wurde im Jahr 2002 vorgenommen, die die Vereinbarung zur kontrollierten Abschaltung deutscher Kernkraftwerke, die die Bundesregierung im Jahr 2000 mit den Energieversorgungsunternehmen getroffen hat, juristisch umgesetzt. Nach der Bundestagswahl 2009 machte die schwarzgelbe Koalition die Abmachung rückgängig und beschloss eine erneute Laufzeitverlängerung (ohne Neubau von AKWs). Diese zweite große Änderung des Gesetzes wurde im Dezember 2010 trotz Androhung einer Verfassungsklage seitens der Opposition (SPD, Grüne und Die Linke) vom Bundespräsidenten ohne Zustimmung des Bundestages unterzeichnet.[3]

Nachdem das AKW Fukushima (Japan) bei einem Tsunami schwer beschädigt wurde und in der Folge eine große Menge Radioaktivität austrat, gab es hier wie dort Sorgen um die Sicherheit des beschädigten Kernreaktors. Die Frage nach dem *„sofortigen Atomausstieg"* flammte in der deutschen Politik und Bevölkerung erneut auf.

---

1 Grau (1998)
2 Seite „Atomausstieg" (2011)
3 Seite „Atomgesetz (Deutschland)" (2011)

2. Die Atomenergiegewinnung

2.1. Wie funktioniert die Atomgewinnung aus Atomen?

Atomenergie zu gewinnen, werden Atomkerne gespalten. Effizient sind sehr schwere Atome wie beispielsweise Uran-Isotop 235 (92 Protonen, 143 Neutronen) oder Plutonium-239. Uran befindet sich als Uranerz in vielen Böden und wird unter anderem in den USA, Niger und der Ukraine abgebaut.

Atomkerne bestehen aus positiv geladenen Protonen und ungeladenen Neutronen. Gleiche Ladungen stoßen sich eigentlich ab, sodass die Protonen auseinanderstreben müssten. Das wird durch eine Elektronenhülle mit negativ geladenen Elektronen verhindert. Die Energie aus diesen Kraftwirkungen kann durch Kernspaltung freigesetzt und zur Stromerzeugung genutzt werden.

Um den Kern zu spalten, muss ein Neutron mit einer bestimmten Geschwindigkeit auf das Atom treffen. Ein Teil der Bewegungsenergie wird auf den Kern übertragen, woraufhin sich dieser bewegt. Da sich nun ein weiteres Neutron im Kern befindet, verändern sich auch die Abstände zwischen den Protonen. Es entsteht ein Ungleichgewicht. Dadurch bricht der Atomkern auseinander. Aus den Bruchstücken entstehen zwei neue Atome. Gleichzeitig werden noch einige Neutronen frei, die andere große Uranatome in unmittelbarer Nähe anstoßen können, wenn sie nah genug sind. Es kommt zu einer Kettenreaktion.[4]

Hierfür muss das natürliche Uran vorher künstlich angereichert werden. Im Anreicherungsprozess werden die im natürlichen Uran enthaltenen Isotopentypen getrennt, denn nur das Uran-Isotop 235 ist zu einer nuklearen Kettenreaktion fähig.

2.2. Das Atomkraftwerk

In Kernkraftwerken kann man diese Kettenreaktion genau steuern. Das Uran wird zu kleinen Tabletten (Pellets) verarbeitet und befindet sich in langen Brennstäben. Diese sind zu Brennelementen zusammengefasst und werden von Wasser umspült. Durch die freiwerdende Spaltungsenergie wird das Wasser so stark erhitzt, dass es verdampft. Der Wasserdampf wird in eine Turbine geleitet, die ähnlich wie ein Fahrraddynamo funktioniert: Der Dampf treibt die Schaufeln

---
4 Wissen Media Group, München (2010)

der Turbine an, wodurch in einem angeschlossenen Generator Strom erzeugt wird. Anschließend wird der Wasserdampf in einem Kühlturm oder durch Flusswasser abgekühlt und dort zu Wasser kondensiert. Dieses Prinzip wird auch zur Gewinnung von Antriebsenergie in U-Booten oder Flugzeugträgern genutzt.[5]

Da beim Bau eines Kernkraftwerkes viele Dinge beachtet werden müssen, sind die Investitionskosten enorm hoch. Seit Ende der 80er Jahre sind zudem die staatlichen Zuschüsse zurückgegangen. Die Betreiber der Werke sind demnach bestrebt, so lange wie möglich so viel Strom wie möglich zu produzieren. Neben den reinen Baukosten kommen noch hohe Kosten für die Materialien (Uran, Wasser...), Transport, Endlagerung und Sicherheitsüberprüfungen hinzu.[6]

Tab. 1 zeigt eine Übersicht über die Kernkraftwerke in Deutschland, ihr Baujahr, der geplante Betriebsschluss und die bisherigen Vorfälle. Aktuell laufen in weiteren sechs Kraftwerken Wartungsarbeiten, weswegen nur 4 Werke am Netz sind. Nach Abschluss der Arbeiten nehmen diese den Betrieb wieder auf.[7]

---

5 Ebd.
6 Lovins; Hennicke (1999): 26
7 dpa (21. Mai 2011)

KKW	Baujahr	Geplanter Betrieb bis	Vorfälle	Aktuell
Neckarwestheim 1	1976	2019	427	Abgeschaltet
Neckarwestheim 2	1988	2036	80	
Brokdorf	1986	2033	211	
Brunsbüttel	1976	2020	462	Abgeschaltet
Emsland, Lingen	1988	2034	121	
Grafenrheinfeld	1981	2028	222	
Isar 1, Essenbach	1977	2019	280	
Isar 2, Essenbach	1988	2034	72	
Krümmel	1983	2033	322	Abgeschaltet
Philippsburg 1	1979	2020	337	Abgeschaltet
Philippsburg 2	1984	2032	182	
Unterweser, Esenshamm	1978	2020	340	Abgeschaltet
Gundremmingen B	1984	2030	105	
Gundremmingen C	1984	2030	99	
Biblis A	1974	2020	419	Abgeschaltet
Biblis B	1976	2020	422	Abgeschaltet
Gronde	1984	2032	222	

Tab.1. Atomkraftwerke in Deutschland – Baujahr, Betrieb und Störfälle[8]

---

8 Erstellt nach: Bundesamt für Strahlennschutz (2011) und Helfert (2011)

2.3. Vorzüge von Atomenergie

- „sauber" (umweltfreundlich): keine Freisetzung von Treibhausgasen in die Umwelt
- regenerative Energien können den hohen weltweiten Energiebedarf noch nicht decken
- unabhängig von der Tages- oder Jahreszeit und der Verfügbarkeit bestimmter Ressourcen, wie Wind oder Sonne
- unabhängig von ausländischen Anbietern von Erdöl und Erdgas
- niedrige Gesamtkosten und der Strom lässt sich mit hohem Gewinn verkaufen
- Sicherheitsstandards sind in Deutschland ausreichend hoch

2.4. Probleme mit Atomenergie

- gesundheitliche Risiken für Mensch und Natur aufgrund von Strahlung und veralteten Sicherheitsbestimmungen
- Versicherung: AKWs müssen/können nicht versichert werden; staatliche Gesamtkosten (z.b. durch Sicherung usw.) sind höher als Einsparungen der Energieunternehmen
- Problem der Endlagerung (Atom-Müll strahlt mehrere zehntausend Jahre und Endlager sind nicht strahlensicher)[9]
- Gefahr von terroristischen Anschlägen auf AKWs (z.B. mit Flugzeugen)
- Verdrängung erneuerbarer Energien, weil teurer und nicht so effizient
- Verhinderung der Forschung und Weiterentwicklung erneuerbarer Energien

---

9 ÖKO-Institut (1983): 44

3. Atomenergiewirtschaft in der Bundesrepublik Deutschland

3.1. Das Atomgesetz (AtG)

Das „*Gesetz über die friedliche Verwendung der Kernenergie und den Schutz gegen ihre Gefahren*" (Atomgesetz)[10] bildet die gesetzliche Grundlage der Nutzung der Kernenergie. Erlassen wurde es 1960. Die erste große Neuerung wurde 2002 unterzeichnet. Sie enthielt die Richtlinien zum geplanten Ausstieg aus der Nutzung von Kernenergie zur Energieerzeugung in Deutschland. Das bedeutete, das keine neuen Kraftwerke mehr gebaut werden dürfen und eine Befristung der Laufzeit auf maximal 32. Jahre. Zudem enthielt es weitere wichtige Neuheiten:

- „Erstmals wird die Pflicht zu regelmäßigen Sicherheitsüberprüfungen der Atomkraftwerke gesetzlich festgeschrieben. […]
- Die Entsorgung bestrahlter Brennelemente wird auf die direkte Endlagerung beschränkt, das heißt, die Abgabe bestrahlter Brennelemente aus Kernkraftwerken an Wiederaufarbeitungsanlagen (WAA) ist ab dem 1. Juli 2005 verboten. Seit diesem Datum sind Transporte deutschen Atommülls in die Wiederaufbereitungsanlagen La Hague (Frankreich) und Sellafield (England) nicht mehr genehmigungsfähig. […]"[11]

Als 2009 die neue Regierung aus CDU und FDP gebildet wurde, wurde im Koalitionsvertrag eine Laufzeitverlängerung bestehender Reaktoren vereinbart, die über die Laufzeiten im Atomkonsens hinausgehen. Im Oktober 2010 beschloss der Deutsche Bundestag dass die Laufzeiten der Kraftwerke um 8 bis 14 Jahre verlängert werden. Somit wurde im Dezember 2010 die zweite große Neuerung des Atomgesetzes unterzeichnet.[12] Allerdings kam es im Zuge des Unfalls in Japan zu einem erneuten Gesetz.

3.2. Fraktionen im Diskurs

Im Diskurs um die Anwendung von Atomkraft zur Energieerzeugung stehen sich die unterschiedlichen Parteien gegenüber. Außerdem sind Vereinigungen wie Greenpeace und weitere Verbände und Bürgerinitiativen beteiligt, in denen die Bevölkerung sich zum Teil organisiert. An großen Protestaktionen nahmen tausende Menschen teil und protestierten auch heute noch mit dem Slogan der

---

10 Bundesministerium der Justiz (2010): 1
11 Seite „Atomgesetz (Deutschland)" (2011)
12 Ebd.

80er „Atomkraft Nein Danke". Auch die Energieversorgungsunternehmen, E.On, RWE und Vattenfall sind beteiligt an der Debatte (Lobbyismus spielt hier als Thema ein).

B90/Grüne: Sie fordern Ausstieg aus der Atomkraft, weil man nicht gleichzeitig die erneuerbaren und die atomaren Energien fördern könne und außerdem Atomkraftwerke „langsam, schwerfällig – und ein erhebliches Sicherheitsrisiko" seien. Außerdem sei Atomkraft angesichts des giftigen Atommülls weder sauber noch günstig.[13]

FDP: Sie sind für eine weitere Nutzung der Atomkraft. "Moderne, konventionelle Kraftwerke, erneuerbare Energien und Kernenergie sind drei Schwestern im Netz" ist eines ihrer Argumente.[14]

CDU/CSU: Sie fordert ebenfalls, den Atomausstieg rückgängig machen und stellt fest, dass Deutschland einen Energie-Mix mit Atomenergie brauche, da sie zur Überbrückung notwendig sei. Da diese so kostengünstig sei, könne man trotzdem die erneuerbaren Energien fördern.[15]

SPD: Sie stellt sich mit ihren Forderungen auf die Seite der Bürger und ist damit ebenfalls für einen Atomausstieg.

Die Linke: Stellt sich ebenfalls auf die Seite der Bürger und fordert eine Abschaltung der Kraftwerke, um die Erwartungen der Menschen zu erfüllen. Sie sehen das wahre Problem in der Atomlobby, die dieses verhindern wollen.[16]

Insgesamt sind für einen Ausstieg: SPD, Bündnis 90/ Die Grünen, Die Linke und Greenpeace, BUND etc. Dagegen sind: CDU/CSU, FDP, Energiekonzerne (z.B.: ENBW, E.ON, RWE, Vattenfall). Im Sommer 2010 waren Umfragen zufolge 77 Prozent der Deutschen gegen eine Laufzeitverlängerung von 15 Jahren oder mehr. 48 Prozent waren sogar gegen jegliche Laufzeitverlängerung.[17]

---

13 Metzger (2010): 3
14 Ebd.
15 Ebd.
16 Ebd.
17 Brost und Vorholz (2010)

3.3. Historischer Abriss der Ereignisse

1980er Jahre – deutschlandweit Proteste seitens der Bevölkerung und Umweltorganisationen gegen Atomkraft.

2000 – Bundesregierung (SPD, B90/Grüne) und Energieversorger beschließen gemeinsam den Atomkonsens (Laufzeitverkürzung und Verbot von Neubau; 2002 gesetzlich festgeschrieben).

2009 – Koalition von CDU und FDP beschreibt Ausstieg aus dem Ausstieg: Laufzeiten sollen wieder verlängert werden (2010 gesetzlich festgeschrieben: Verlängerung der Laufzeiten um 8 bis 14 Jahre).

2011 – Unglück in Fukushima: 7 alte und problematische Kernkraftwerke werden abgeschaltet; Reaktorsicherheitskommission veröffentlicht Bericht über die Sicherheit deutscher Kraftwerke mit sehr unterschiedlichem Ergebnis. Schließlich werden bis 2022 alle Kraftwerke abgeschaltet.

4. Fazit und Ausblick

Nachdem Deutschland im Jahr 2000 nach langen Protesten aus der Bevölkerung und anderen Verbänden ein Atomausstieg beschlossen hatte, schien der Weg frei für regenerative Energien. Nachdem Ende 2010 aus dem Ausstieg offiziell wieder ausgestiegen wurde, scheint diese Entscheidung nach dem Unglück in Fukushima wieder auf dem Prüfstand zu stehen. Als erste Reaktion hat Bundeskanzlerin Merkel eine „Sicherheitsüberprüfung für alle Kernkraftwerke in Deutschland angeordnet."[18]

Gegenwärtig sind die 7 ältesten und problematischsten Kraftwerke abgeschaltet worden. Nach dem im Mai vorgelegten Bericht der Kommission für Reaktorsicherheit wird den meisten Kraftwerken ein „großer Robustheitsgrad" bescheinigt. Schwachstellen seien bei Flugzeugabstürzen, Stromausfällen, Erdbeben und Hochwassern zu erwarten. Als Reaktion auf den Bericht wurden schon 4 Kraftwerke abgeschaltet. Im Juni soll eine Gesetzesänderung des AtG unterzeichnet werden, die die Restlaufzeiten der Kraftwerke festlegt.[19] Unsere europäischen Nachbarn sind da zum Teil schon einen Schritt weiter. Länder, wie Italien, Österreich und Schweden beschlossen schon vor längerer Zeit die bestehenden Kraftwerke abzuschalten und keine neuen mehr zu bauen. Durch steigende Energiekosten und den Klimawandel scheint Kernkraft wieder

---

18 Bundesregierung (2011): Mitschrift Pressekonferenz
19 Abendblatt.de (2011)

beliebter zu werden: selbst in Schweden, in dem der Ausstieg vor 30 Jahren beschlossen wurde (Verbot Neubau der Kraftwerke), wurde dieser 2010 wieder Rückgängig gemacht.[20] Schließlich wurde dennoch beschlossen, dass bis 2022 alle Atomkraftwerke abgeschaltet werden müssen.

Ob und wie der sich der Atomausstieg prozentual umsetzt bleibt abzuwarten. Feststeht dass erhebliche Investitionen seitens des Staates notwendig sind, um die Energiewende zu meistern.

---

20 Zeit Online (18. Juni 2010)

Literaturverzeichnis

Abendblatt.de (2011): Mögliches Aus für vier AKW – darunter Brunsbüttel. Auf: http://www.abendblatt.de/politik/deutschland/article1892923/Moegliches-Aus-fuer-vier-AKW-darunter-Brunsbuettel.html.

Brost, Marc und Vorholz, Fritz (2010): Atomausstieg. Schon wieder Ärger mit dem Volk. Auf: http://www.zeit.de/2010/30/Atomausstieg?page=1.

Bundesamt für Strahlenschutz (2011): Kernkraftwerke in Deutschland – Meldepflichtige Ereignisse seit Inbetriebnahme. Auf: http://www.bfs.de/kerntechnik/ereignisse/standorte/karte_kw.html.

Bundesministerium der Justiz (2010): Atomgesetz. Auf: http://www.gesetze-im-internet.de/bundesrecht/atg/gesamt.pdf.

Bundesregierung (2011): Mitschrift Pressekonferenz vom 22. März 2011. Auf: http://www.bundesregierung.de/nn_774/Content/DE/Mitschrift/Pressekonferenzen/2011/03/2011-03-22-statements-kernenergie-in-deutschland.html.

Dpa (21. Mai 2011): Kernkraftwerk Emsland abgeschaltet – nur vier deutsche AKW am Netz. Auf: http://www.focus.de/politik/schlagzeilen/nid_72836.html.

Grau, Andreas (1998): Bürgerbewegungen: Anti-Atomkraft-Bewegung. Auf: http://hdg.de/lemo/html/DasGeteilteDeutschland/NeueHerausforderungen/Buergerbewegungen/antiAtomkraftBewegung.html.

Helfert, Bernd (2011): Deutschlands Atomkraftwerke. (Stand 21. Mai 2011). Auf: http://www.faz.net/s/Rub469C43057F8C437CACC2DE9ED41B7950/Doc~E16CF41D6DDF24AC2BBC90DEB3E4864F8~ATpl~Ecommon~SMed.html.

Lovins, Amory und Hennicke, Peter (1999): Voller Energie. Campus Verlag GmbH, Frankfurt/Main 1999.

ÖKO-Institut (Hrsg.)(1983): Wege aus einer zerstörten Umwelt – Atom-Müll. Verlag Adolf Bonz GmbH, Fellbach; 2. Auflage 1983.

Seite „Atomausstieg" (2011): In: Wikipedia, Die freie Enzyklopädie. Bearbeitungsstand: 14. Mai 2011. Auf: http://de.wikipedia.org/w/index.php?title=Atomausstieg&oldid=88825830 (Letzter Zugriff: 15. Mai 2011).

Seite „Atomgesetz (Deutschland)": In: Wikipedia, Die freie Enzyklopädie. Bearbeitungsstand: 25. April 2011. Auf: http://de.wikipedia.org/w/index.php?title=Atomgesetz_(Deutschland)&oldid=88087547.

Wissen Media Group, München (2010): Die Kraft aus den Atomen: Kernenergie. Auf: http://www.wissen.de/wde/generator/wissen/ressorts/natur/naturwissenschaften/indexoffline,page=1306870.html.

Zeit Online (18. Juni 2010): Schweden macht Atomausstieg rückgängig. Vom 18. Juni 2010. Auf: http://www.zeit.de/politik/ausland/2010-06/schweden-neubau-atomreaktoren.

Haike Naemi Blinn (2010): Der bedingte Einfluss der Antiatomkraftbewegung auf den geplanten Atomausstieg Deutschlands

1. Atomkraft – nein danke?!

In den letzten Wochen bekam der Slogan „Atomkraft, nein danke!" eine neue, wieder aktuelle Bedeutung. Die CDU Regierung unter Bundeskanzlerin Angela Merkel und die FDP mit Vizekanzler Guido Westerwelle haben entgegen des geplanten Atomausstiegs Deutschlands, der unter der SPD/Bündnis 90/ Die Grünen Koalition beschlossen wurde, einer Verlängerung der Laufzeiten von Atomkraftwerken zugestimmt,[21] trotz zahlreicher Proteste seitens der Atomkraftgegner und der Bevölkerung. Der Atomkonsens wurde durch die aktuelle CDU/FDP Regierung abgeändert. Der geplante Atomausstieg wurde also vertagt, die Abschaltung des letzten Atomkraftwerks ist für 2040 vorgesehen. Jedoch ganz kann Merkel den Protest nicht ignorieren, sie verlangt von den Atomkraftwerkbetreibern eine milliardenhohe Steuer, die für den Ausbau der erneuerbaren Energien genutzt werden soll.[22] Welche Faktoren den Erfolg der Antiatomkraftbewegung beeinflussen, soll die nachfolgende Untersuchung zeigen, wobei besonderes Augenmerk auf den Einfluss der sozialen Bewegung und der Nichtregierungsorganisationen liegt. Es sollen Korrektiv- und Initiativfunktion sozialer Bewegungen erläutert werden, die in dieser Arbeit die theoretische Grundlage darstellen werden.

Bevor nun die Antiatomkraftbewegung als soziale Bewegung beschrieben wird, soll ein kurzer historischer Abriss über die Kernenergie in Deutschland gegeben werden.

2. Die Geschichte der deutschen Atomenergiepolitik

Ursprünglich wurde die Kernenergie, der die Entdeckung der Kernspaltung durch Otto Hahn und Fritz Strassmann 1938 zugrunde liegt,[23] ausschließlich durch das Militär genutzt.[24] Hiroshima und Nagasaki (August 1945) sind Inbegriffe für die Auswirkungen, die Atombomben auf Natur und Menschen haben, bis heute sind ca. 360 000 Menschen an den Folgen der dort

---

21 vgl. Zeit Online: Merkel spricht von einer Revolution, 6.09.2010,
http://www.zeit.de/politik/deutschland/2010-09/atom-laufzeiten-merkel-minister (aufgerufen am 01.10.2010)
22 vgl. Ebd.
23 vgl. Rebhan, Eckhard: Energiehandbuch: Gewinnung, Wandlung und Nutzen von Energie, Berlin 2002, S. 4f.
24 vgl. Corbach, Matthias: Atomenergie, in: Reiche, Daniel (Hrsg.): Grundlagen der Energiepolitik, Frankfurt am Main 2005, S. 100

herrschenden radioaktiven Verstrahlung gestorben.[25] US-Präsident Eisenhower präsentierte 1953 vor der UN-Vollversammlung das „atomic power for peace" Programm. Daraufhin wurde in den USA verstärkt nach einer Verwendung der Kernenergie für zivile Zwecke geforscht.[26] Die ersten Kernkraftwerke der Welt sind 1954 im russischen Obninsk und 1955 im englischen Calder Hall zu finden. Die deutsche Atomenergiegeschichte teilt sich in die vier folgenden Phasen.[27]

Erste Phase: Die spekulative Phase (1955-1967)

Die Bundesregierung förderte damals die Erforschung der Kernenergie, da sie die Entwicklung voranbringen wollte. Da das genaue Ausmaß der Investitionen noch nicht klar war, reagierten die Energieversorgungsunternehmen (EVUs) mit großer Skepsis gegenüber dem Sektor.[28]

Nach dem zweiten Weltkrieg war es dem besetzten Deutschland durch die Siegermächte untersagt sich am Reaktorbau und an der Verarbeitung von Uran zu beteiligen.[29] Bundeskanzler Konrad Adenauer gründete 1955 das Bundesministerium für Atomfragen. 1957 wurde der Euratom-Vertrag zwischen Deutschland, Belgien, Frankreich, Italien, Luxemburg und der Niederlande unterzeichnet, der die friedliche Nutzung und Forschung der Kernenergie garantieren sollte.[30] 1957 wurde der erste deutsche Forschungsreaktor, das „Atom Ei", in München Garching und 1961 das Versuchskraftwerk in Kahl am Main in Betrieb genommen.[31] Am 15.04.1960 gab es den ersten Protestmarsch unter dem Motto „Kampf dem Atomtod", der Atomkraft als Risikotechnologie ansah.[32] Das Atomgesetz, das die Erforschung, Entwicklung und Nutzung der Kernenergie zu friedlichen Zwecken fördern sollte, wurde vom Bundestag 1959 verabschiedet. Es trat aber in seiner vollen Gültigkeit erst im Oktober 1961 in

---

25 vgl. Bundeszentrale für politische Bildung: Hintergrund aktuell. Gedenkfeier in Japan, 6.08.2007, http://www.bpb.de/themen/XW4MQX,0,0,Gedenkfeier_in_Japan.html (aufgerufen am 4.10.2010)
26 vgl. Corbach, Atomenergie, S. 101
27 vgl. Matthes, Felix Christian: Stromwirtschaft und deutsche Einheit. Eine Fallstudie zur Transformation der Elektrizitätswirtschaft in Ost- Deutschland, Berlin 2000, S. 141ff.
28 vgl. Ebd.
29 vgl. Corbach, Atomenergie, S. 101
30 vgl. Matthes, Stromwirtschaft, S. 141ff.
31 vgl. Quaschning, Volker: Erneuerbare Energien und Klimaschutz. Hintergründe – Techniken – Anlagenplanung – Wirtschaftlichkeit, München 2008, S. 22
32 vgl. Hermle, Siegfried / Lepp, Claudia / Oelke, Harry (Hrsg.): Umbrüche. Der deutsche Protestantismus und die sozialen Bewegungen in den 1960er und 1970er Jahren, Göttingen 2007, S. 75

Kraft.[33] Bis dato war die Atomkraftpolitik nicht auf der politischen Agenda vertreten und wurde nun damit aufgenommen. Zwischen den deutschen Parteien herrschte in dieser Zeit ein hoher Konsens, die SPD war bis in die 70-er Jahre Befürworter der Kernenergie, was man heute nicht mehr annehmen würde.[34]

Zweite Phase: Die Durchbruchphase (1967-1975)

Die Industrie war wesentlich daran beteiligt, dass der Bau neuer Kernkraftwerke vorangetrieben wurde. Ziel war es ein möglichst hoher und steigender Energiebedarf zu schaffen, durch das Anpreisen von immer neu entwickelten elektrischen Geräten für den Privathaushalt.[35] Die Bundeskanzler Willy Brandt und Helmut Schmidt sahen den Bau von 40 neuen Reaktoren als Lösung für die Ölkrise von 1973.[36]

Dritte Phase: Die Stagnationsphase (1975-1986)

Mittelpunkt dieser Phase stellt die Anti-Atomkraft-Bewegung dar sowie eine Debatte um die Sicherheit der Kernkraftwerke und deren Müll. Das AKW Brokdorf wurde 1976 gebaut, an der ersten Demonstration nahmen 5000 Menschen teil, bei der zweiten Demonstration waren es immerhin 30 000. Diese Anti-Atomkraft-Bewegung setzte sich aus heterogenen Gruppen zusammen, die sich langfristig formierte in diverse Nichtregierungsorganisationen[37] wie Greenpeace.[38] Dieser zunehmende Widerstand aus der Bevölkerung und die Sicherheitsdebatte waren Auslöser für die Parteien ihre Passivität gegenüber der Kernenergie abzulegen.[39]

---

33 vgl. Bundesministerium der Justiz: Gesetz über die friedliche Verwendung der Kernenergie und den Schutz gegen ihre Gefahren (Atomgesetz), Stand 17.03.2009, http://www.gesetze-im-internet.de/atg/BJNR008140959.html#BJNR008140959BJNG00010 0326 (aufgerufen am 4.10.2010)
34 vgl. Corbach, Atomenergie, S. 102
35 vgl. Ebd.
36 vgl. Welt online: Alexander, Robin: Atomkraft war früher ein Teil linker Utopien, 11.07.2008, http://www.welt.de/politik/article2203802/Atomkraft_war_frueher_ein_Teil_linker_Utopien.html
37 Nichtregierungsorganisation ist „jede nicht gewinnorientierte, gewaltfreie, organisierte Gruppe von Menschen, die keine Regierungsfunktionen anstrebt " in Frantz, Christiane/ Martens, Kerstin: Nichtregierungsorganisationen (NGOs), Wiesbaden 2006, S. 22
38 vgl. Corbach, Atomenergie, S. 103
39 vgl. Ebd.

Vierte Phase: Die Niedergangsphase (ab 1986)

Diese Phase beginnt mit dem Super-GAU („Super-Größter anzunehmender Unfall")[40] des russischen Atomkraftwerks Tschernobyl. Die Ablehnung der Bevölkerung gegenüber Atomkraft ist seitdem gestiegen. Daraufhin formulierte die SPD ein Kernenergieabwicklungsgesetz, das den Ausstieg aus der Kernenergie innerhalb von 10 Jahren vorsieht.[41] Die Grünen entwarfen im selben Jahr einen Entwurf zum Atomsperrgesetz, der vorsieht alle Atomkraftwerke stillzulegen innerhalb von 6 Monaten.[42] Geplante Atomkraftwerke in Kalkar, Wackersdorf und Hamm-Uentrop wurden deshalb nicht gebaut.[43]

Bereits nach der Wiedervereinigung unter Helmut Kohl gab es Pläne zu einem Atomkonsens (ausgehandelter Kompromiss zwischen Energieversorgungsunternehmen und Bundesregierung), der jedoch an den unterschiedlichen Interessen 1993 scheiterte.[44]

1998 kamen SPD und Bündnis 90/ Die Grünen (kurz: Die Grünen) an die Regierung, die sich in ihrem Koalitionsvertrag darauf einigten, dass der Ausstieg aus der Atomenergie innerhalb ihrer Legislaturperiode, bis 2002, ausführlich und unwiderruflich gesetzlich verankert werden würde.[45]

Der Atomkonsens wurde am 14.06.2000 zwischen der Bundesregierung und den Energieversorgungsunternehmen (VEBA, VIAG, RWE und EnBW) getroffen mit dem Ziel die Kernenergienutzung zur Stromerzeugung geordnet zu beenden.[46] Innerhalb dieses Konsenses scheinen der Verbot des Neubaus von kommerziellen Atomkraftwerken und die Begrenzung der Stromerzeugung der noch bestehenden Atomkraftwerke auf max. 2,62 Millionen Gigawattstunden

---

40 vgl. Crastan, Valentin: Elektrische Energieversorgung 2: Energie- und Elektrizitätswirtschaft, Kraftwerktechnik, alternative Stromerzeugung, Dynamik, Regelung und Stabilität, Betriebsplanung und -führung (2. Auflage), Berlin 2009, S. 309
41 vgl. Schneehain, Alexander: Der Atomausstieg. Eine Analyse aus verfassungs- und verwaltungsrechtlicher Sicht. Göttingen 2005, S. 11
42 vgl. Hesse, Dieter/ Reissner, Ute: Die Risiken bei der Wiederaufarbeitung und dem Betrieb von Kernkraftwerken, 4.02.1999, http://www.wsws.org/de/1999/feb1999/auss-f04.shtml (aufgerufen am 4.10.2010)
43 vgl. Corbach, Atomenergie, S. 104
44 vgl. Ebd., S. 105
45 vgl. Umwelt- und Prognoseinstitut e.V.: Koalitionsvereinbarung SPD/Grüne 1998, http://www.upi-institut.de/koalitio.htm#Atomenergie (aufgerufen am 4.10.2010)
46 vgl. Vereinbarung zwischen Bundesregierung und Energieversorgungsunternehmen, 14.06.2000, http://www.bmu.de/files/pdfs/allgemein/application/pdf/atomkonsens.pdf

die wichtigsten Punkte zu sein (Stichtag 1.1.2000).[47] Des Weiteren ist die Laufzeit auf 32 Jahre begrenzt, Strommengen können von einem Kraftwerk auf das andere übertragen werden.[48] Der Atomkonsens entwickelte sich am 26.4.2002 zu dem „Gesetz zur geordneten Beendigung der Kernenergienutzung zur gewerblichen Erzeugung von Elektrizität".[49]

Nach diesem historischen Überblick soll nun die theoretische Grundlage geschaffen werden.

3. Die Korrektiv- und Initiativfunktion sozialer Bewegungen

Eine soziale Bewegung will durch Aktionen ihre Ziele in das öffentliche Bewusstsein rücken und damit die Öffentlichkeit mobilisieren, einen gesellschaftlichen, sozialen Wandel zu bewirken.[50] Neue soziale Bewegungen haben folgende Aufgaben: sie stören das System, indem sie dieses hinterfragen, sie regen zum Nachdenken an, sie nehmen Partei, sie vertreten mitunter Minderheiteninteressen, sie stellen bestehende Machtverhältnisse in Frage, sie formulieren alternative Lebensstile und verändern Entscheidungen des Normalbetriebs.[51] Die Antiatomkraftbewegung gehört zur Ökologiebewegung der 1970-er Jahre und hat ihren Ursprung in den Ostermärschen (Protest gegen Atomwaffen)[52] der 1960-er Jahre und wird als neue soziale Bewegung

---

47 vgl. Ebd.
48 vgl. Roßnagel, Alexander: Atomausstieg und Restlaufzeiten, in: Hänlein, Andreas/ Roßnagel, Alexander (Hrsg.): Wirtschaftsverfassung in Deutschland und Europa. Festschrift für Bernhard Nagel, Kassel 2007, S. 155-170 (159)
49 vgl. Bundesgesetzblatt 2002 Teil I Nr.26, ausgegeben zu Bonn am 26.4.2002
http://www.bmwi.de/BMWi/Redaktion/PDF/A/gesetz-beendigung-
kernenergienutzung ,property = pdf,bereich=bmwi,sprache=de,rwb=true.pdf (aufgerufen am 4.10.2010)
50 vgl. Rucht, Dieter/Blattert, Barbara/Rink, Dieter: Soziale Bewegungen auf dem Weg zur Institutionalisierung. Zum Strukturwandel alternativer Gruppen in beiden Teilen Deutschlands, Frankfurt am Main 1997, S. 49
51 vgl. Roth, Roland/ Rucht, Dieter: Einleitung, in: Ebd. (Hrsg.): Die sozialen Bewegungen in Deutschland seit 1945. Ein Handbuch, Frankfurt am Main 2008, S. 9-38 (16)
52 vgl. Salewski, Michael (Hrsg).: Das nukleare Jahrhundert. Eine Zwischenbilanz. Historische Mitteilungen, Beiheft 28, Stuttgart 1998, S. 179

angesehen.[53] Die Charakteristika einer neuen sozialen Bewegung sind die Ausbildung komplexer Netzwerke, die räumlich und zeitlich begrenzt sind sowie der Wille zur Veränderung der politischen und sozialen Gegebenheiten.[54] Initiativfunktion sozialer Bewegung bedeutet, dass bisher noch nicht vorhandene Themen von sozialen Bewegungen auf die politische Agenda gesetzt werden.[55] Aufgrund zunehmender Proteste der Bevölkerung gegen Atomenergie sah sich Adenauer gezwungen 1961 die Atomenergie auf die politische Tagesordnung zu setzen und verabschiedete so das Atomgesetz.[56] Daher kann hier von einer Initiativfunktion sozialer Bewegung gesprochen werden, die durch die Atomenergiegegner ins Rollen gebracht wurde.

Korrektivfunktion sozialer Bewegung dagegen bedeutet die Änderung der Einstellung der etablierten Politik zu einem bestimmten Thema, die durch soziale Bewegungen angestoßen wurden.[57] In diesem Fall ist es die Gründung der Partei „die Grünen", die 1980 aus der Antiatomkraftbewegung heraus entstand.[58] Die Bevölkerung befürwortete das Parteiprogramm der Grünen, so dass es die Grünen nach kurzer Zeit schafften, 1983 in den Bundestag als erste Umweltpartei zu kommen. Durch das Reaktorunglück im russischen Tschernobyl 1986 reagierte Helmut Kohl, indem er das Bundesministerium für Umwelt, Naturschutz und Reaktorsicherheit (kurz: BMU) gründete.[59] 2002 schafften es die Grünen die Regierung mit zu stellen und konnten so zusammen mit der SPD das Atomausstiegsgesetz verabschieden. Dieses Gesetz hat als Ziel keine neuen Atomkraftwerke zu bauen und die Regellaufzeiten zu verkürzen. Dagegen sollen unter der momentanen CDU/FDP-Regierung Angela Merkels zwar keine Neubauten geplant sein, jedoch werden Laufzeitverlängerungen für

---

53 vgl. Lemke, Christiane: Neue soziale Bewegungen in: Ellwein, Thomas/ Holtmann, Everhard (Hrsg.): 50 Jahre Bundesrepublik Deutschland, PVS Sonderheft 30/1999, Berlin 1999, S. 441
54 vgl. Kaelble, Hartmut: Sozialgeschichte Europas 1945 bis zur Gegenwart, München 2007, S. 299
55 vgl. Rucht, Dieter: Soziale Bewegungen als demokratische Produktivkraft,. in: Klein Ansgar/ Schmalz-Bruns, Rainer (Hrsg.): Politische Beteiligung und Bürgerengagement in Deutschland, Bonn 1997, S.382-403 (396)
56 vgl. Bundesministerium der Justiz: Gesetz über die friedliche Verwendung der Kernenergie und den Schutz gegen ihre Gefahren (Atomgesetz), Stand 17.03.2009, http://www.gesetze-im-internet.de/atg/BJNR008140959.html#BJNR008140959BJNG00 0100326 (aufgerufen am 4.10.2010)
57 vgl. Rucht, Soziale Bewegungen, S. 395
58 vgl. Roth/ Rucht, Die sozialen Bewegungen in Deutschland, S. 18
59 vgl. Fritzler, Marc: Ökologie und Umweltpolitik, Bonn 1997, S. 42

Atomkraftwerke in Betracht gezogen,[60] da es noch keine sichere Versorgung mit erneuerbaren Energien gäbe und die Atomkraft als „Brückentechnologie" angesehen wird.[61]

Der Ausgangspunkt der Korrektiv- und Initiativfunktion ist, dass die Gesellschaft prinzipiell gestaltbar und damit wandelbar ist, wenn auch das Ergebnis oft ein erfolgreiches Scheitern ist.[62] Was meint, dass zwar das Ziel, die Gesellschaft zu ändern, gescheitert ist, aber trotzdem dahingehend erfolgreich ist, weil es in das Bewusstsein der Bevölkerung und der politischen Akteure – der Entscheidungsträger – gedrungen ist. Für bestehende, sowie für neu auftauchende Probleme sollen Lösungen gefunden werden. Aufgabe der Korrektiv- und Initiativfunktion ist es, ihre Interessen direkt und authentisch zu formulieren, ohne dabei möglichst heterogene Gruppen zu vereinen.[63] Fragen, die von ihr aufgeworfen wurden, sind oft Bestandteil späterer etablierter Politik. Auch ist die Korrektiv- und Initiativfunktion wichtig um die demokratische Streitkultur zu beleben, indem sie sich mit bisher nicht befassten Themen auseinandersetzen und so die Sichtweise der Akteure erweitert werden kann. Daher kann es zu institutionellen und prozeduralen Änderungen kommen.[64]

Neben sozialer Bewegung muss auch noch der Begriff des Lobbyismus geklärt werden. Lobbyismus meint, dass über genaue Informationen auf Entscheidungsträger und Entscheidungsprozesse eingewirkt werden kann.[65] Interessengruppen können nicht nur protestieren und Expertise einbringen, sondern auch durch Lobbying auf ihre Interessen aufmerksam machen.[66] Inwiefern Lobbying Einfluss auf den Erfolg der Antiatomkraftbewegung hat und welche anderen Faktoren dabei auch noch eine Rolle spielen, zeigt das nächste Kapitel.

---

60 vgl. Zeit Online: Merkel spricht von einer Revolution, 6.09.2010, http://www.zeit.de/politik/deutschland/2010-09/atom-laufzeiten-merkel-minister (aufgerufen am 01.10.2010)
61 vgl. Gröhe, Hermann: Kernenergie ist eine notwendige Brückentechnologie, 12.07.2010, http://www.cdu.de/archiv/2370_31281.htm (aufgerufen am 4.10.2010)
62 vgl. Roth/ Rucht, Die sozialen Bewegungen in Deutschland, S. 18
63 vgl. Rucht, Produktivkraft, S. 395
64 vgl. Ebd., S. 398
65 vgl. Strauch, Manfred: Lobbying - die Kunst des Einwirkens, in: Strauch, Manfred (Hrsg.): Lobbying. Wirtschaft und Politik im Wechselspiel, Frankfurt am Main, S. 17-60 (19)
66 vgl. Roose, Jochen: Auf dem Weg zur Umweltlobby. Zur Vertretung von Umweltinteressen in Deutschland, in: Leif, Thomas/Speth Rudolf (Hrsg.): Die fünfte Gewalt – Lobbyismus in Deutschland, Wiesbaden, 2006, S. 272-289 (275)

4. Einflussfaktoren auf den Erfolg der Antiatomkraftbewegung

Anhand folgender selbst gewählter Faktoren soll der Erfolg der Antiatomkraftbewegung gemessen werden:

a) Gibt es Nichtregierungsorganisationen (NROs), die den Atomausstieg befürworten?

Es gibt viele kleine Vereine, die die Anti-Atom-Bewegung unterstützen. Von den großen sind Greenpeace, Robin Wood, Attac, NABU und BUND zu nennen. Der BUND kündigt für 2010 noch eine Welle von weiteren Großdemonstrationen gegen Atomkraft an und meint, dass der Beginn mit 100 000 Menschen in Berlin am 18.09.2010 erst der Anfang und stellvertretend für Millionen von Menschen, die gegen Atomkraft, seien.[67] Es sind solange Demonstrationen geplant bis die Bundesregierung ihre Entscheidung über die Laufzeitverlängerungen überdenkt und ändert.[68] Unter den Protestteilnehmern war auch die Opposition vertreten mit SPD-Chef Sigmar Gabriel und Grünen-Chefin Claudia Roth. Den NROs jedenfalls bleiben nur die Möglichkeit der Information und der Demonstration und das natürlich so medienwirksam wie möglich. Informationen können z.B. sein die Aufklärung über die gesundheitlichen Gefahren der Atomenergie oder das Nennen der Gefahren eines terroristischen Anschlags auf Atomkraftwerke.

Umweltschutzorganisationen wurden aufgrund des Konsenses von den Beratungen ausgeschlossen. Greenpeace, BUND und Robin Wood forderten Gerhard Schröder 2001 auf ins Wendland (Atommülllager Gorleben) zu kommen um mit ihnen über den Atomkonsens zu sprechen. Schröder war aber dazu nicht bereit. Die Atomkraftgegner fanden somit in den Atomkonsens-verhandlungen kein Gehör.[69]

---

67 47 vgl. BUND: Mit Pauken, Trompeten und Trillerpfeifen – Atomkraft: Schluss jetzt!
http://www.bund.net/bundnet/themen_und_projekte/atomkraft/aktiv_werden/anti_atom_demo/
(aufgerufen am 4.10.2010)
68 vgl. Ebd.
69 vgl. BUND: BUND, Greenpeace, Robin Wood, X-tausendmal quer: Atomkonsens auf der Kippe..., 29.03.2000,
http://www.bund.net/index.php?id=936&tx_ttnews[tt_news]=2236&tx_ttnews[backPid]=447
(aufgerufen am 4.10.2010)

b) gibt es Gesetze, die den Atomausstieg unterstützen?

2002 wurde das Atomausstiegsgesetz verabschiedet, das „die Nutzung der Kernenergie geordnet zu beenden", gedenkt. Dieses Gesetz hat als Ziel keine neuen Atomkraftwerke zu bauen und die Regellaufzeiten zu verkürzen.[70]

c) wird die Industrie in die Verhandlungsgespräche miteingebunden?

Die deutsche Atomwirtschaft wird durch das Deutsche Atomforum (DatF) seit 1961 vertreten.[71] Die Energieversorgungsunternehmen waren an den Konsensgesprächen mit der Bundesregierung beteiligt: VEBA, VIAG, RWE und EnBW.[72] Neben der direkten Kommunikation hatten die EVUs die Möglichkeit ihre Interessen mittels Information einzubringen. Es wurde den EVUs unterstellt durch jährliche Parteispenden den Konsens ihren Interessen anzupassen, da u.a. Werner Müller, der vor seiner Tätigkeit als Wirtschaftsminister bei VEBA (mittlerweile: E.on) beschäftigt war und den Atomausstieg nicht gerade beschleunigte.[73]

d) wie ist die Meinung der Bevölkerung zum Atomausstieg?

Die Mehrheit der Befragten, ca. 68%, ist für den Ausstieg aus der Atomenergie, dagegen sind ca. 32 %. Wobei hier auffällig ist, dass es je nach der Parteizugehörigkeit unterschiedliche Meinungen gibt. Die Anhänger der aktuellen Regierung: 52% der CDU-Anhänger befürworten die Verzögerung des Atomausstiegs, die FDP-Anhänger sehen den Atomausstieg eher geteilter Meinung (52%: 51 %) (siehe Abb. 1).

---

70 vgl. Bundesgesetzblatt 2002 Teil I Nr. 26, ausgegeben zu Bonn am 26.4.2002
http://www.bmwi.de/BMWi/Redaktion/PDF/A/gesetz-beendigung-kernenergienutzung,property=pdf,bereich=bmwi,sprache=de,rwb=true.pdf (aufgerufen am 4.10.2010)
71 vgl. Deutsches Atomforum e.V. (DAtF): Informationen zur friedlichen Nutzung der Kernenergie: http://www.atomforum.de/kernenergie/Ueber-uns/DAtF/index.php(aufgerufen am 4.10.2010)
72 vgl. Anderl, Thorsten: Gesetzgebung und kooperatives Regierungshandeln. Eine rechtstatsächliche und verfassungsrechtliche Untersuchung am Beispiel des 14. und 15. Deutschen Bundestages, Berlin 2006, S. 47
73 vgl. ngo-online: Internetzeitung für Deutschland: Atom- und Rüstungskonzerne finanzieren Parteien, 17.12.2004, http://www.ngo-online.de/2004/12/17/nicht-nur-ein-fall-rwe/ (aufgerufen am 4.10.2010)

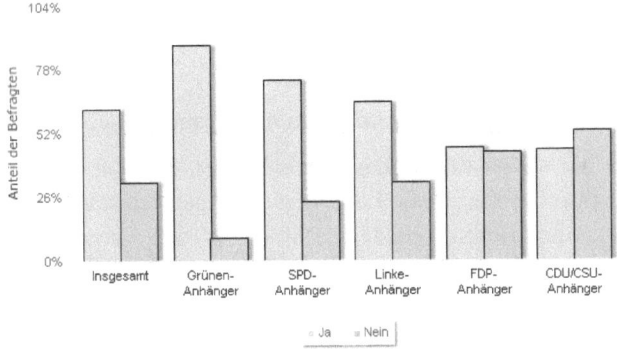

Abb. 1: Die Politik hat sich mit den Stromkonzernen auf den Ausstieg aus der Atomenergie bis etwa 2025 geeinigt. Halten Sie es für richtig, dass Deutschland aus der Atomenergie aussteigt oder nicht?[74]

e) gibt es finanzielle Anreize sich am Atomausstieg zu beteiligen?

Privathaushalte können sich auf ihre Hausdächer sog. „Solarpanels" bauen lassen. Die Kosten für den Bau bezahlt der Anlagenbetreiber selbst. Die erzeugte Strommenge wird pro Kilowattstunde vom Energieversorger bezahlt, so dass sich der Bau der Anlage im Laufe der Jahre amortisiert und gleichzeitig ein finanzieller Anreiz für Privathaushalte geschaffen wird.[75]

f) Wie werden die Medien genutzt?

Greenpeace betreibt eine medienwirksame Öffentlichkeitsarbeit, falls notwendig, zeigen sie auch gerne eigenes Film- und Fotomaterial um auf umweltpolitische Missstände aufmerksam zu machen. So ist neben Fernsehen und Printmedien auch das Internet eine sehr wichtige Informationsquelle geworden. Auf Seiten wie „YouTube" können Protestaktionen[76] oder Anti-

---

74 Infratest dimap: Meinung zum Atomausstieg Deutschlands bis zum Jahr 2025: Die Politik hat sich mit den Stromkonzernen auf den Ausstieg aus der Atomenergie bis etwa 2025 geeinigt. HaltenSie es für richtig, dass Deutschland aus der Atomenergie aussteigt oder nicht? (1000 Befragte, Wahlberechtigte, Befragungszeitraum: 02.08.2010 bis 03.08.2010), http://de.statista.com/statistik/daten/studie/1127/umfrage/meinung-zum-atomausstieg-deutschlands-bis-zum-jahr-2025/ (aufgerufen am 4.10.2010)
75 vgl. Bundesministerium der Justiz: Gesetz für den Vorrang Erneuerbarer Energien (Erneuerbare-Energien-Gesetz – EEG) § 16 Vergütungsanspruch, Stand 25.10.2008, http://bundesrecht.juris.de/eeg_2009/BJNR207410008.html (aufgerufen am 4.10.2010)
76 vgl. Greenpeace DIE IN Düsseldorf zur Anti-Atom Wahl 2010 im Aussteigerland NRW, 07.04.2010, http://www.youtube.com/watch?v=OOe8H60gng4 (aufgerufen am 4.10.2010)

Werbespots online angeschaut werden.[77] Umweltorganisationen z.b. BUND informieren auf ihren Internetseiten (www.bund.net), per Flyer oder auf öffentlichen Kundgebungen und Aktionstagen.[78]

g) welche Randbedingungen beeinflussen den Atomausstieg?

Je schlechter die wirtschaftliche Lage eines Landes, je höher die Arbeitslosenzahl, d.h. je schlechter die soziale Lage, desto weniger stehen Umweltthemen an erster Stelle der politischen Agenda und im öffentlichen Interesse.[79] Folgt man Medienberichten befindet sich Deutschland z.Zt. wieder im wirtschaftlichen Aufschwung, so dass daher wieder andere Themen ins politische Bewusstsein der Bevölkerung rücken.[80] Umweltorganisationen finden wieder mehr Zuspruch. Im Folgenden soll Greenpeace als Stellvertreter dieser Umweltorganisationen herangezogen werden.

5. Greenpeace – Spektakuläre Aktionen als Motor der Antiatomkraftbewegung

Als Verein wurde *Greenpeace Deutschland e.V.* 1980 gegründet. Die amerikanische Mutterorganisation existiert bereits seit 1971 und wurde von Friedens- und Umweltaktivisten gegründet. In Amerika entstand Greenpeace aus der Hippiebewegung; in Deutschland dagegen aus einem Verein, der sich für den Schutz von Walen und Robben einsetzte. Bis heute strömen Einflüsse der Quäker „bearing witness" und der Cree-Indianer in die Greenpeacekultur ein. Greenpeace hat sich zum Ziel gesetzt, die Umwelt, die Gesundheit, also die Lebensgrundlagen zu schützen. Neben dem Erhalt der Wälder und Meere rückten u.a. auch Themen wie Gentechnik, Abrüstung und Klima in den näheren Fokus. Greenpeace versucht beständig durch medienwirksame Öffentlichkeitsarbeit Gehör zu finden und alternative Wege zu zeigen. So kletterten 1982 einige Greenpeace-Aktivisten auf Schornsteine um auf die Luftverschmutzung aufmerksam zu machen, die ursächlich für das Waldsterben ist. Greenpeace

---

77 vgl. Spot „Jetzt aufstehen gegen Atomkraft
http://www.bund.net/bundnet/themen_und_projekte/atomkraft/atomkraft_in_deutschland/antia tomspot/ (aufgerufen am 4.10.2010)
78 vgl. Voss, Kathrin: Öffentlichkeitsarbeit von Nichtregierungsorganisationen - Mittel, Ziele, interne Strukturen, Wiesbaden 2007, S. 251
79 vgl. Roose, Auf dem Weg zur Umweltlobby, S. 284
80 vgl. Süddeutsche: Wirtschaftlicher Aufschwung. Mehr Handlungsspielraum für Kommunen 04.09.2010 http://www.sueddeutsche.de/wirtschaft/wirtschaftlicher-aufschwung-nur-nicht-blenden-lassen-1.995982-2 (aufgerufen am 4.10.2010)

erreichte dahingehend Gesetzesänderungen, also kann von einer Korrektivfunktion gesprochen werden. Jedoch wurden diese Gesetzesänderungen erst unter der Regierung Helmut Kohls 1983 umgesetzt.[81]

Umweltaktivisten haben die Atomenergieproblematik ins Bewusstsein der Bevölkerung und der politischen Entscheidungsträger gebracht. Daher nehmen diese Umweltaktivisten, die auch später sich u.a. zu Greenpeace formierten, die Initiativfunktion der sozialen Bewegung ein.

Wie bereits erwähnt, setzt Greenpeace auf medienwirksame Kampagnen. Zwecks Atomausstieg gab es eine neue Aktion: Alle deutschen AKWs wurden am frühen Morgen des 28.09.2010 mit dem Leucht-Slogan „Atomkraft schadet Deutschland" bestrahlt[82] (siehe Abb. 2).

Abb. 2: AKW Biblis, Leuchtschrift von Greenpeace "Atomkraft schadet Deutschland"[83]

Greenpeace betreibt Lobbyismus durch Weitergabe präziser Informationen an politische Entscheidungsträger. Für politische Entscheidungsträger sind Lobbyisten wichtig, da sie diese aufgrund ihres Sachwissens sehr gute Berater sind. Wegen der immer komplexer werdenden Sachverhalte hat der politische Entscheidungsträger nicht wirklich die Zeit sich mit einem Thema intensiv zu beschäftigen. Ob er sich nun an seine Informanten hält, kann letztlich nicht

---

81 vgl. Fritzler, Ökologie und Umweltpolitik, S. 42
82 vgl. Totz, Sigrid: Greenpeace-Protest an allen AKW-Standorten, 28.09.2010
http://www.greenpeace.de/themen/atomkraft/nachrichten/artikel/greenpeace_protest_an_allen_akw_standorten/ansicht/bild/5/ (aufgerufen am 4.10.2010)
83 Ebd.

beantwortet werden.[84] Zu Greenpeace gehören zahlreiche Wissenschaftler, die eng mit der Partei „Die Grünen" zusammenarbeiten.[85] Dass eine „grüne" Partei Einfluss haben kann, zeigt das nächste Kapitel.

6. Die Grünen und der politische Wandel – das Atomausstiegsgesetz

Nach dem Unglück in Tschernobyl 1986 übten die SPD und die Grünen Druck auf die Regierung aus. Sie schlugen Gesetze vor, Helmut Kohl antwortete darauf mit der Gründung des BMU (vgl. Kapitel 2). Als es dann zum Regierungswechsel kam, ergriffen SPD und Grüne ihre Chance, das von Konrad Adenauer (Regierung: CDU/FDP) verabschiedete Gesetz von 1961 durch das Atomausstiegsgesetz 2002 zu ändern. Adenauer setzte sich für die Förderung der Kernenergie zu friedlichen Zwecken ein.[86] Es vollzieht sich ein politischer Wandel durch die SPD/Grünen, da die Nutzung der Kernenergie geordnet beendet werden soll.[87] Daher kann wieder von der Korrektivfunktion gesprochen werden.

Als der Atomkonsens verhandelt wurde, kündigte die damalige Opposition CDU unter ihrer Parteichefin Angela Merkel an, dieses Gesetz im Falle einer Wahl wieder rückgängig zu machen.[88] Im September 2010 war es dann soweit, dass die CDU/FDP Regierung mit den EVUs neu verhandelt hat. Diese Verhandlungen wurden von Protesten durch Atomkraftgegner und der Opposition SPD/Grüne/Linke begleitet.[89] Für die Grünen ist der Atomausstieg

---

84 vgl. Köppl, Peter: Lobbying als strategisches Interessenmanagement, in: Scheff, Josef/ Gutschelhofer, Alfred (Hrsg.): Lobby Management. Chancen und Risiken vernetzter Machtstrukturen im Wirtschaftsgefüge, Wien 1998, S. 1-36 (16)
85 vgl. Koch, Svenja/ Lohmann, Jochen: Greenpeace – ungemein nützlich. Erfolge für das Gemeinwohl, Berlin 2003, http://www.greenpeace.de/fileadmin/gpd/user_upload/wir_ueber_uns/greenpeace_hintergrund_ungemein_nuetzlich.pdf, S. 55 (aufgerufen am 4.10.2010)
86 vgl. Bundesministerium der Justiz: Gesetz über die friedliche Verwendung der Kernenergie und den Schutz gegen ihre Gefahren (Atomgesetz), Stand 27.03.2009, http://www.gesetze-im-internet.de/atg/BJNR008140959.html#BJNR008140959BJNG000100326 (aufgerufen am 4.10.2010)
87 vgl. Bundesgesetzblatt 2002 Teil I Nr. 26, ausgegeben zu Bonn am 26.4.2002
http://www.bmwi.de/BMWi/Redaktion/PDF/A/gesetz-beendigung-kernenergienutzung,property=pdf,bereich=bmwi,sprache=de,rwb=true.pdf (aufgerufen am 4.10.2010)
88 vgl. Spiegel Online: Ausstieg mit Hintertürchen, 11.06.2001,
http://www.spiegel.de/politik/deutschland/a-139016.html (aufgerufen am 4.10.2010)
89 vgl. Zeit Online: AKW-Laufzeiten. Annäherung im Atomstreit, 5.09.2010,
http://www.zeit.de/wirtschaft/2010-09/atomgipfel-kanzleramt (aufgerufen am 04.10.2010)

ganz einfach umsetzbar, während er für CDU/FDP ein Problem darstellt. Die Argumentationen sollen im nun abschließenden Fazit zusammengefasst werden.

7. Fazit: Ein/Aus – So einfach ist der Atomausstieg?!

Atomenergie wird schon lange nicht mehr vor dem Hintergrund der Kriegsführung gesehen, sondern als Energiequelle. Im Zuge der Erforschung erneuerbarer Energien und der stets herrschenden Sicherheitsdebatte über Atomkraftwerke, wird Atomenergie mittlerweile von der Regierung als „Brückentechnologie" angesehen.[90]

Die Initiativfunktion der Antiatomkraftbewegung hat dazu geführt, dass die Bevölkerung auf die Interessen dieser sozialen Bewegung aufmerksam wurde. Die Politik war angesichts der Proteste gezwungen zu reagieren. Wie bereits erwähnt, verabschiedete Adenauer das Atomgesetz. Die Korrektivfunktion der Antiatomkraftbewegung ergibt sich aus der Gründung der Partei „die Grünen", die es durch ihre Vertretung im Bundestag erreichten andere Parteien wie die SPD zu umweltpolitischen Entscheidungen zu überzeugen, wie dem Atomausstiegsgesetz 2002. Ein bestehendes Gesetz wurde abgeändert.

Nichtregierungsorganisationen erreichen durch medienwirksame Öffentlichkeitsarbeit die Bevölkerung für die Antiatomkraftbewegung zu sensibilisieren und zu mobilisieren (siehe Abb. 2). Das schlägt sich auch in den Meinungsumfragen nieder (siehe Abb. 1), bei den Befragten stimmt eine eindeutige Mehrheit für den Ausstieg aus der Atomkraft. Zudem schafft das Gesetz für erneuerbare Energien finanzielle Anreize für Privathaushalte in Solarenergie zu investieren.

Was den Einfluss der Antiatomkraftbewegung bedingt erscheinen lässt ist, dass bei den Atomkraftgesprächen zwischen Bundesregierung und EVUs, weder die Opposition noch Nichtregierungsorganisationen mit am Tisch sitzen. Die wirtschaftliche und soziale Lage eines Landes tut ihr Übriges, ob ein umweltpolitisches Thema für die Öffentlichkeit relevant ist.

Die Antiatomkraftbewegung führt zwar zur Bewusstseinsänderung und mobilisiert Tausende im Regierungsviertel in Berlin gegen eine Verlängerung

---

90 vgl. Gröhe, Hermann: Kernenergie ist eine notwendige Brückentechnologie, 12.07.2010, http://www.cdu.de/archiv/2370_31281.htm (aufgerufen am 4.10.2010)

der Laufzeit von Atomkraftwerken zu demonstrieren.[91] Aber letztlich hat die Regierung zusammen mit der Atomlobby einer Laufzeitverlängerung um 12 Jahre zugestimmt. 17 Kraftwerke sollen bis 2050 abgeschaltet und die Entwicklung des Stroms aus erneuerbaren Energien soll durch die Steuern der großen Stromkonzerne finanziert werden.[92]

Daher tritt hier wieder das Ziel des erfolgreichen Scheiterns in den Vordergrund, politisch konnte die soziale Bewegung zwar noch nichts verändern, aber die Problematik wurde der Bevölkerung und den politischen Entscheidungsträgern ins Bewusstsein gerufen. Daher kann von einem bedingten Erfolg der Antiatomkraftbewegung auf den geplanten Atomausstieg gesprochen werden. Bleibt abzuwarten, ob die geplanten Riesendemonstrationen nicht doch noch eine politische Änderung herbeibringen können, die mit der Demonstration von 100 000 Menschen am 18.09.2010 in Berlin eingeleitet wurden.[93] Immerhin konnten bisher die Atomkraftwerke in Stade 2003 und Obrigheim 2005 stillgelegt werden und befinden sich nun im Rückbau.[94] SPD-Oppositionspolitiker fordern einen Volksentscheid über Atomkraft und eine Grundgesetzänderung,[95] damit der Atomausstieg unwiderruflich abgesichert ist. Der Atomkonsens ist ein brisantes politisches Thema, der u.a. die Glaubwürdigkeit der Politiker in Frage stellt, sowie den Ausgang der nächsten Bundestagswahl mitentscheiden wird.

---

91 BUND: Mit Pauken, Trompeten und Trillerpfeifen – Atomkraft: Schluss jetzt!
http://www.bund.net/bundnet/themen_und_projekte/atomkraft/aktiv_werden/anti_atom_demo/ (aufgerufen am 4.10.2010)
92 vgl. Zeit Online: Merkel spricht von einer Revolution, 6.09.2010,
http://www.zeit.de/politik/deutschland/2010-09/atom-laufzeiten-merkel-minister (aufgerufen am 01.10.2010)
93 vgl. Zeit Online: Demonstration in Berlin. Zehntausende protestierten gegen Atomkraft, 18.09.2010, http://www.zeit.de/politik/deutschland/2010-09/demonstration-atomenergie-berlin (aufgerufen am 04.10.2010)
94 vgl. Roßnagel, Atomausstieg und Restlaufzeiten, S. 156
95 vgl. Zeit Online: Atomkraft. Grüne gegen AKW-Volksentscheid, 21.09.2010,
http://www.zeit.de/politik/deutschland/2010-09/gruene-gabriel-laufzeiten-volksentscheid (aufgerufen am 04.10.2010)

Literaturverzeichnis

Anderl, Thorsten: Gesetzgebung und kooperatives Regierungshandeln. Eine rechtstatsächliche und verfassungsrechtliche Untersuchung am Beispiel des 14. und 15. Deutschen Bundestages, Berlin 2006

Corbach, Matthias: Atomenergie, in: Reiche, Daniel (Hrsg.): Grundlagen der Energiepolitik, Frankfurt am Main 2005

Crastan, Valentin: Elektrische Energieversorgung 2: Energie- und Elektrizitätswirtschaft, Kraftwerktechnik, alternative Stromerzeugung, Dynamik, Regelung und Stabilität, Betriebsplanung und -führung (2. Auflage). Berlin 2009

Frantz, Christiane / Martens, Kerstin: Nichtregierungsorganisationen (NGOs), Wiesbaden 2006

Fritzler, Marc: Ökologie und Umweltpolitik, Bonn 1997

Hermle, Siegfried / Lepp, Claudia / Oelke, Harry (Hrsg.): Umbrüche. Der deutsche Protestantismus und die sozialen Bewegungen in den 1960er und 1970er Jahren, Göttingen 2007

Kaelble, Hartmut: Sozialgeschichte Europas 1945 bis zur Gegenwart. München 2007

Köppl, Peter: Lobbying als strategisches Interessenmanagement, in: Scheff, Josef/ Gutschelhofer, Alfred (Hrsg.), Lobby Management. Chancen und Risiken vernetzter Machtstrukturen im Wirtschaftsgefüge, Wien 1998, S. 1-36

Lemke, Christiane: Neue soziale Bewegungen in: Ellwein, Thomas/ Holtmann, Everhard (Hrsg.): 50 Jahre Bundesrepublik Deutschland, PVS Sonderheft 30/1999, Berlin 1999

Matthes, Felix Christian: Stromwirtschaft und deutsche Einheit. Eine Fallstudie zur Transformation der Elektrizitätswirtschaft in Ost- Deutschland, Berlin 2000

Quaschning, Volker: Erneuerbare Energien und Klimaschutz. Hintergründe – Techniken – Anlagenplanung – Wirtschaftlichkeit. München 2008

Rebhan, Eckhard: Energiehandbuch: Gewinnung, Wandlung und Nutzen von Energie, Berlin 2002

Roßnagel, Alexander: Atomausstieg und Restlaufzeiten, in: Hänlein, Andreas / Roßnagel, Alexander (Hrsg.): Wirtschaftsverfassung in Deutschland und Europa. Festschrift für Bernhard Nagel, Kassel 2007, S. 155-170

Roose, Jochen: Auf dem Weg zur Umweltlobby. Zur Vertretung von Umweltinteressen in Deutschland in: Leif, Thomas/Speth Rudolf (Hrsg.): Die fünfte Gewalt – Lobbyismus in Deutschland, Wiesbaden 2006, S. 272-289

Roth, Roland / Rucht, Dieter: Einleitung, in: Ebd. (Hrsg.): Die sozialen Bewegungen in Deutschland seit 1945. Ein Handbuch, Frankfurt am Main 2008, S. 9-38

Rucht Dieter: Gesellschaft als Projekt – Projekte in der Gesellschaft. Zur Rolle sozialer Bewegungen, in: Klein, Ansgar/Legrand, Hans-Josef/Leif, Thomas (Hrsg.): Neue soziale Bewegungen. Impulse, Bilanzen und Perspektiven, Wiesbaden 1999, S. 15-27

Rucht, Dieter: Soziale Bewegungen als demokratische Produktivkraft. in: Klein, Ansgar/ Schmalz-Bruns, Rainer (Hrsg.): Politische Beteiligung und Bürgerengagement in Deutschland, Bonn 1997, S.382-403

Rucht, Dieter / Blattert, Barbara / Rink, Dieter: Soziale Bewegungen auf dem Weg zur Institutionalisierung. Zum Strukturwandel alternativer Gruppen in beiden Teilen Deutschlands, Frankfurt am Main 1997

Salewski, Michael (Hrsg).: Das nukleare Jahrhundert. Eine Zwischenbilanz. Stuttgart 1998, Historische Mitteilungen, Beiheft 28

Schneehain, Alexander: Der Atomausstieg. Eine Analyse aus verfassungs- und verwaltungsrechtlicher Sicht. Göttingen 2005

Strauch, Manfred: Lobbying – die Kunst des Einwirkens, in: Strauch, Manfred (Hrsg.): Lobbying. Wirtschaft und Politik im Wechselspiel, Frankfurt am Main 1993, S. 17-60

Voss, Kathrin: Öffentlichkeitsarbeit von Nichtregierungsorganisationen – Mittel, Ziele, interne Strukturen. Wiesbaden 2007

Internetseiten

BMU: Vereinbarung zwischen Bundesregierung und Energieversorgungsunternehmen, 14.06.2000,
http://www.bmu.de/files/pdfs/allgemein/application/pdf/atomkonsens.pdf
(aufgerufen am 4.10.2010)

BUND: Mit Pauken, Trompeten und Trillerpfeifen – Atomkraft: Schluss jetzt!
http://www.bund.net/bundnet/themen_und_projekte/atomkraft/aktiv_werden/anti_atom_demo/ (aufgerufen am 4.10.2010)

BUND: BUND, Greenpeace, Robin Wood, X-tausendmal quer: Atomkonsens auf der Kippe..., 29.03.2000, http://www.bund.net/index.php?id=936&tx_ttnews[tt_news]=2236&tx_ttnews[backPid]=447 (aufgerufen am 4.10.2010)

BUND: Spot „Jetzt aufstehen gegen Atomkraft" http://www.bund.net/bundnet/themen_und_projekte/atomkraft/atomkraft_in_deutschland/antiatomspot/ (aufgerufen am 4.10.2010)

Bundesministerium der Justiz: Gesetz über die friedliche Verwendung der Kernenergie und den Schutz gegen ihre Gefahren (Atomgesetz), Stand 27.03.2009, http://www.gesetze-im-internet.de/atg/BJNR008140959.html#BJNR008140959BJNG000100326 (aufgerufen am 4.10.2010)

Bundesministerium der Justiz: Gesetz für den Vorrang Erneuerbarer Energien (Erneuerbare- Energien-Gesetz – EEG) § 16 Vergütungsanspruch, 25.10.2008, http://bundesrecht.juris.de/eeg_2009/BJNR207410008.html (aufgerufen am 4.10.2010)

Bundesgesetzblatt 2002 Teil I Nr. 26, ausgegeben zu Bonn am 26.4.2002 http://www.bmwi.de/BMWi/Redaktion/PDF/A/gesetz-beendigung-kernenergienutzung,property=pdf,bereich=bmwi,sprache=de,rwb=true.pdf (aufgerufen am 4.10.2010)

Bundeszentrale für politische Bildung: Hintergrund aktuell, Gedenkfeier in Japan, 6.08.2007, http://www.bpb.de/themen/XW4MQX,0,0,Gedenkfeier_in_Japan_.html (aufgerufen am 4.10.2010)

Deutsches Atomforum e. V. (DAtF): Informationen zur friedlichen Nutzung der Kernenergie: http://www.atomforum.de/kernenergie/Ueber-uns/DAtF/index.php(aufgerufen am 4.10.2010)

Greenpeace DIE IN Düsseldorf zur Anti-Atom Wahl 2010 im Aussteigerland NRW, 7.04.2010, http://www.youtube.com/watch?v=OOe8H60gng4 (aufgerufen am 4.10.2010)

Gröhe, Hermann: Kernenergie ist eine notwendige Brückentechnologie, 12.07.2010, http://www.cdu.de/archiv/2370_31281.htm (aufgerufen am 4.10.2010)

Hesse, Dieter/ Reissner, Ute: Die Risiken bei der Wiederaufarbeitung und dem Betrieb von Kernkraftwerken, 4.02.1999, http://www.wsws.org/de/1999/feb1999/auss-f04.shtml (aufgerufen am 4.10.2010)

Koch, Svenja/ Lohmann, Jochen: Greenpeace – ungemein nützlich. Erfolge für das Gemeinwohl, Berlin 2003, http://www.greenpeace.de/fileadmin/gpd/user_upload/wir_ueber_uns/greenpeac e_hintergrund_ungemein_nuetzlich.pdf, S. 55 (aufgerufen am 4.10.2010)

Spiegel Online: Ausstieg mit Hintertürchen, 11.06.2001, http://www.spiegel.de/politik/deutschland/a-139016.html (aufgerufen am 4.10.2010)

Süddeutsche: Wirtschaftlicher Aufschwung. Mehr Handlungsspielraum für Kommunen 04.09.2010, http://www.sueddeutsche.de/wirtschaft/wirtschaftlicher-aufschwung-nur-nicht-blenden-lassen-1.995982-2 (aufgerufen am 4.10.2010)

Totz, Sigrid: Greenpeace-Protest an allen AKW-Standorten, 28.09.2010, http://www.greenpeace.de/themen/atomkraft/nachrichten/artikel/greenpeace_pro test_an_allen_akw_standorten/ansicht/bild/5/ (aufgerufen am 4.10.2010)

Umwelt- und Prognoseinstitut e.V.: Koalitionsvereinbarung SPD/Grüne 1998 http://www.upi-institut.de/koalitio.htm#Atomenergie (aufgerufen am 4.10.2010)

Welt online: Alexander, Robin: Atomkraft war früher ein Teil linker Utopien, 11.07.2008, http://www.welt.de/politik/article2203802/Atomkraft_war_frueher_ein_Teil_lin ker_Utopien.html (aufgerufen am 4.10.2010)

Zeit Online: AKW-Laufzeiten. Annäherung im Atomstreit, 5.09.2010, http://www.zeit.de/wirtschaft/2010-09/atomgipfel-kanzleramt (aufgerufen am 04.10.2010)

Zeit Online: Merkel spricht von einer Revolution, 6.09.2010, http://www.zeit.de/politik/deutschland/2010-09/atom-laufzeiten-merkel-minister (aufgerufen am 01.10.2010)

Zeit Online: Demonstration in Berlin. Zehntausende protestierten gegen Atomkraft, 18.09.2010, http://www.zeit.de/politik/deutschland/2010-09/demonstration-atomenergie-berlin (aufgerufen am 04.10.2010)

Zeit Online: Atomkraft. Grüne gegen AKW-Volksentscheid, 21.09.2010, http://www.zeit.de/politik/deutschland/2010-09/gruene-gabriel-laufzeiten-volksentscheid (aufgerufen am 04.10.2010)

Abbildungsverzeichnis

Abb. 1: Die Politik hat sich mit den Stromkonzernen auf den Ausstieg aus der Atomenergie bis etwa 2025 geeinigt. Halten Sie es für richtig, dass Deutschland aus der Atomenergie aussteigt oder nicht?

Infratest dimap: Meinung zum Atomausstieg Deutschlands bis zum Jahr 2025: (1000 Befragte, Wahlberechtigte, Befragungszeitraum: 02.08.2010 bis 03.08.2010), http://de.statista.com/statistik/daten/studie/1127/umfrage/meinung-zum-atomausstieg-deutschlands-bis-zum-jahr-2025/ (aufgerufen am 4.10.2010)

Abb. 2: AKW Biblis, Leuchtschrift von Greenpeace „Atomkraft schadet Deutschland"

Totz, Sigrid: Greenpeace-Protest an allen AKW-Standorten, 28.09.2010, http://www.greenpeace.de/themen/atomkraft/nachrichten/artikel/greenpeace_protest_an_allen_akw_standorten/ansicht/bild/5/ (aufgerufen am 4.10.2010)

Henrik Nagel (2011): Die Ablösung der Kernenergie durch erneuerbare Energien in Deutschland

1. Einleitung

Eines der meist diskutierten Themen in Deutschland ist zurzeit der Ausstieg aus der Atomenergie. Die Atomkatastrophe in Fukushima, Japan, welche sich am 11. März 2011 ereignete, war letztendlich der Auslöser für die enorme Kehrtwende der Regierung im Thema Atomkraft. Am 28. September 2010 wurde noch vom CDU-FDP Kabinett eine Verlängerung der Laufzeit der Atommeiler um 12 Jahre veranlasst. Doch der atomare Notstand, der in Japan ausgerufen wurde, änderte die Meinung der Politiker über die Sicherheit von Atomenergie. Nun will die Bundesregierung die letzten Meiler bis 2020 vom Netz nehmen und setzt dabei auf die Entwicklung erneuerbarer Energien.

Diese Hausarbeit wird sich mit dem Trend zu erneuerbaren Energien beschäftigen und deren Einfluss auf die deutsche Wirtschaft prüfen. Es wird folgende Fragestellung untersucht:

„**Können erneuerbare Energien die Kernkraft bis 2020 in Deutschland komplett ersetzen?**"

Zunächst werden im zweiten Kapitel dieser wissenschaftlichen Hausarbeit die Begriffe nuklearer Energieerzeugung, fossiler Brennstoffe und erneuerbarer Energie definiert und erklärt. Des Weiteren werden Beispiele für die Erzeugung von Ökostrom genannt und die bisherige Entwicklung in den Mittelpunkt gestellt. Bestandteile des dritten und vierten Kapitels sind die Darstellung der Vor- und Nachteile der regenerativen Energien und die Betrachtung der Kosten, der Produktion und dessen Verbrauch.

Das fünfte Kapitel untersucht hingegen die zukünftige Entwicklung der Strombranche und den Umgang der Regierung mit der neuen Herausforderung. Außerdem werden die Kosten in Augenschein genommen, welche durch eine Umgestaltung der bisherigen Strukturen in Bezug auf die Stromerzeugung anfallen.

Das Fazit stellt eine Zusammenfassung der Hausarbeit dar. Darin werden nochmal die Inhalte der vorherigen Kapitel überblickt und die wichtigsten Informationen zu einem abschließenden Ergebnis zusammengetragen.

2. Energieträger und ihre Nutzung

Um Missverständnissen und Verwirrungen vorzubeugen, wird sich das folgende Kapitel mit der Definition und Erklärung von konventionellen Energieträgern befassen, um eine klare Grundkenntnis zu vermitteln.

Die nukleare Energieerzeugung findet in sogenannten Atomkraftwerken statt. Dort werden die Atomkerne des Metalls Uran-235 gespalten, wodurch Energie in Form von Wärme freigesetzt wird. Zu den radioaktiven Brennstäben wird Wasser zugeführt, welches verdampft und somit „an Stromgeneratoren gekoppelte Turbinen" antreibt. (Greenpeace Redaktion, 2004)

Die Umwandlung von fossilen Brennstoffen wie Kohle, Erdgas und Erdöl in Elektrizität findet in Wärmekraftwerken statt. Die Freisetzung der Energie wird durch die Verbrennung der Energieträger herbeigeführt, was thermodynamische Maschinen antreibt und dadurch Strom erzeugt. (Strauß, 2009)

3. Erneuerbare Energien

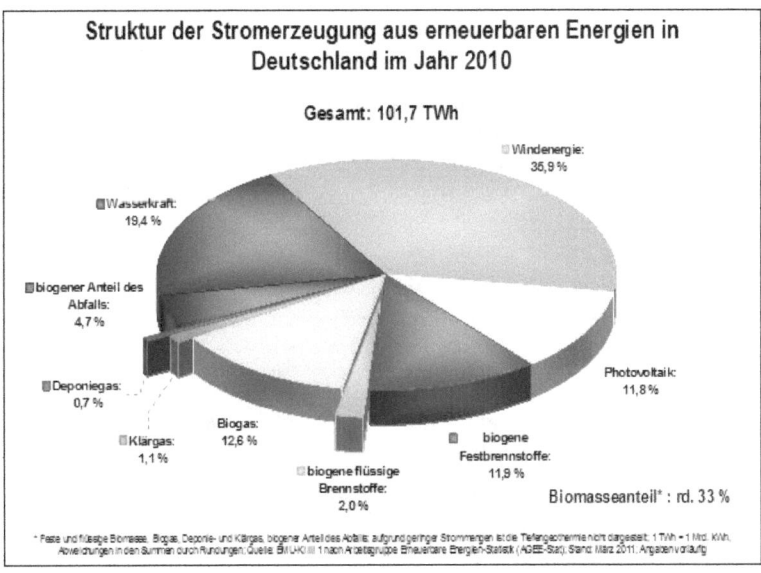

Abb.1: Darstellung der Struktur der Stromerzeugung aus erneuerbaren Energien in Deutschland im Jahr 2010 (Bundesministerium für Umwelt, Naturschutz und Reaktorsicherheit, 2011)

„Erneuerbare Energien, auch regenerative Energien genannt, sind Energiequellen, die nach menschlichen Maßstäben unerschöpflich sind." (Bundesministerium für Umwelt, Naturschutz und Reaktorsicherheit, 2011a) Die folgenden Abschnitte dieses Kapitels werden sich mit den vier regenerativen Energieträgern beschäftigen, aus denen Deutschland die erneuerbare Energie schöpft. Wie in der Abbildung 1. gezeigt, werden auch sämtliche Biotreibstoffe unter dem Begriff „Biomasse" zusammengefasst.

Photovoltaik wird der Prozess des Umwandelns von Sonneneinstrahlung in elektrische Energie genannt. Dies geschieht durch sogenannte Solarzellen.

Um Wind in elektrische Energie umwandeln zu können, muss dieser transformiert werden. Dies geschieht in Windkraftanlagen, die Onshore[96] und Offshore[97] platziert werden. Der Wind bringt Rotorblätter zum Drehen, welche wiederum an einen Generator angeschlossen sind und somit Bewegungsenergie in Strom umwandelt. (Lenkewitz, 2009)

Ein Wasserkraftwerk ist eine Anlage, die Wasser in einem natürlichen oder angelegten Becken staut. Durch das Ablassen des Wassers durch einen Staudamm werden Turbinen angetrieben, an die Stromgeneratoren gekoppelt sind und dadurch die Bewegungsenergie des Wassers in elektrische transformiert. Es werden keinerlei Brennstoffe benötigt, was die Betriebskosten sehr gering hält. (Heuck, Dettmann & Schulz, 2010)

Als Biomasse werden alle organischen Stoffe bezeichnet. Biomasse kann entweder in Form von Biogas als Energieträger dienen oder als Festbrennstoff. Die Produktion von Biogas findet in Biogasanlagen statt. Dort wird Biomasse in den Fermenter, einen luftdichten Reaktor, gebracht. Die Biomasse gärt und bildet Gase. „[...] [E]in Blockheizkraftwerk [dient] zur Produktion von Strom und Wärme aus dem Biogas." (Melde, 2000, S.11)

Das Verfahren zur Stromerzeugung durch biogene Festbrennstoffe ist dasselbe, wie bei den fossilen Brennstoffen. Der Vorteil hierbei ist der, dass nur so viel Kohlendioxid freigesetzt wird, wie die Pflanze in ihrer Lebensdauer aufgenommen hat. Es herrscht also eine Ausgewogenheit zwischen der Aufnahme und dem Ausstoß von Kohlendioxid.

---

96 Engl: Auf dem Land, Windkraftanlagen, die auf dem Festland gebaut werden, nennt man Onshore-Anlagen.
97 Engl: Auf offener See, Windkraftanlagen, die vor der Küste auf offener See gebaut werden, nennt man Offshore-Anlagen.

4. Bisheriger Stand erneuerbarer Energien in Deutschland

Am 1. Januar 1991 trat das Stromeinspeisungsgesetz in Kraft. Dieses regelte die Abnahme von Strom, der ausschließlich aus regenerativen Energieträgern genommen wurde, „durch öffentliche Elektrizitätsversorgungsunternehmen und die hierfür zu zahlende Vergütung." (EuGH, 2001)

Ab dem 1. April 2000 löste das Erneuerbare-Energien-Gesetz (EEG) das Stromeinspeisungsgesetz ab. Es ergänzte noch die Geothermie[98] zu den erneuerbaren Energieträgern (BGBl,[99] 2000 I S. 305). 2004 wurde es noch einmal in einer novellierten Fassung aufgelegt.

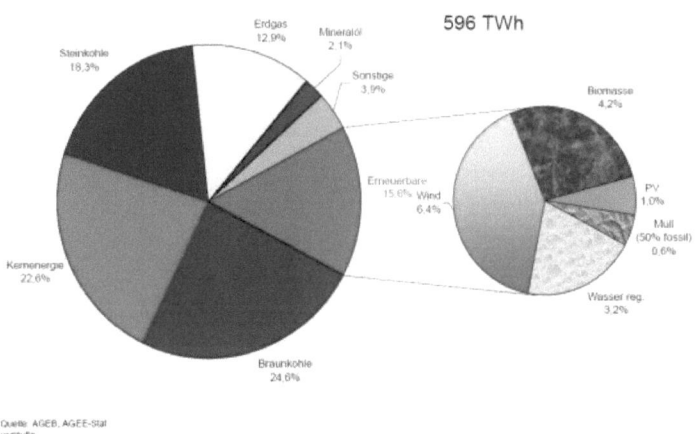

Abb.2: Darstellung der Brutostromerzeugung in Deutschland 2009 (Die Bundesregierung, 2010)

In der aktuellsten, am 1.Januar 2009 neu aufgelegten, Fassung des Erneuerbare-Energien-Gesetz wird eine „nachhaltige Entwicklung der Energieversorgung" festgelegt, die „die volkswirtschaftlichen Kosten der Energieversorgung auch durch die Einbeziehung langfristiger externer Effekte verringern, fossile Energieressourcen schonen und die Weiterentwicklung von Technologien zur Erzeugung von Strom aus Erneuerbaren Energien fördern" (Bundesministerium für Umwelt, Naturschutz und Reaktorsicherheit, 2010a) soll. Für die Umsetzung

---

98 Erdwärme; durch das Anbohren der Erdkruste entweicht Wärme.
99 Bundesgesetzblatt

hat das EEG festgelegt, bis zum Jahr 2020 dreißig Prozent der Stromversorgung durch erneuerbare Energien tilgen zu lassen und danach kontinuierlich zu erhöhen (ebd.).

Das EEG ist das „effektivste Förderinstrument" (Bundesministerium für Umwelt, Naturschutz und Reaktorsicherheit, 2010b) für die Durchsetzung des Strukturwandels in der Stromproduktion. Die Bundesrepublik Deutschland dient mit diesem Gesetz und der Ausführung dessen als beispielhaftes Vorbild in der Europäischen Union im Ressort Klimaschutz. Die Investitionen in erneuerbare Energien haben sich im letzten Jahr verdoppelt und somit liegt Deutschland mit privaten Investitionen von 41,2 Milliarden USD, umgerechnet ca. 28,8 Milliarden Euro, an zweiter Stelle auf der Weltrangliste. (EUWID,[100] 2011)

Im Jahre 2009 machten erneuerbare Energien 15,6% der Marktanteile der Stromerzeuger aus. Nach den konventionellen Brennstoffen wie Kohle, Öl und Erdgas, mit insgesamt 57,9%, steht die nukleare Energieerzeugung an zweiter Stelle mit 22,6%. (siehe Abb. 2)

4.1 Vorteile erneuerbarer Energien

Erneuerbare Energien sind nicht nur sicherer in der Erzeugung, als die Handhabung mit radioaktiven Materialien, sondern auch umweltschonender. Im Vergleich: Ein Windpark spart im Vergleich zu einem Braunkohlekraftwerk 14 Millionen Kilogramm Kohlendioxid ein. Im Vergleich zu einem Atomkraftwerk würde es 72 Kilogramm Atommüll einsparen. (Ehrhardt, 2002). Was zudem mit fossilen Brennstoffen einhergeht, sind die versteckten Kosten. Das sind Kosten, die nicht im Strompreis aufgezeigt werden, die Verbraucher aber dennoch zahlen müssen wie für Klima-, Umwelt-, Gesundheits- und Materialschäden. 2009 wurden 8 Milliarden Euro versteckter Kosten durch erneuerbare Energien vermieden. (BEE,[101] 2010) Da auch Landwirte und kleinere Unternehmen sowie Stadtwerke zu Stromerzeugern werden können, bedeutet das eine Entkräftung des jetzigen Oligopols[102] in der Strombranche. „**Wenig Wettbewerb** bedeutet unnötig **hohe Strompreise** für industrielle und private Verbraucher." (ebd.)

---

100 Europäischer Wirtschaftsdienst
101 Bundesverband Erneuerbarer Energien e.V.
102 Eine Marktform in der „relativ wenige Anbieter mit signifikanten Marktanteilen den Markt unter sich aufteilen." (Löchel, 2003, S.165)

Im Gegensatz zu vielen anderen Branchen, beispielsweise der Automobilbranche, werden keine Arbeitsplätze abgebaut, sondern geschaffen. Bisher arbeiten 340.000 Arbeitnehmer in der Branche der erneuerbaren Energien. (Bundesministerium für Umwelt, Naturschutz und Reaktorsicherheit, 2010c) Eine Studie des Bundesumweltministeriums aus dem Jahre 2006 hat den möglichen Rückgang der Beschäftigung durch die Förderung der erneuerbaren Energien und den Wegfall anderer Energiebranchen berücksichtigt und ist dennoch zu einem positiven Ergebnis gekommen. Der damalige Parlamentarische Sekretär des Bundesumweltministeriums Michael Müller sagte: „Die Studie belegt, erneuerbare Energien geben nachhaltige Impulse für Export, Wachstum und Beschäftigung. Die positiven Arbeitsmarktimpulse des Ausbaus der erneuerbaren Energien sind demnach deutlich stärker als mögliche gegenläufige Effekte." (Bundesministerium für Umwelt, Naturschutz und Reaktorsicherheit, 2006)

Deutschland wäre auch nicht mehr auf die endlichen Energieträger angewiesen und somit unabhängig von den ölreichen Ländern der Welt.

4.2 Nachteile erneuerbarer Energien

Trotz der positiven Entwicklung der grünen Energie, ist dennoch ein großer Nachteil vorhanden: Die Wind- und Solarenergie ist sehr schwer kalkulierbar in ihrer Beständigkeit. Besonders die Windkraft, welche den größten Teil der erneuerbaren Energien in Deutschland ausmacht, ist ein Problemfall. Die Offshore-Anlagen, die den meisten Strom liefern sollen, können tagelang durch plötzliche Flauten still stehen. Bei Sturm wiederum produzieren sie viel mehr Strom als benötigt wird. (Wille, 2011)

Aufgrund der hohen Bevölkerungsdichte und der geographischen Lage Deutschlands ist es auch nicht im Bereich des Möglichen, so viele Pumpspeichersysteme zu bauen, wie benötigt werden, um den Strom zuverlässig liefern zu können. Um Stromlücken zu vermeiden, müssten Hochspannungsleitungen von Norwegen, das durch seine geeignete Topographie hervorragende Energiespeicher hat, nach Deutschland verlegt werden. Dies würde viel Zeit und Geld in Anspruch nehmen. (Bode et. al., 2010)

In der Branche der Stromerzeugung durch Biomasse ist noch die Frage der Nachhaltigkeit zu klären. Die Entwicklung und Forschung ist auf diesem Gebiet noch nicht weit fortgeschritten, sodass Energiewirte weiterhin ihre konventionellen Futterpflanzen anbauen, diese jedoch als Energiepflanze verkaufen. Für eine Nachhaltigkeit ist jedoch ein möglichst breites Artenspektrum an Pflanzen nötig, was nicht gegeben ist.

5. Aktueller Energieverbrauch und Kosten

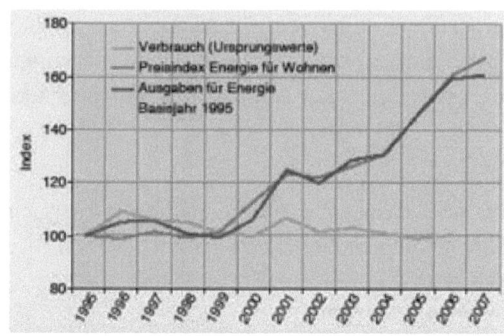

Abb.3: Darstellung der privater Haushalte: Endenergieverbrauch, Preisindex Energie für Wohnen und Ausgaben Energie von 1995 bis 2006 bzw. bis 2007 (TGA-Fachplaner, 2009, nach Stat. Bundesamt 2009)

In diesem Kapitel werden die Kosten durch Subventionen und Vergütungen aufgelistet und die daraus resultierenden steigenden Stromkosten für die Verbraucher. Der zweite Abschnitt wird sich mit dem aktuellen Energieverbrauch der Deutschen beschäftigen und rückblickend dessen Entwicklung betrachten.

5.1 Kosten

Der Ausstieg aus der Atomenergie und die Verringerung der Stromversorgung durch fossile Brennstoffe müssen letztendlich nun mit einer erhöhten Produktion von Energie durch erneuerbare Ressourcen ausgeglichen werden. Das dieses nicht ohne Aufwand geschehen kann, ist offensichtlich. Wie stark die Strompreise für den Verbraucher in den letzten Jahren gestiegen sind, ist erkennbar in der Abbildung 3. Obwohl der Verbrauch der privaten Haushalte über die Jahre relativ gleichbleibend war, stiegen die Energieausgaben besonders ab dem Jahr 2000 und nochmals im Jahr 2004. rasant an. Dies mag an dem EEG liegen (siehe 3.), denn auch im Jahr 2007 bezogen die Ökostromerzeuger von den Produzenten E.on, RWE EnBW und Vattenfall Vergütungen von insgesamt 7,8 Milliarden Euro. Die Produzenten wiederum erhöhten daraufhin ihre Strompreise und „übertrugen diese Kosten fast komplett auf die Endverbraucher". (Welt Online, 2009) Die hohen Kosten der erneuerbaren Energie haben ihre Ursachen darin, dass die Stromerzeugungsanlagen in viel größeren Dimensionen geplant und gebaut werden müssen als die konventionellen Kraftwerke und zudem geringere Mengen an Energie liefern können. Somit muss wiederum die Marktdurchdringung durch das EEG gesichert sein, welches Vergütungen durch andere Stromproduzenten vorsieht. (Springmann, 2005)

2000 lag in Deutschland der durchschnittliche Preis pro Kilowattstunde[103] bei 13,9 Cent, im Jahr 2009 schon bei 23,2 Cent, also eine prozentuale Erhöhung von 59,9%. Die Energiepreise sind abhängig von mehreren Faktoren. Zum einen von den globalen Rohölpreisen, welche stetig steigen, zum anderen von der Mehrwertsteuer, Ökosteuer oder staatlichen Förderungen von regenerativen Energien. (Welt Online, 2011a)

5.2 Verbrauch und Produktion von Energie

Die Tabelle 1 zeigt den Energieverbrauch der deutschen privaten Haushalte und stellt die Jahre 2009 zu 2008 sowie 2009 zu 2005 in den direkten Vergleich. Zu sehen ist, dass der Verbrauch der Deutschen über die Jahre hinweg gesunken ist. Nur der Verbrauch sonstiger Energieträger, worunter Brennholz und Holzpellets fallen, ist kräftig angestiegen (15,8% von 2005 zu 2009). Dieser Rückgang des Energiebedarfs ist das Resultat erhöhter Verbraucherpreise. Zwischen 2005 und 2008 haben sich die Preise für Gas um 31,8% und für flüssige Brennstoffe 43,8% drastisch erhöht (ebd.)

---

103 Einheitenzeichen kW × h, gesetzliche Einheit der Energie, bes. in der Elektrotechnik: 1kW × h = 3600 kW × s = 3,6 MJ (Megajoule). (Die Zeit, 2005)

Energieverbrauch der privaten Haushalte für Wohnen [1]:

Energieträger und Anwendungsbereiche	2000	2005	2008	2009	2009 zu 2008	2009 zu 2005
	Milliarden Kilowattstunden				Veränderung in %	
Energieträger						
Mineralöl	231	177	156	134	-14,6	-24,7
Gas	295	279	280	270	-3,6	-3,6
Strom	132	141	140	138	-1,4	-2,0
Fernwärme	39	42	47	42	-11,7	-1,3
Kohle	15	9	13	10	-22,3	12,5
Sonstiges	50	54	68	63	-8,6	15,8
Insgesamt	762	703	705	656	-7,0	-6,7
Anwendungsbereiche						
Raumwärme	587	518	519	468	-9,7	-9,5
Warmwasser	82	84	81	82	1,2	-2,5
Kochen, Trocknen, Bügeln	29	34	35	35	0,5	4,3
Haushaltsgeräte (inklusive Kommunikation)	53	57	60	60	-0,1	6,0
Beleuchtung	11	11	11	11	-0,2	-6,9
Insgesamt	762	703	705	656	-7,0	-6,7
nachrichtlich:						
nicht temperaturbereinigt	700	704	697	680	-2,4	-3,4
	Kilowattstunden				Veränderung in %	
Energieverbrauch je Haushalt	19 949	17 883	17 591	16 320	-7,2	-8,7

Tabelle.1: Darstellung des Energieverbrauchs der privaten Haushalte für Wohnen (Statistisches Bundesamt, 2010)

Dem gegenüber gestellt muss die Aufteilung der Produktion von Energie auf die verschiedenen Energieträger und deren Zunahme in den letzten Jahren betrachtet werden. Während die Stromerzeugung durch Kohle und Gas über Jahrzehnte hinweg relativ stabil blieb, sank die Erdölförderung langsam, aber konstant. Der nukleare Energieträger vervielfachte sich seit dem Jahr 1971 um ein Mehrfaches, aber hielt sein Volumen seit den Neunzigern bis 2006 bei. Anfangs kaum vorhanden, stiegen auch die erneuerbaren Energien im Zusammenhang mit dem Stromeinspeisungsgesetz von 1991 (siehe: 3.) ab den Neunzigern rasant an. 2006 betrug der Anteil erneuerbarer Energien an der Gesamtstromerzeugung 12,0%. (GENI, 2009). Drei Jahre später waren es dann schon 15,6% (siehe: Abb. 2). Im Jahr 2010 betrug der wiederum erhöhte Anteil ganze 17,0%. (Statistisches Bundesamt, 2011).

6. Trends erneuerbarer Energien in Deutschland

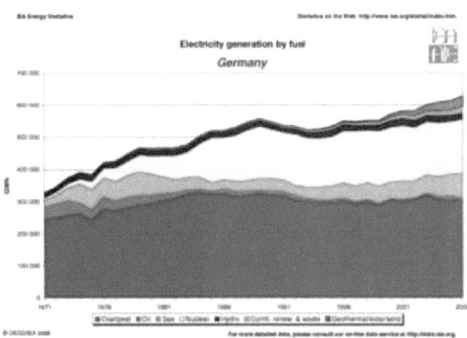

Abb. 4: Darstellung der Stromerzeugung durch die verschiedenen Energieträger von 1971 bis 2006. (GENI, 2009, nach IEA, 2008)

Um letztendlich die Anfangsfrage der Einleitung beantworten zu können, muss die zukünftige Entwicklung der erneuerbaren Energien im Vergleich zu der der Kernenergie vor Auge gehalten werden. Dies beinhaltet eine Betrachtung der Regierungsmaßnahmen in den kommenden Jahren und die damit einhergehenden Kosten und Aufwände.

Der letzte Abschnitt dieses Kapitels wird sich mit dem Verbrauch und der Produktion in der Zukunft beschäftigen und wie sich die Marktanteile an regenerativen und nuklearen Energien aufteilen.

6.1 Pläne der Regierung

Am 6. Juni 2011 beschloss die Bundesregierung, dass bis zum Jahre 2022 Deutschland komplett auf die Stromversorgung durch Kernkraftwerke verzichten soll. Die letzten Meiler sollen abgeschaltet und durch Gaskraftwerke und erneuerbare Energien ersetzt werden. (Bundesministerium für Umwelt, Naturschutz und Reaktorsicherheit, 2011b)

Bis zum Jahr 2050 sollen regenerative Energien kontinuierlich steigen, um bis dahin 80% des gesamten Energieverbrauchs tragen zu können. Dieses Ziel jedoch wurde im vergangenen Jahr angestrebt, in der Gewissheit, dass die Atommeiler noch eine Laufzeitverlängerung von zwölf Jahren erhalten. (Bundesregierung, 2010) Obwohl dieser kurzfristigen Änderung in den Plänen der Bundesregierung, hält der Leiter des Fraunhofer-Instituts für Windenenergie Jürgen Schmid den vollständigen Atomausstieg für realistisch ohne eine große

Lücke in die Stromversorgung zu reißen, wie dieser in einem Interview mit dem Journalisten Joachim Wille von der Frankfurter Rundschau bekannt gibt. Er setzt dabei auf die bereits vorhandenen Gaskraftwerke, welche elektronisch vernetzt werden sollen, um so eine schnelle und effiziente Notstromversorgung herzustellen. (Wille, 2011) Ab 2015 soll eine sechshundert Kilometer lange Gleichstromverbindungsleitung zwischen Norwegen und Deutschland fertiggestellt werden, um einen „Ausgleich der schwankenden deutschen Windstromerzeugung durch die Markt-Kopplung mit dem durch Wasserkraft geprägten norwegischen Strommarkt" herzustellen, so der Präsident der Bundesnetzagentur Matthias Kurth. (Bundesnetzagentur, 2010)

6.2 Kosten

Es werden in den kommenden Jahren steigende Ausgaben in Form von Förderungen und Investitionen in die Ökostrom-Branche fließen. Um die Offshore-Windparks ausbauen zu können, rechnen Regierungsbeamte mit rund 75 Milliarden Euro bis zum Jahr 2030. Der Stromriese E.on hat 250 Milliarden in das Projekt Alpha Ventus investiert, welches aus zwölf Windtürmen besteht, die vor der ostfriesischen Küste gebaut wurden. 50.000 Haushalte könnten dadurch versorgt werden, wenn der Wind günstig steht. Durch den Bau der neuen Anlagen und die Verbreitung quer durch Deutschland müssen Hochspannungsleitungen bis zu 45 Kilometer vor die deutsche Nordseeküste gelegt werden. (Bundesverband WindEnergie e.V., 2009) Dies beinhaltet auch die NorGer-Verbindung nach Norwegen (siehe: 5.1).

Die Umstellung der Nutzung der Agrarrohstoffe wird den Verbraucher in anderer Art Kosten aufdrücken. 2010 wurden schon zwei Millionen Hektar Ackerfläche für Biomasse umfunktioniert. So stehen für den nur noch zehn Millionen Hektar Ackerfläche für den Anbau von Nahrungsmitteln zur Verfügung. Zukünftig würde auch Weidefläche umfunktioniert werden, um genug Biomasse für die Biokraftwerke herstellen zu können. (Fachagentur Nachwachsender Rohstoffe e.V., 2009) Da das Angebot an Futterpflanzen für die Viehzucht sinkt, steigen die Preise für die Fütterung des Viehs, was wiederum die Preise für Fleisch ansteigen lassen würde. Dies besagt das Nachfragegesetz, welches für die gesamte heutige Marktwirtschaft gilt. (Reiß, 2008)

Die Umstellung auf Förderung von erneuerbarer Energie bringt jedoch nicht nur Kostenerhöhungen, sondern auch Einsparungen mit sich, die gegengerechnet werden müssten. Fossile Brennstoffe müssten nun nicht mehr aus dem Ausland importiert werden. 2009 wurden Importkosten von 5,1 Milliarden Euro gespart und im Jahr 2020 soll diese Zahl noch auf 50 Milliarden ansteigen. Kleine und mittelständische Unternehmen profitieren zudem auch von der derzeitigen Entwicklung, da die oft abgeschieden stehenden Anlagen gewartet, errichtet und betrieben werden müssen und auf diese Weise Arbeitsplätze im ländlichem Raum geschaffen werden. 2020 wird die „kommunale Wertschöpfung" sich 13,4 Milliarden Euro erhöhen. (BEE, 2010).

Für den Verbraucher ist es nun wichtig zu wissen, inwieweit sich die geplanten Projekte der Regierung auf ihre Stromrechnung auswirken werden. In diesem Bereich gehen die Meinungen auseinander, denn Prognosen werden unterschiedlich gestellt und somit kein einheitliches Ergebnis erzielt. Felix Matthes, Forschungskoordinator beim Öko-Institut in Berlin, gibt eine grobe Einschätzung über die Entwicklung des Strompreises in einem Diskussionsbeitrag über den deutschen Kraftwerkpark. Der Strompreis würde von den heutigen rund 60 Euro pro MWh auf circa 90 Euro pro MWh bis zum Jahre 2014 ansteigen. Dieser Anstieg der Strompreise würde aber hauptsächlich an den zukünftigen Brennstoff- und CO^2-Preisen liegen. (Matthes & Ziesing, 2008)

Die Frankfurter Allgemeine zeigt dem Leser andere Voraussagen auf. Im Zeitraum von 2012 bis 2030 sollen Differenzkosten von insgesamt 175 Milliarden Euro auf den Verbraucher zukommen.

Zum weiteren Verständnis: „Differenzkosten sind der Betrag, den die Stromkunden für den Ökostrom zu zahlen haben, ob sie ihn beziehen oder nicht. Dahinter steht folgender Mechanismus: Die Erzeuger speisen ihren Strom in das Netz ein; der Netzbetreiber verkauft ihn tagesaktuell an der Strombörse. Den Verkaufspreis rechnet er gegen die gezahlte Einspeisevergütung auf, und die Differenz stellt er den Verbrauchern in Rechnung." (Mihrn, 2011)

Zurzeit liegen die Kosten durch die EEG-Auflage für den Stromkunden bei 3,5 Cent pro Kilowattstunde. Bis 2015 soll dieser Betrag ein wenig steigen, doch anschließend langsam wieder sinken. (ebd.)

Eine weitere Tendenz zeigt die Zeitung „Die Welt" auf. Durch den nun schnellen Atomausstieg würden die Kosten für den Verbraucher rasant ansteigen. 2018 sollen die jährlichen Zuschläge für Strom sich auf 137 Euro im Jahr belaufen. Zusammengesetzt ist die Steigerung aus den Kosten für das Energiekonzept und den zusätzlichen Kosten, die der rasche Atomausstieg fordern wird. (Welt Online, 2011b)

Demnach ist keine einheitliche Aussage über die Entwicklung des Strompreises zu machen. Nur in einem Punkt sind sich alle einig: Der Preis wird steigen. Doch um wie viel Euro oder Prozent das sein wird, ist nicht sicher zu sagen.

6.3 Verbrauch und Produktion an Energie

Um einen Überblick zu erhalten, hat das Öko-Institut in Berlin das Ausstiegsszenario aus der Kernenergie kalkuliert, inwiefern Deutschland auf die nuklearen Energieträger verzichten kann, ohne in einen Stromversorgungsengpass zu geraten. Die derzeitige Nettoleistung der Atomkraftwerke liege bei 20.500 MW im Jahr. Wegen der derzeitigen Reserven im System, das heißt, durch die Überproduktion an Strom, könnte die Stilllegung von den sieben ältesten Atomkraftwerken sowie des schon stillgelegten Kraftwerks „Krümmel" erlaubt werden. (Öko-Institut e.V., 2011)

Da aktuell eine Überproduktion an Strom vorhanden ist, wurden konventionelle Anlagen wie Gas- und Kohlekraftwerke vorerst stillgelegt. Würden diese wieder an das Stromnetz geschlossen werden, könnte eine Leistung von 2500 MW erbracht werden, was die Abschaltung zweier weiterer Atomkraftwerke gewährleisten könnte. (Focus Online, 2011)

2013 könnten vier weitere Meiler durch die Inbetriebnahme der zugeschalteten Anlagen für erneuerbare Energien und durch „Lastmanagement-Maßnahmen"[104] abgeschaltet werden. 5000 MW bis 6000 MW Leistung würden ausgetauscht werden.

---

104 „Der Begriff Lastmanagement ist in seinem ursächlichen Zusammenhang aus der Tatsache entstanden, dass zu beziehende Elektroenergie für das Industrieunternehmen außer nach der in Anspruch genommenen Menge (Mengenpreis/Arbeitspreis) auch mit einem Leistungspreis belegt ist. Der Energieversorger hat damit die Möglichkeit, die bei ihm entstehenden hohen fixen Kosten für die Leistungsvorhaltung zu berücksichtigen. Der Anwender (Abnehmer) der Elektroenergie kann damit seinen Energiebezug und daraus resultierend die Energiebezugskosten nicht nur dadurch beeinflussen, dass er weniger Kilowattstunden pro Abrechnungszeitraum in Anspruch nimmt. Er vor allem ein aktives Regime entwickeln, wodurch er während dieses Zeitraumes eine nicht zu hohe und fast gleichmäßige elektrische Leistung in Anspruch nimmt, die mit dem Energieversorger zu vereinbaren ist (Verrechnungsleistung)" (Schieferdecker, Fünfgeld & Bonneschky, 2006)

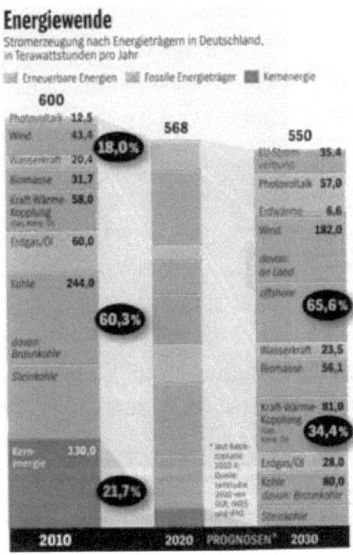

Abb. 5: Darstellung der Stromerzeugung nach Energieträgern in Deutschland. (Dohmen, et. al. 2011, nach Leitstudie 2010 von DLR, IWES und IFNE)

Die letzten drei Atomanlagen müssten dann bis spätestens 2020 durch den Neubau von Kraftwerken in den Bereichen Biomasse, Kraft-Wärme-Kopplungs-Anlagen und Erdgas-Anlagen ersetzt werden. (Focus Online, 2011; WWF, 2011)

„Insgesamt könnten bis 2020 so 21.000 MW ganz ohne Kernenergie erzeugt werden, zeigen die Berechnungen des Öko-Instituts. Dies sind 500 MW mehr als die derzeitige Leistung aller deutschen Kernkraftwerke." (Öko-Institut e.V., 2011)

Nach einer Leitstudie aus dem Jahr 2010, durchgeführt von DLR,[105] IWES[106] und IFNE,[107] wird der Anteil der Kernenergie im Jahr 2020 zwar sehr geschrumpft sein, doch nicht komplett ersetzt. (siehe: Abb. 5)

---

105 Deutsches Zentrum für Luft- und Raumfahrt
106 Fraunhofer-Institut für Windenergie und Energiesystemtechnik
107 Ingenieurbüro für neue Energien

7. Fazit

Abschließend soll ein Rückgriff auf die zu Anfang gestellte Frage herausstellen, inwieweit diese sich beantworten lässt.

In den Kapiteln wurden nun ausgiebig die Vor- und Nachteile erneuerbarer Energien erläutert, die Kosten aus verschiedenen Prognosen aufgelistet, der heutige und zukünftige Verbrauch verglichen und die Pläne der Regierung dargestellt. Die Frage, ob nun der Strom aus regenerativen Energieträgern genauso viel Leistung bringen kann, um der Kernenergie endgültig den Rücken zuwenden zu können, ist zu bejahen. Ob dies nun aber bis zum Jahr 2020 realisierbar ist, ist weiterhin fraglich. Die Meinungen der Experten gehen auseinander, wenn es um den Ausgleich von Strombedarf geht oder um die Kosten, die damit einhergehen.

Die letzten Meiler bis 2020 abzuschalten, ist ein hoch gestecktes Ziel mit Ungewissheit auf Erfolg. Dennoch ist der Schritt in die richtige Richtung zur Unabhängigkeit und des Umweltschutzes getan worden. Selbst wenn bis 2020 doch noch zwei oder drei Atomkraftwerke in Betrieb sein sollten, wurde eine nachhaltige Investition mit hoher Rendite gemacht.

Die Vorteile, die im Abschnitt 3.1 erläutert wurden, sind nachhaltiger Natur und keine Prognose kann etwas anderes behaupten, als das das Zeitalter der fossilen und nuklearen Brennstoffe ein absehbares Ende hat. Frühzeitig in erneuerbare Energien zu investieren, kann daher keine falsche Vorgehensweise sein, auch wenn angestrebte Ziele nicht termingerecht erreicht werden können. Eine Kostensteigerung ist jedoch unausweichlich. Die Frage ist nur: Wie viel sind die Deutschen bereit für ihre Sicherheit, Unabhängigkeit, Lebensqualität und den Umweltschutz zu bezahlen?

Literaturverzeichnis

BEE. (2010). Kosten und Nutzen Erneuerbarer Energien. Verfügbar unter: http://www.bee-ev.de/_downloads/publikationen/sonstiges/2010/101015_BEE-HG_Kosten_Nutzen_EE.pdf (13.05.11)

BGBl. (2000). S. 305. Energiewirtschaft; Gesetz über den Vorrang erneuerbarer Energien vom 29.03.2000

Bode et. al. (2010). Öko um jeden Preis, in: Der Spiegel, 38/20.9.10, S. 88-97

Bundesministerium für Umwelt, Naturschutz und Reaktorsicherheit. (2006). Erneuerbare Energien sichern langfristig Arbeitsplätze in Deutschland. Verfügbar unter: http://www.bmu.de/pressearchiv/16_legislaturperiode/pm/37794.php (20.06.2011)

Bundesministerium für Umwelt, Naturschutz und Reaktorsicherheit. (2010a).Erneuerbare-Energien-Gesetz (EEG) 2009 (aktuellste Fassung). Verfügbar unter:http://bundesrecht.juris.de/bundesrecht/eeg_2009/gesamt.pdf (11.05.2011)

Bundesministerium für Umwelt, Naturschutz und Reaktorsicherheit. (2010b). Verfügbar unter: http://www.erneuerbare-energien.de/inhalt/40508/ (11.05.2011)

Bundesministerium für Umwelt, Naturschutz und Reaktorsicherheit. (2010c). 340.000 Arbeitsplätze durch erneuerbare Energien. Verfügbar unter: http://www.erneuerbare-energien.de/inhalt/46546/40289 (07.06.2011)

Bundesministerium für Umwelt, Naturschutz und Reaktorsicherheit. (2011a). Entwicklung der erneuerbaren Energien in Deutschland im Jahr 2010. Verfügbar unter: http://www.erneuerbare-energien.de/files/pdfs/allgemein/applicaton/pdf/ee_in_deutschland_graf_tab.pdf (10.05.2011)

Bundesministerium für Umwelt, Naturschutz und Reaktorsicherheit. (2011b). Der Weg zur Energie der Zukunft: sicher, bezahlbar und umweltfreundlich. Verfügbar unter: http://www.bmu.de/energiewende/doc/47259.php (07.06.2011)

Bundesnetzagentur. (2010). Bundesnetzagentur gibt grünes Licht für erste Gleichstromverbindungsleitung nach Norwegen. Verfügbar unter: http://www.bundesnetzagentur.de/SharedDocs/Pressemitteilungen/DE/2010/10 1125Gleichstromverbindungsleitung.html?nn=193010 (13.05.2011)

Bundesverband WindEnergie e.V. (2009) Zukunftsmarkt: Offshore Verfügbar unter: http://www.wind-energie.de/de/themen/offshore/

Die Bundesregierung. (2010). Bruttostromerzeugung in Deutschland 2009. Verfügbar unter: http://www.bundesregierung.de/Content/DE/Magazine/ MagazinWirtschaftFinanz en/089/Medien/s3-grafik-stromerzeugung.html (11.05.2011)

Die Zeit. (2005). Das Lexikon mit dem Besten aus der Zeit: In 20 Bänden. Hamburg: Zeitverlag

Dohmen et. al. (2011). Das war's, in: Der Spiegel, 14/4.4.11, S.62-72

Ehrhardt, S. (2002). Risikomanagement mit Wetterderivaten. München: GRIN Verlag

EuGH. (2001). Urteil vom 13.03.2001, C-379/98. Verfügbar unter: http://www5.nwb-daten-bank.de/nwb9/main.aspx?kaufschritt=Default&aktion =DokumentAnzeigen &dokurl=content%2fdms%2fRechtsprechung%2fdata%2 f000%2f185%2f000185441_index.xml&shigh=Gesetz%2bEinspeisung%2bvon %2bStrom%2baus%2be rneuerbaren%2bEnergien%2b%f6ffentliche%2bNetz (11.05.2011)

EUWID. (2011). Deutschland liegt bei privaten Investitionen in Erneuerbare weltweit auf dem zweiten Platz. Verfügbar unter: http://www.euwid-ener gie.de/news/neue-energien/einzelansicht/Artikel/deutschland-liegt-bei-privaten-investitionen-in-erneuerbare-weltweit-auf-dem-zweiten-platz.html (11.05.2011)

Fachagentur Nachwachsende Rohstoffe e.V. (2009). Nachwachsende Rohstoffe 2009 erneut auf rund 2 Millionen Hektar. Verfügbar unter: http://www.nachwachsenderohstoffe.de/presseservice/pressemitteilungen/archiv /archiv-nachricht/?tx_ttnews[tt_news]=1055&tx_ttnews[year]=2009&tx_tt news[month]=10&tx_ttnews[day]=21&cHash=babe620796f8d4667994a71456e f80b7 (07.06.2011)

Focus Online. (2011). Atomausstieg für Deutschland laut WWF für 2020 möglich. Verfügbar unter: http://www.focus.de/panorama/vermischtes/ deutschland-atomausstieg-fuer-deutschland-laut-wwf-bis-2020-moeglich_aid_6 10035.html (14.05.2011)

GENI. (2009). Germany Energy Issues. Verfügbar unter: http://www.google.de/imgres?imgurl=http://www.geni.org/globalenergy/library/ en ergy-issues/germany/graphics/DEELEC.jpg&imgrefurl=http://www.geni.org /globalene rgy/library/energy-issues/germany/index.shtml&usg=__O0_yyaQNf

qxduUQbJ3ISDZaNnfpQ=&h=1306&w=1883&sz=121&hl=de&start=3&zoom=
1&um=1&itbs=1&tbnid=WUDNIpMDdCxyTM:&tbnh=104&tbnw=150&prev
=/search%3Fq%3Denergy%2Bconsumption%2Bgermany%26um%3D1%26hl%
3Dde%26biw%3D1024%26bih%3D614 %26tbm%3Disch&ei=XY7LTfmeKY
mztAbB0siGAw (13.05.2011)

Greenpeace Redaktion. (2004). Wie funktioniert ein AKW? Verfügbar unter: http://www.greenpeace.de/themen/atomkraft/atomkraftwerke/artikel/wie_funkti oniert_ein_akw/ (10.05.2011)

Heuck, K., Dettman, K.-D., Schulz, D. (2010). Elektrische Energieversorgung – Erzeugung, Übertragung und Verteilung elektrischer Energie für Studium und Praxis. 8. Auflage. Wiesbaden: Vieweg und Teubner Verlag

Lenkewitz, V. (2009). Eine umweltoekonomische Bewertung von Biomasse und Windenergie. München: GRIN Verlag

Löchel, H. (2003). Mikroökonomik: Haushalte, Unternehmen, Märkte. Wiesbaden: Gabler Verlag

Matthes, F. / Ziesing, H.-J. (2008). Die Entwicklung des deutschen Kraftwerksparks und die aktuelle Debatte um die künftige Strombedarfsdeckung. Verfügbar unter: http://www.oeko.de/oekodoc/722/2008-196-de.pdf (07.06.2011)

Melde, L. (2000). Dezentrale, regenerative Energiequelle – Die Biogasanlage. München: GRIN Verlag.

Mihrn, A. (2011). Ökostrom kostet Verbraucher 225 Milliarden Euro. Verfügbar unter: http://www.faz.net/s/Rub0E9EEF84AC1E4A389A8DC6C23161FE44/ Doc~E779E232E88424A89AB4FC5D6FE210538~ATpl~Ecommon~Scontent.h tml (14.05.2011)

Öko-Institut e.V. (2011). Rascher Atomausstieg geht ohne Stromlücke und Preisexplosion. Verfügbar unter: http://www.oeko.de/aktuelles/presse/pressemitteilungen/dok/1127.php (07.06.2011)

Reiß, W. (2008). Arbeitsbuch Mikroökonomische Theorie. München: Oldenbourg Wissenschaftsverlag

Schicferdecker, B. / Funtgeld, C. (Bonneschky, A. (2006). Energie-management-Tools: Anwendung im Industrieunternehmen. Berlin, Heidelberg: Springer Verlag

Spiegel-Online. (2009). Unsinnige EU-Klimapolitik. Verfügbar unter: http://www.spiegel.de/wirtschaft/0,1518,606532,00.html (13.05.2011)

Springmann, J.-P. (2005). Förderung erneuerbarer Energieträger in der Stromerzeugung – Ein Vergleich ordnungspolitischer Instrumente. Wiesbaden: Deutscher Universitäts-Verlag.

Statistisches Bundesamt. (2010). Energieverbrauch der privaten Haushalte für Wohnen rückläufig. Verfügbar unter: http://www.destatis.de/jetspeed/portal/cms/Sites/destatis/Internet/DE/Presse/pm /2010/10/PD10__372__85,templateId=renderPrint.psml (12.05.2011)

Statistisches Bundesamt. (2011). Pressemitteilung Nr.144 vom 11.04.2011 – Erneuerbare Energien deckten 2010 rund 17% des deutschen Stromverbrauchs. Verfügbar unter: http://www.destatis.de/jetspeed/portal/cms/Sites/destatis/Internet/DE/Presse/pm /2011/04/PD11__144__433,templateId=renderPrint.psml (07.06.2011)

Strauß, K. (2009). Kraftwerkstechnik: Zur Nutzung fossiler, nuklearer und regenerativer Energiequellen. 6., aktualisierte Auflage. Berlin, Heidelberg: Springer Verlag

TGA-Fachplaner. (2009). Wie gewonnen, so zerronnen. Verfügbar unter: http://www.tga-fachplaner.de/Cache/GENTNER/TGA-0132-001-OPT_MjMzMTcxXzIzMzE3MVo.JPG (12.05.2011)

Welt Online. (2009). Erneuerbare Energien kosten Verbraucher Milliarden extra. Verfügbar unter: http://www.welt.de/die-welt/wirtschaft/article 4501211/Erneuerbare-Energien-kosten-Verbraucher-Milliarden-extra.html (12.05.2011)

Welt Online. (2011a). Strompreisentwicklung 2011: Die Preise steigen weiter. Verfügbar unter: http://www.welt.de/wirtschaft/energie/specials/strom/article10220760/Strompreis entwicklung-2011-Die-Preise-steigen-weiter.html (12.05.2011)

Welt Online. (2011b). Das kostet der Atomausstieg wirklich. Verfügbar unter: http://www.welt.de/print/wams/wirtschaft/article13252674/Das-kostet-der-Atomausstieg-wirklich.html (14.05.2011)

Wille, J. (2011). Irgendwo weht immer Wind. Verfügbar unter: http://www.fr-online.de/wirtschaft/energie/-irgendwo-weht-immer-wind-/-/1473634/2731554/-/index.html (07.06.2011)

WWF. (2011). Rascher Atomausstieg geht ohne Stromlücke und Preisexplosion. Verfügbar unter: http://www.wwf.de/presse/details/news/rascher_atomausstieg_geht_ohne_stromluecke_und_preisexplosion/printer.html

Tobias Henze (2012): Nuclear power in Germany – History and future prospects

Abstract

The aim of this master thesis is to explain Germany's decision to phase out its nuclear power plants by 2022 and move from fossil fuels to renewable energy sources. As the decision to phase out is rather unique among the industrialized and most advanced nations, the paper is set out to analyze the reasons for the peculiarity and assumes that the long-lasting societal debate on the topic of nuclear technology has gradually influenced the decision-making process. The hypothesis is based on the observation that the decision to phase out had been taken shortly after the nuclear accident in the Japanese atomic power plant Fukushima which caused large-scale criticism against the previous energy policies of the government. The analysis uses a historical approach and applies an analytical framework which incorporates the most important stakeholders of the decision-making process. The analytical framework centers on Kingdon's multiple streams model and further takes into account theories and models explaining the working and behavior of politicians and parties, the media, the public and pressure groups which all have an impact on the policy-making process. Thereby, the paper is able to depict the development of the societal debate and to assess its impact on nuclear policy decisions of the past and present. Moreover, the paper elaborates on the question how Germany's decision to transform its energy production is put into practice. Here, a review of the policies establishing the energy transition is used in order to explain the most important provisions and problems that already have been encountered. Additionally, proposed policy changes are presented that might be implemented in the future in order to solve the problems.

Keywords: Nuclear phase-out, Policy-making-process, Societal conflict, Multiple streams model, Kingdon, Fukushima, Energiewende, Germany

List of abbreviations

CDU	Christian Democratic Union
CSU	Christian Social Union of Bavaria
EU	European Union
FDP	Free Democratic Party
IAEA	International Atomic Energy Agency
NGO	Non-governmental organization
OAPEC	Organization of Arab Petroleum Exporting Countries
SPD	Social Democratic Party of Germany
TEPCO	Tokyo Electric Power Company
TMI	Three Mile Island Nuclear Generating Station
U.S.	United States
WHO	World Health Organization

1. Introduction

„We have the chance to be the world's first industrialised nation to switch over to the electricity of the future." (Merkel, 2011a)

This statement by the German Federal Chancellor Angela Merkel given during a plenary session in the German Parliament, the Bundestag, on the 9th of June 2011 marked the beginning of a new era of energy production in Germany. Soon after the nuclear catastrophe in the Japanese nuclear power plant Fukushima Daiichi had occurred, the current German government which is composed of the Christian Democratic Union (CDU), its sister party the Christian Social Union of Bavaria (CSU) and its coalition partner, the Free Democratic Party (FDP) decided to revise their energy strategy that was set up after the election in the fall 2010. In June 2011 the decision was taken to phase out German nuclear power plants by the end of 2022 and to direct the new energy strategy towards renewable energies.

Besides the beginning of a new era of energy production, the decisions also marked the end of a long-lasting societal conflict about the usage of nuclear power in Germany. Statements by politicians like Jürgen Trittin, Chairman of Parliamentary Group of the Green Party, who spoke about the 'splitting of society' (2010) or Sigmar Gabriel, Leader of the Social Democratic Party (SPD), who called the debate on nuclear power in Germany 'a major societal conflict' (2010) point to the intensity and highly charged nature of the debate. According to Severin Fischer, the conflict dates back to the first formations of anti-nuclear power movements during the 1970s and had lasted for the following decades. The conflict was amplified by the accident in the Three Mile Island Nuclear Generating Station (TMI) in the United States in 1979 and by the nuclear catastrophe in Chernobyl in 1986. Both events raised awareness of the uncertainty and potential dangers resulting from the usage of nuclear energy and triggered the biggest public anti-nuclear protests marches of the time.

Besides the discontent of parts of the German society, the Chernobyl accident also led to changes in the party landscape. After years of internal debates on nuclear power, one of the two large people's parties, the SPD, changed their position on the usage of nuclear energy and has since then called for an exit strategy for nuclear power generation. However, for the government of that time nuclear energy had been a safe and efficient form of energy production which guaranteed Germany's energy security. Therefore, nuclear power plants were supported by the coalition government of the CDU/CSU which was in power from 1982 to 1998 and its coalition partner from 1983 onwards, the FDP.

After the federal elections in October 1998, the coalition changed to a government formed by the SPD and the Green Party which also resulted in a change in German nuclear energy policies. The 2000 'consensus on the usage of nuclear energy' between the government and the energy providers led to the amendment of the German Atomic Energy Law in 2002. The amendment provided regulations on the process of the nuclear phase-out with flexible mechanisms for each German nuclear power plant. One of the key provisions was the restriction of the residual operation time of existing nuclear plants to 32 years, counted from the date the power plant had been constructed. Moreover, the construction of new nuclear power plants was abolished by the amendment (BMU, 2002).

However, the consensus was not supported by the CDU/CSU and the FDP as the parties still pointed at the benefits of nuclear energy, namely cheap and efficient energy production. Therefore, the three parties campaigned for an extension of the operation time and stressed the importance of nuclear power for Germany's energy security during the election campaign for the federal elections in 2005. Moreover, they stated that in their opinion nuclear power plants were safe and that the decision of SPD and the Green Party had been a mistake (CDU/CSU, 2005). However, the 2005 election results did not allow for a takeover by CDU/CSU and the FDP as the voters favored a coalition government of CDU/CSU and the SPD. As a consequence of this 'grand coalition' between the two dominant people's parties, it was agreed not to discuss nuclear power issues because the parties' opinions were differing too much. Their positions did also not change for the elections in 2009 when the current coalition government of CDU/CSU and FDP was elected into office.

Back in power, the coalition parties agreed to extend the operation time of nuclear power plants because they regarded nuclear power technology to be an important transitory technology that is needed along the way to renewable energy production (CDU/CSU & FDP, 2009). Consequently, the German Atomic Energy Law was changed again in September 2010. It was decided that the 17 German power plants should on average operate 12 years longer than planned in order to secure energy supplies while transitioning the energy production to renewable energy sources (The Federal Government, 2010). The decision was heavily criticized by both, the opposition parties of the German Bundestag and the German anti-nuclear movement.

As one can see from the short introduction on the history of nuclear power generation in Germany, the societal debate on the usage of nuclear power has lasted for about forty years and has been one of the most contested political issues in the country. Moreover, the decision to phase out has marked an important step in energy production and consumption from a global perspective, as the decision sets Germany apart from the other G8 countries. Solely Italy is the only other country that does not produce energy using nuclear technologies.[108] Further, the majority of the G20 states are currently using or planning to use nuclear power in the future. Among these, the world's leading economies being the United States, China, Japan, France, the United Kingdom, India, Brazil and Russia are planning or are already constructing new nuclear power plants. This points at the peculiarity of Germany's decision to phase out (World Nuclear Association, 2012b). Both remarks make Germany an interesting case to study with regard to its nuclear power program and energy strategy. The observations give rise to the thesis' hypothesis that the rather unique decision to phase out has been gradually influenced by the societal debate in Germany as the other industrialized countries hold on to nuclear technologies. The hypothesis leads to the research question how the long-lasting societal debate affected the political decision to phase out. Moreover, the question is raised how the decision is put into practice. For the first question, the paper follows a historical analysis methodology that will elaborate on the history of nuclear power in Germany. For answering the second question, the policies that established the phase-out as well as the new energy strategy will be shortly reviewed in order to depict the future of Germany's energy supply. This part will be based on a study of the progress reached so far and problems which already have been encountered in the implementation of the new energy program. As a result, the paper will provide a rather complete picture of nuclear power generation in Germany for the past, present and possible future.

---

108 Italy had four nuclear power plants that were shut down following the Chernobyl accident. However, the Italian government under Berlusconi made plans to build new nuclear power plants. These plans were rejected in a public referendum which was held after the Fukushima catastrophe (World Nuclear Association, 2012a).

The analysis of the history part will be based on a combination of three analytical theories and models which are interrelated and will be put together to form the analytical framework of the paper. First of all, John Kingdon's 'multiple streams model' will be used in order to analyze factors influencing domestic agenda-setting and decision making processes. The model, which forms the corner stone of the analytical framework, explains how policy ideas may become part of the societal and political debate and might even be adopted.

Secondly, the rational choice theory put forward by several authors will be used in order to explain the behavior of parties and politicians which is not specifically clarified in Kingdon's model. The theory is based on the assumption of individuals acting in their own interests and is traditionally used in economics along with the concept of profit maximization. However, in this case it will be applied in order to analyze how parties and politicians try to maximize election result and secure their positions. Thirdly, the role of the media in the policy-making process will be discussed as the multiple streams model indirectly takes up the media as an actor but does not show its relation to the policy-making process. Here, models by Steven Livingston and Piers Robinson will be taken up which explain the circumstances under which the media might be able to influence the political agenda.

As stated above, the models and theories will be put together so that one coherent framework will be set up for the analysis of the German nuclear power history and the underlying societal and political debate. In doing so, the paper will use a rather unique approach to show the dynamics and the interplay of the different stakeholders involved in the long-lasting societal debate on the usage of nuclear power. The framework will shed light on some of the intentions and considerations that influence the behavior and decision-making of stakeholders involved in the debate. Thus, the paper will not only provide a historical picture of nuclear power in Germany, but will present insights that will help to explain why certain decisions have been taken at a particular moment in time.

Resulting from the presented outline, the paper is divided into four main sections. The first section will present the models and theories that will be used in order to form the analytical framework of this paper. Secondly, the history of nuclear power in Germany up to the events of Fukushima will be discussed in order to understand the complex nature of the societal discourse, party politics and external events influencing the debate. Thirdly, post-Fukushima energy policies will be presented and analyzed. The main features and goals of the policies will be presented and assessed. Moreover, the paper will take a look at the progress of the implementation of the new energy program and will discuss problems which already have been encountered. Fourthly, the paper will conclude with a summary of the history and the policies establishing the nuclear phase-out.

2. Analytical framework

The following three sub-sections will present the models and theories which will be combined in order to form the analytical framework of this paper. It will be explained why these models and theories are used and how they complement each other in the analytical framework. As already stated in the introduction of this work, the historical analysis is set out to depict and explain the societal debate on the usage of nuclear technology. The understanding of the concept of 'society' entails that "society is not only a simple collection of individuals, groups and institution, but is a whole entity that consists of all these elements plus their interrelationships" (Andersen & Taylor, 2008, p. 112). Based on this understanding the analytical framework will incorporate the most important stakeholders and show their interrelation in the discussion on the usage of nuclear power and the political decision-making process on atomic policies.

2.1. Kingdon's multiple streams model

John Kingdon's multiple streams model is based on a study of policy-agenda setting in the United States and is set out to explain the agenda-setting process of domestic policies. As such the model explains why certain policy proposals might enter the policy process, become topics of discussion or will even lead to a policy change. Therefore, Kingdon's model is a useful tool to analyze the political debate on nuclear power in Germany, its emergence as well as temporary disappearance and the policy change in 2011.

The model centers on the key concept of three different types of streams which are constantly floating within the 'primeval soup', a picture Kingdon uses to depict the policy-making process. The first stream is the so-called 'problem stream' where a problem, through indicators, is recognized by decision makers. According to Kingdon, an issue becomes visible as a problem when ideas and proposals are formulated to tackle the problem. Policy entrepreneurs try to emphasize problems by highlighting a problem's indicator. In case of nuclear power, such an indicator could be the risk of man-made errors or the problems arising from the storage of nuclear waste. Additionally, problems become apparent by so-called 'focusing events' such as disasters of any kind (Kingdon, 2002). The nuclear catastrophes in Chernobyl as well as in Fukushima serve as prime examples for a focusing event shifting attention to a problem. Birkland's study on the impact of disasters supports Kingdon's observation of focusing events but points out that "an event is more likely to be focal if an interest group or groups are available to exploit the event" (1998, p.72).

Further, Kingdon suggests that only policies which have been formulated before focusing events have taken place might become prominent in the second, the so-called 'policy stream'. This stream is the center of policy formulation and refinement. Within this stream, politicians, bureaucrats, scientists, researchers, academics as well as interest groups and citizen's initiatives are interacting. They all may take up the role of policy entrepreneurs who invest time and other resources such as money or human power in order to promote and argue for their preferred policies. As such, the policy stream is defined by a "gradual accumulation of knowledge and perspectives among the specialists of a given policy area" (Kingdon, 2002, p. 17). However, as multitudes of policy proposals are developed, only a few of them are actually taken into account when an opportunity arises. This decision is primarily based on factors such as the costs of a policy, technical feasibility, acceptance by the public, the academic community as well as politicians and their parties and the consensus with other important stakeholders such as industry branches. Moreover, Kingdon emphasizes that policy proposals have best chances to be used if they are basically 'ready' when an opportunity arises. Therefore, Kingdon's model has to be seen as a proactive approach in which policy solutions do not respond to problems but are seeking problems in order to respond to them.

The third and final 'political stream' encompasses changes in the political environment. These changes may be results of elections, changes in the administration or vagaries in public opinion and the 'national mood'. Kingdon points out that changes in the administration might lead to the emphasis of different policies and the rearrangement of political agenda priorities. Moreover, changes in public opinion affect the decision of politicians and parties to a certain extent.

As such, these streams are separate from each other and float within the primeval soup. However, Kingdon puts forward the idea that the three streams "come together at certain critical times [when] [s]olutions become joined by problems, and both of them are joined to favourable political forces" (ibid., p.

20). Kingdon explains that the coupling "is most likely when policy windows – opportunities for pushing pet proposals or conception of problems – are open" (ibid.). These 'windows of opportunity' open either due to the appearance of a problem or shifts in the political environment whereas the policy stream is only reactive to changes of the other two streams. For a window of opportunity to open, all three streams need to be coupled which is illustrated in Figure 1.

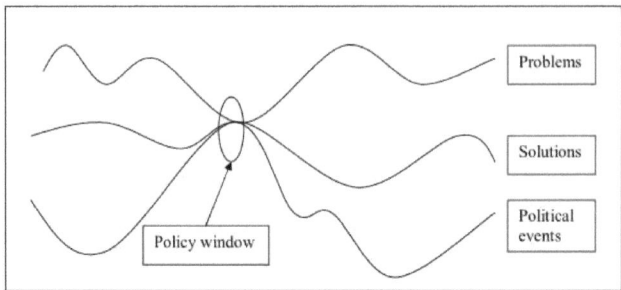

Figure 1: Kingdon's multiple streams model: The coupling of all three streams (Versluis et al, 2011, p. 116).

Kingdon emphasizes that a coupling of the streams usually entails policy entrepreneurs who either attach preferred solutions to an emerging problem or push the solutions through the political system which positively responds to the policy entrepreneurs' ideas. At the same time policy entrepreneurs need to be quick in using the window of opportunity as it tends to close rather fast.

It becomes evident that Kingdon's model encompasses a multitude of stakeholders and factors influencing the agenda-setting process. The following analytical tools accompany the multiple streams model in order to explain the behavior of the most important stakeholders in the societal debate about the usage of nuclear technology.

2.2. Rational choice theory

Kingdon's multiple streams model only observes and explains the behavior of policy entrepreneurs without going into detail of specific actors. Therefore, this sub-section looks at the rational choice theory as an approach to analyze the behavior of politicians and political parties as they are central to the discussion on nuclear power in Germany. The theory which is also often referred to as 'public choice theory' draws upon economic theory and its key assumption that "individuals act in their own best interests" (Hill, 2009, p. 91). The concepts of economic rational choice theory were first applied to the field of politics by Anthony Downs who defines 'rational action' as an action which is intended to achieve political and/or economic ends of every single political actor participating in the so-called 'political market place' (Downs, 1957). Relating from that, Mueller summarizes the characteristics of political actors stating that "the basic behavioural postulate of public- choice as for economics, is that man is an egoistic, rational, utility maximiser" (1979, p.1). Though Downs applies rational economic thought to all political actors including the electorate, the paper at hand uses the theory mainly for the analysis of politicians and in particular for the behavior of political parties.

According to the rational choice theory, parties compete in the political market place in order to win votes and power. Thus, their main aim is to maximize their electoral support for the purpose of winning elections and thereby holding important and powerful positions. In Downs' words party members act "solely in order to attain the income, prestige, and power which comes from being in office" (1957, p. 28). Of course these aims are not communicated to the public as it would undermine any chances of being elected into office. However, Downs points out that these interests are at the basis of politicians and that they do not seek to be elected in order to promote particular policies. Therefore, Downs emphasizes that "parties formulate policies in order to win elections, rather than win elections to formulate policies" (ibid.). As a consequence, parties have to differentiate themselves from others to a certain extent so that their policies attract more voters than policies of their competitors. Nonetheless, one has to stress the fact that differentiations move around the median voter theorem in order to guarantee a maximum of votes. This is particularly valid for two-party system or multi-party systems which are dominated by two larger people's parties such as in Germany.

Moreover, Tullock (1976) and Brittain (1977) stress the fact that political parties respond not only to the demands of the electorate but are also put under pressure by interest groups. Once party members have been elected into office, there is strong pressure on the parties to yield to the demands which center on "the role of the state as a giver of benefits" (Hill, 2009, p. 93). These benefits include the creation or protection of jobs, the promotion of certain projects or technologies, contracts and services as well as tax concessions. In return interests groups may support parties financially and promote their programs within their organizational structures. In the case of nuclear power important interest groups comprise energy suppliers, the industry which demands cheap electricity, the renewable energy industry including research institutions and think tanks, trade unions, environmental groups such as Greenpeace or local citizen initiatives. Besides idealistic ambitions of some interest groups, Buchanan and Tullock (1962) emphasize that most actors follow the 'rent-seeking behavior' in order to secure their interests in the policy process.

2.3. The role of the media

Recalling the importance of 'focusing events' for the recognition of problems in Kingdon's multiple streams model, one has to point out that the media takes on a significant role in the promotion and amplification of problems as part of their news coverage. Moreover, politicians and political parties use the media in order to promote their policies and gain public recognition. As the media as an stakeholder is not incorporated in Kingdon's multiple streams model, this sub-section takes up the work of Steven Livingston and Piers Robinson in order to explain the role of the media in the policy-making process.

According to Steven Livingston, the media has become an important stakeholder in policy making since advancements in communication technology allowed for 24-hours all news coverage which is able to use live footage from all over the world (2007). CNN, the first television channel to broadcast with this type of news coverage became a symbol "of all real time news coverage" (Belknap, 2001, p. 1) and served as an eponym for Livingston 'CNN effect'. Livingston identifies three different understandings of the effect the media can have on the policy-making process. However, only two of them will be presented in this sub-section as only these will be used throughout the paper at hand.

First of all, Livingston discusses the 'power of images' which he identifies as an impediment type of effect the media can have on the policy-making process. By showing strong picture of recent focusing events, the media is able to have an influence on emotions and perceptions in the public whereby certain reaction might be triggered. Livingston uses the example of live broadcasts from the First Gulf War which depicted inter alia dead U.S. soldiers and triggered a protest movement again the war in the United States. In case of nuclear power, the live broadcasting of the damages and explosions in Fukushima brought the event into German households and raised awareness for the focusing event. Secondly and relating to the first understanding, Livingston points out that the media may function as an agenda-setting agent. Images of focusing events may influence the policy-making process if the public reacts to the pictures in a way that the reaction puts pressure on policy makers to take action. Livingston argues that if the pressure of the media and the public is strong enough situations arise in which the "policy agenda itself is at times merely reflection of news content" (2007, p. 6).

Piers Robinson's 'policy-media interaction model' takes up the ideas of Livingston on how the media is able to have an effect on the policy-making process. However, Robinson emphasizes that the CNN effect does not fully depict the relationship between the media and the process as the relationship has not yet been clearly theorized. Therefore, Robinson proposes his model which starts with the assumption that the effect of media coverage on the policy process is not always given or equally strong in each case.

According to the model, the media's effect is particularly determined by the prevailing policy status. Either a situation prevails in which there is policy certainty or policy uncertainty. Robinson explains that the latter becomes identifiable if an "issue arises and no policy is in place, or if there is disagreement, conflict of interest or uncertainty between the executive subsystems" (Robinson, 2000, p.613). Relating to this, policy certainty has to be seen as the opposite of Robinson's description of policy uncertainty. The distinction between the two possible policy statuses is of crucial importance as the media can only have an influence on the policy-making process if policy uncertainty prevails. However, another factor contributes to the media's ability to affect the policy-making process as Robinsons points out that news coverage has to be "extensive and critical" (ibid., p. 615) in order to have an influence. Accordingly, the media is only able to affect the policy process if a situation of policy uncertainty prevails and the media covers an issue in an extensive and critical way. In such a situation pressure on the government is high and policy-makers are "forced to do something or face a public relations disaster" (ibid.).

Both of the model's underlying assumption will be used for the analysis of the media's impact on the decision making throughout the paper. In particular in the cases of focusing events it will become evident that the media is a significant stakeholder in the decision-making process.

2.4. Putting it all together: the analytical framework

As one can see from the three sub-sections above, the decision-making process can be analyzed with various theories and models which all shine a light on certain aspects of the process. Due to the interplay and interconnectedness of the theories, the paper at hand incorporates them into one analytical framework which will form the tool for the analysis of the long-lasting societal debate on nuclear power in Germany. This section is set out to explain the framework using some examples from the German history of nuclear power.

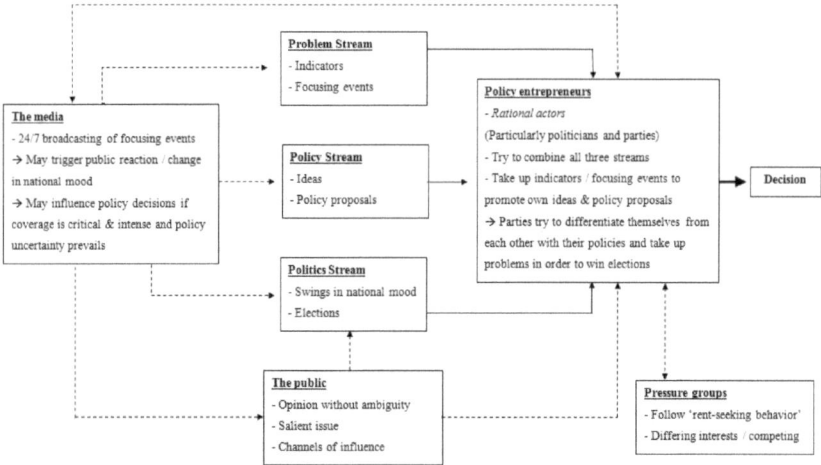

Figure 2: The analytical framework

As one can see from Figure 2, Kingdon's multiple streams model forms the corner stone of the analytical framework. Kingdon states that policy entrepreneurs try to combine the three streams to open a policy window and push their ideas and policy proposals through. In particular politicians and parties do this based on rational thought theory as they follow own party strategies and interests. Parties might even change party ideologies or strategies which have been in place for a longer period of time in order to react to occurring focusing events in the problem streams or changes in the politics stream. Thereby, they might want to distance themselves from other parties in order to meet public demands for certain policies and secure or gain political power. The SPD's decision to oppose nuclear energy shortly after the Chernobyl crisis in 1986 may be seen as an attempt to differentiate the party from the government's decision to support nuclear power. Moreover, all streams may be influenced by the media which, according to Livingston and Robinson, has to be seen as an influential stakeholder in the agenda-setting and decision-making process. As such the media is able to take up focusing events of the problem stream and amplify them by 24/7 broadcasting. Thereby, a focusing event may become a topic of public salience if the media is critically and intensively covering the topic. In order to have an influence on the decision-making process,

Robinson points out that also policy uncertainty needs to prevail. Moreover, the media is able to promote ideas and policy proposals of the policy stream by taking them up in their reporting. For that reason, policy entrepreneurs try to use the media for their purposes as it serves as one of the most important channels to promote ideas and policy proposals. Further, the media may have an influence on the politics stream because media coverage of focusing events may lead to changes in the national mood or in the election behavior of the public.

Therefore, the public also has to be seen as a decisive stakeholder in the model as changes in public opinion can put pressure on parties and politicians. Protests marches against the construction of nuclear power plants or against nuclear power in general have to be seen as instruments to put pressure on policy makers. However, Höse and Oppermann (2007) point out that public opinion becomes only significant if three conditions are met. Firstly, public opinion must be clear and without ambiguity. According to the authors, this condition is usually met if 60 percent of the public share an opinion on a topic. Secondly, the topic needs to be salient, a condition which can be observed if the topic is extensively covered in the media. Thirdly, public opinion needs to have channels of influence like elections or referenda in order to become significant. As one can see, the conditions include parts of Kingdon's problem and politics stream and point at the importance of the media which again shows the interrelatedness of stakeholders and the academic models. If public opinion becomes significant it puts pressure on politicians and parties to change the political status quo. In order to depict the public opinion, the work at hand will primarily use representative surveys provided by Forschungsgruppe Wahlen e.V. which publishes monthly surveys on ongoing political topics since 1974. According to the rational choice theory, politicians and parties are not only put under pressure by media coverage that may then lead to pressure from the public, but also from interest groups that follow a 'rent-seeking behavior'. These pressure groups have certain interests in particular policies and compete with each other to influence policy entrepreneurs and the decision-making process.

As one can see from the described analytical framework, the decision-making process is influenced by various stakeholders that all follow certain interests. The theories used in the framework try to shine a light on the rationale of the process and are able to explain it to a certain extent. However, one has to acknowledge that no model is able to fully explain every aspect of the process. Nevertheless, the model will help the reader understand and grasp the dynamics and the interplay of the long-lasting debate about nuclear power in Germany.

3. Historical analysis

This section of the paper is set out to depict the historical development of the usage of nuclear power in Germany in order to assess the impact of the societal debate on Germany's nuclear policies. It will be shown how the civil usage of nuclear technology was supported by a consensus of political parties and the public and later on developed to a topic of discontent and debate among various stakeholders. Moreover, it will be analyzed if and how external events such as nuclear accidents have had an impact on the debate in Germany.

The analysis follows a historical structure which was proposed by Dr. Felix Christian Matthes (2000). He sections the history of nuclear power generation in Germany into four phases beginning with the 'speculative phase' from 1955 to 1967 which was marked by theorizing the use of nuclear power and the construction of Germany's first atomic power plants. The second phase, the so-called 'breakthrough phase' is characterized by the expansion of the usage of nuclear power and deals with the years between 1967 and 1975. The 'stagnation phase' from 1975 to 1986 depicts the beginning of the debate on nuclear energy which particularly centered on safety issues. Matthes' last phase, the 'decline phase' is marked by the impacts of the Chernobyl accident in 1986 and the renunciation of atomic energy by certain political parties and large parts of society. However, as Matthes' work was published in 2000, his sectioning is to a certain extent outdated because it does not include the crucial developments from 2000 onwards. Therefore, this study adds three phases to Matthes' structure. The phase from 1998 to 2009 will be named 'political decline phase'. After the federal elections in 1998 the government changed to a coalition of SPD and the Green Party which agreed to phase-out nuclear energy which marks an historical point in the history of nuclear energy in Germany. The phase from 2009 to 2011 will be named 'revival phase'. It is characterized by a change in government back to a coalition of CDU/CSU and the FDP and the revision of the phase-out plans of the SPD/Green Party coalition. The last phase constitutes the period from 2011 onwards. As stated before, the catastrophe in Fukushima led to the decision to ultimately end the usage of nuclear power plants in Germany by the end of 2022. With all five parties represented in the German Bundestag supporting the phase-out and a broad societal consensus on the topic, this phase probably marks the end of the usage of nuclear power and is there referred to as the 'final phase'. It has to be emphasized that the boundaries of the phases are fluid and not always clearly distinguishable as political movements, citizen's mobilization or decision-making processes do not stop at artificially created time period boundaries.

3.1. 1955-1967: The speculative phase

Due to the occupation statute of Germany, the German government was not allowed to take decisions on the construction of nuclear power plants or the peaceful usage of uranium before 1955.[109] After the formal ending of the statue on May 5, 1955 West-Germany regained the status of a sovereign state and was able to start its own nuclear power program (Corbach, 2005). Konrad Adenauer (CDU), the first Chancellor of Germany established the Federal Ministry for Atomic Issues in October 1955 and appointed Franz-Josef Strauß to be the first Federal Minister of Nuclear Energy. As Gleitsmann (2011) points out, the decision to start a nuclear power program has to be seen as an essential part of the German foreign, economic, scientific and sovereignty policy at that time because nearly all industrialized nations were developing own nuclear power programs. Already in 1953 President of the United States (U.S.) Eisenhower had campaigned for the usage of nuclear power with the 'atomic power for peace program' which triggered plenty of peaceful atomic programs (Eisenhower Presidential Library & Museum, 2011). With the construction of nuclear power plants in the Soviet Union in 1954 or England in 1955, nuclear power had become part of the industrialized countries' energy strategy. Germany wanted to follow this path and start its own atomic power program.

The German government started its atomic efforts by institutionalizing the topic. Besides the founding of the Federal Ministry for Atomic Issues in 1955, a nuclear commission was set up in 1956 which was chaired by the Federal Minister of Nuclear Energy and was composed of representatives from the politics, economic and science sectors. The commission had an advisory function and was responsible for designing Germany's first nuclear program. On the international level, Germany became one of the founding members of the European Atomic Energy Community (EURATOM) in 1957 which was set out to develop "relations with the other countries by creating the conditions necessary for the speedy establishment and growth of nuclear industries"

---

109 The occupation statute of Germany regulated the authorities of the German government. The statue gave Germany conditional sovereignty but did not grant a complete control for sectors such as scientific research, the military or foreign affairs.

(EURATOM Treaty, Article 1, 1957). Moreover, Germany also joined the International Atomic Energy Agency (IAEA) in the same year.

At the same time the German government pushed for scientific design and development of nuclear technologies and was eager to catch up with other industrialized nations as the country was perceived as a "latecomer in the nuclear competition" (Nelkin & Polak, 1980, p. 129). Therefore, the German state invested about 5.2 billion Deutsche Mark between 1957 and 1963 in order to recruit suitable nuclear scientists and engineers and to purchase five research reactors from the U.S. and England. The first research reactor started its operation in 1957 in Garching and was followed by a research reactor in Kahl 1961. The latter was the first nuclear power plant to be connected to the German electricity grid.

The founding years of nuclear energy were particularly supported by the economy which envisioned cheap electricity and the engineering industry which saw great potential for expansion in the nuclear power plant industry. However, the energy producers themselves were skeptical about the new technology as the fixed costs to enter nuclear power production had been relatively high and the profitability was perceived as uncertain from their point of view (Radkau, 1983). Thus, the energy producers remained in an observing position whereas the German government heavily invested in nuclear technologies in order to built and finance the foundation of Germany's nuclear future. As one can see from this observation, the decision to create a nuclear industry and generate power by atomic power plants was heavily influenced by the German economy and the engineering industry. Moreover, the decision was based on political rather than economic considerations as the government was eager to be part of the system of industrialized countries which all started their own nuclear power programs.

Politically, the first phase in the history of nuclear power in Germany was marked by a broad consensus among the political elites and political parties. Of the three strongest parties, being the CDU/CSU, the FDP and the SPD, the first two had supported nuclear power from the very beginning and without restrains. The situation within the Social Democratic party had been more differentiated. The party was strongly opposing nuclear weapons and any plans to build, use or station them in Germany. The fear of the 'atomic death' which was triggered by the upcoming tensions between the U.S. and the Soviet Union collided with the first plans to peacefully use nuclear technology for energy production. Particularly the more leftist section of the SPD criticized nuclear technologies without differentiating between military usage and civilian usage for electrical power generation. However, the SPD quickly managed to find a common agreement on atomic energy. Already in July 1956, the party agreed on supporting nuclear technology for energy production and perceived the usage of the technology as a 'new era for mankind'. Moreover, the SPD urged the government to catch up with other industrialized nations in the field of nuclear power in order not to become energy depended on these countries in the future (SPD, 1956). This development guaranteed the support of nuclear energy from the strongest parties in Germany during the speculative phase. Therefore, Rüdig (2007) emphasizes that the "German nuclear industry was allowed to develop virtually unhindered by any political opposition" (p. 49). Moreover, he stresses that political support as well as the priority status that was given to the nuclear industry had led to a privileged situation of proponents of nuclear power. They were able "to command resources and build up a nuclear sector that is still largely in place today" (ibid.). As a result of these observations, Rüdig concludes that decisions on nuclear energy were taken within "a closed community" (ibid.).

The closeness was fostered by public opinion on the topic as the public shared the optimism and euphoria regarding the new technology. Nuclear technology was praised to be a precursor for the 'second industrial revolution' (Brandt, 1957) which led the public to support the new technological sector. Only sporadically citizen's protests against nuclear power plants were witnessed. The plans to construct a research reactor in Karlsruhe had to face the most severe opposition at that time. Citizens of the Karlsruhe region organized protests against the research reactor. They perceived the operation of the plant to be too risky in the region which is known to be one of the most seismic areas in Germany. However, the protests were regionally limited and did not evolve to a national movement (Gleitsmann, 2011).

Besides the strong advertising of the political parties, these observations can also be explained by the media which shared the opinion of the parties and criticized the protesters for being unprogressive and reactive. Gleitsmann (ibid.) emphasizes that the media coverage on the protesters was hardly focusing on the citizens' concerns but portrayed them in a negative way calling them 'querulous persons'. In limited cases the protesters were even depicted as backward farmers not willing to accept the beginning of a new technological era which shows that the media also used defaming pictures to portray the opponents. In particular local politicians as well as scientists shared this opinion as they could not understand the citizens' refusal of the research reactor. In order to change the citizens' minds, programs to inform and teach the protesters were set up which shows the willingness of the stakeholders supporting nuclear energy to push their plans through. However, information meetings and discussion forums did not change the opinion of the protester as they were still pointing at the risks of operating a nuclear power plant in a seismic area. According to Gleitsmann & Oetzel (2012), they only changed their opinion when the stakeholder supporting the research reactor pointed at the economic benefits. As the Karlsruhe area was lacking infrastructure and was therefore based on agricultural production, the people saw the construction of the research reactor as an opportunity for a more prosperous future of the region. Thus, the decision was to a great extend based on rational economic thinking.

Though this example of protests in the Karlsruhe region shows that not all citizens agreed with the plans and decisions on the usage of nuclear power, one has to point out that the great majority of the public supported the new technology and did not challenge the nuclear energy policies. Thereby, basically all important stakeholders formed a broad consensus on the topic. Besides the public, political parties, the media as well as the economy and engineering industry endorsed the beginning of Germany's nuclear era which marks a distinctive feature of the first speculative phase.

3.2. 1967-1975: The breakthrough phase

According to Christian Schaaf (2002), the speculative phase ended with the start of the operation of the first commercial nuclear power plant in Gundremmingen. It was connected to the electricity grid in December 1967 and started its commercial operation in April 1967 (IAEA, 2012a). Schaaf emphasizes that the breakthrough phase shifted the interests of both the political elite and the industry. Whereas the speculative phase was characterized by setting up the foundations of nuclear power generation in the future, the breakthrough phase was marked by practical interests of the present. Radkau (1983) points out that the financial investments made during the speculative phase had led to a constriction of the decision-making options of politicians as the anticipated German nuclear era now had to become reality. Therefore, the extension of the nuclear power generation industry has to be seen as one of the most important points on the political agenda in Germany at that time. However, politicians as well as the nuclear power industry and the industries demanding cheap electricity such as the chemical and electronic industries, were facing a serious legitimacy problem. Germany's overall electricity demand was not rising to the expected amounts that would have made nuclear power a profitable endeavor. Particularly the electricity producing companies referred to these calculations and still refused to invest in the nuclear energy sector.

Corbach (2005) as well as Radkau (1983) point out that the industry was eager to solve this problem by artificially raising the German electricity demand. Ever new electric home appliances for heating, cooking and entertainment were put on the market and had been advertized as necessities for every household. Political campaigns such as the 'prosperity for everyone' campaign by the CDU supported these plans. When looking at the development of the per capita energy consumption one is able to see that the energy consumption nearly doubled from 1967 to 1970. During the time period from 1967 to 1973 energy consumption increased by 117% with 1973 being the peak year of energy consumption (World Bank, 2012). These numbers show that the plan of the industry and the politicians to raise the energy demand had been quite successful and now served as a justification to build more nuclear power plants. However, one has to emphasize that the ambitions of the industry and politicians benefitted very much from the 'economic miracle' which led to a strengthening of the middle class and a more consumption-oriented society. Consequently, the time span between 1967 and 1975 witnessed the peak of nuclear power plant construction. In total, fourteen new plants were built during the nine years (IAEA, 2012b). Moreover, the energy producing industry finally agreed to make large scale investments in the nuclear sector which served as a signal for the breakthrough of nuclear power generation technology in Germany (Radkau, 1983).

Politically, the breakthrough phase was marked by changes in the coalition structures of the government. After the break-up of the coalition government formed by CDU/CSU and the FDP in 1966, the CDU/CSU formed a grand coalition with the Social Democrats. For the first time after the Second World War, the SPD was part of the Federal Government of Germany. During the time of the grand coalition, the SPD supported the plans for the extension of the nuclear sector. After the federal elections in 1969, Willy Brandt became the first German chancellor representing the Social Democratic Party. Forming a coalition government with the FDP, the SPD continued to support nuclear energy and took a leading role in the decision-making processes that led to the construction of the new nuclear power plants (Schaaf, 2002).

This became evident when the government brought forward its overall concept for energy policies. For the first time in history, an official energy program was presented. It entailed policies and production targets for each energy-producing sector. The outstanding characteristic of the program was the exceptional position of nuclear energy. The energy program demanded that within the next twelve years about one half of the national energy demand should be met by nuclear power. According to Joppke (1991) "nuclear power became a corner stone of the new policy of 'economic modernization'" (p. 46) as energy was seen as a "magical panacea" (ibid.) to reboot the German economy which had cooled down in the beginning of the 1970s. Moreover, the government's energy program emphasized that an extension of the nuclear sector would not only support the economy but would also guarantee Germany's energy security. Analyses provided by government experts saw a great danger of becoming too dependent on oil as an energy source and thereby on foreign states. In order to minimize the risk of dependency, the energy program envisaged an increased energy production of 40.000 to 45.000 megawatt for the nuclear energy sector by 1985. Taking 1972 as the base year, this would have constituted an increase by thirty times of energy produced by atomic power plants. Besides the risk of energy dependency, the government argued that Germany would face an energy gap if the nuclear sector would not quickly expand. According to the calculations, Germany's coal industry would reach its production maximum in the 1980s which could lead to gaps in energy supply (Deutscher Bundestag, 1973). Therefore, the coalition government saw nuclear power as an inevitable investment for the future of Germany.

The proclamation of an oil embargo by the Organization of Arab Petroleum Exporting Countries (OAPEC) shortly after the introduction of the energy program led to the first oil crisis in fall 1973 and backed up the arguments of the coalition government. The oil embargo which entailed the reduction of oil supplied by the OAPEC resulted in a drastic increase in the oil price and economic turbulences in Western industrialized countries. For the German government the oil crisis served as prove for their calculations and justified the extension of the nuclear sector. This was also expressed in the first follow-up concept of the energy program in November 1974. The follow-up confirmed the calculations of the first energy program and in light of the energy crisis, pointed even more at the importance to secure Germany's energy security (Bundesministerium für Wirtschaft, 1974). Therefore, the oil crisis has to be seen as a catalyst event that served as an argument for the government's plans.

Joppke (1991) calls the crisis among other factors a "remarkable coincidence […] [that] made nuclear power a crucial stake in the struggle over the future of society" (p. 46). Even though the oil crisis has to be seen as a focusing event in the way that it raised attention to the topic of energy dependency, the analytical framework cannot be applied in this case as the policies to extend the nuclear sector had been already in place before the embargo of the OAPEC.

Rising prices for gasoline and heating oil as well as an increasing unemployment rate caused by the economic difficulties also made the energy dependency visible for the public. The media amplified public concerns by hysterically reporting about the decision of the OAPEC and making drastic predictions about the future of German society. According to Hohensee (1996) the media coverage entailed many articles and reports which raised unrealistic fears and panic e.g. by speaking about the coming 'cold ages'. Though the government tried to calm down the situation and criticized the media for its shady coverage (Erhardt, 1973), the discussion on the topic benefited the SPD/FDP government. The oil crisis did not only serve as prove for the government's competence in predicting future challenges, it also strengthened the acceptance of the extension of the nuclear sector in the public. A representative survey conducted between 1973 and 1975 shows that 77 percent of the respondents fully approved the usage of nuclear technology. Compared to a similar survey conducted in 1956, approval had increased by 17% (Gleitsmann & Oetzel, 2012).

However, the oil crisis did not only have positive effects on the perception of the new era of nuclear technology. Kitschelt (1984) points out that besides the preceding broad societal agreement on the topic, a new social movement was slowly emerging. The first strands of the anti-nuclear movement developed into a national phenomenon which differed from the local movements of the speculative phase. However, the movement did not solely focus on nuclear technology. Joppke (1991) emphasizes that the movements "articulated diffuse anxieties of modernization out-of-control and the desire for an ecological alternative of 'smallness', transparency, and grass roots democracy" (p. 47). The fact that the decision of countries far away from Germany could directly affect the own society was frightening those people. Joppke explains that the oil crisis depicted the interconnectedness of the modern world which led to desires for a more 'down to earth' society without the complexities of the new technological era among the growing anti-modernization movement which also criticized nuclear power.

Even though nuclear opposition evolved from the local to the national level at the end of the breakthrough phase, one has to point out that the large majority of German society still approved the government's decision to extend the usage of nuclear power during the time. In response to the majority's opinion, political parties "essentially ignored the concerns raised by the nuclear critics" (Nelkin & Pollak, 1980, p. 130) and treated atomic policy as a "nonissue" (ibid.) during the second phase of atomic energy in Germany.

3.3. 1975-1986: The stagnation phase

Unlike the previous two phases, the third phase of the history of nuclear energy in Germany is marked by important changes in the public opinion on the topic, the German party landscape and the decision-making process on nuclear policies. The protests against nuclear power that reached the national level at the end of the breakthrough phase became of major importance as they grew to the biggest protest movement of the time. At the end of the second phase and in the beginning of the third phase, the city of Wyhl became known for its persistent anti-nuclear movement which delayed and ultimately stopped the construction of a nuclear power plant.

The protest movement started when rumors about the erection of an atomic power plant were spreading in 1973. Worried citizens started to inform themselves about the risks and possible consequences of the construction and founded citizens' initiatives to counteract the construction plans. Even before the plans to build the plant had been officially confirmed, 96.000 signatures against a possible construction were handed over to the local administration by the initiatives in July 1974. Two month later, protesters occupied the designated construction site in order to secure the ground from being destroyed. Despite the protests, the Federal Ministry of Economics and Technology permitted the construction of the nuclear power plant in January 1975. As a consequence the protesters were banned from the construction ground which afterwards was secured by the police. However, some of the protesters re-occupied the construction ground after a protest march of 28.000 people took place in February 1975. Since then citizens' initiatives, protest groups as well as regional and national politicians and the local energy producer tried to solve the dispute by addressing external consultants and courts. These talks, court trials and negotiations significantly delayed the construction of the nuclear power plant so that the plan itself became less significant in the 1980s and was completely abandoned in the 1990s (BUND Regionalverband Südlicher Oberrhein, 2012).

Therefore, Noak (1984) speaks of the 'Wyhl effect' which symbolizes the strength and power of the anti-nuclear movement as the protests in the city have to be seen as the first major success of delaying and stopping the plans of politicians.

Moreover, Schaaf (2002) emphasizes that the protests in Wyhl began to change the perception of the anti-nuclear movement in the public and political parties. He points out that the media covered the protests more differentiated than in the years before, showing that the extension of the nuclear sector was no unproblematic process. Engels (2003) states that for the first time in the history of the anti-nuclear movement, the media showed sympathy for the protest movement and asked for the reasons of the protests. Unlike the previous years, the media did not defame the protesters right from the start but showed interests in their argumentation. Engels bases his observation on several newspaper articles as well as radio features and argues that the media was particularly interested in the 'new' forms of peaceful protest. Mass demonstrations, the occupation of construction sites, or street blockades with tractors had been a rather new phenomenon at that time. Moreover, television channels such as the Westdeutsche Rundfunk (West German Broadcasting) broadcasted from the city and showed images of peaceful protesters being attacked by police water cannons. Also the biggest national television station, ARD, broadcasted from Wyhl showing how police forces had been trying to clear the occupied construction site. The broadcasts depicted the rather rude behavior of the police and underlined the peaceful intentions of the protesters (Engels, 2012). As Kepplinger (1988) points out, this type of unbiased media coverage was not known before the mid 1970s and the protests in Wyhl definitely have to be seen as a turning point in the media's working. Moreover, he argues that the shift in media coverage has to be seen as a reaction to the growing anti-nuclear movement which had moved from the local to the national level.

Further, the SPD acknowledged that the 'understandable' protests against nuclear power had become a 'political factum' during a party conference in November 1975. Though the majority of party members agreed to extend the dialog with the citizens and follow the energy program, sporadic critical voices by local party groups were raised against the nuclear policies of the Social Democrats (SPD, 1975). However, it has to be emphasized that the nuclear program itself had not been criticized by the local party groups. The major concerns centered on the communication of nuclear policies to the citizens as the local groups were worried about a potential clash between the anti-nuclear movement and the democratic institutions. Thus, they criticized that the efforts to explain the SPD's energy policies had not been reaching far enough in the past. Nevertheless, these observations show that the party noticed and internally discussed the rising of the anti-nuclear movement.

After the successes in Wyhl, the movement organized protests against the construction of new nuclear power plants in Brockdorf, Grohnde and Kalkar which all started as local citizens' initiatives in 1976 / 1977 and evolved to larger movements over time. Interestingly, the initiatives showed solidarity with each other and supported each other's protest marches as well as other activities which underlines that the anti-nuclear movement had truly become a nation-wide phenomenon in the second half of the 1970s. Moreover, the movement started not only to oppose the construction of new power plants but also took up the issue of nuclear waste management when the decision was made to build a radioactive waste repository in the city of Gorleben. Though Gorleben was at that time located in an area with a sparse population and a high unemployment rate and was therefore seen to be lacking political power by decision makers, resistance groups also opposed the construction of the repository. The opposition pointed at the unforeseeable risks for the nature and citizens of the region as the nuclear waste should have been put into longtime storage in the salt mines of the area (Bottermann & Knapp, 2005). Additionally, the protests disapproved the reaction of the police and security forces due to an increase of violent clashed between police forces and protesters (Schröder, 2012). Thereby, the protests became multidimensional as the opposition against nuclear power mixed with protesters against repressive actions of the police. Consequently, the movement grew in numbers and the demonstrations were joined by several tens of thousands of people each time.

At that moment in time the discussion on nuclear energy also entered the political stage. The government of SPD/FDP encountered several difficulties regarding the energy program and the extension of the nuclear sector which had been planned. Schaaf (2005) emphasizes that the first follow-up of the energy plan of 1974 was based on several wrong assumptions and calculations that had to be faced in 1977 when the second follow-up was designed. The energy demand had not been increasing as expected which made it difficult to justify the construction of new nuclear power plants. Additionally, the price for uranium had risen dramatically which made the operation costs for nuclear power plants more expensive and put the economic efficiency into question (ibid.; Der Spiegel, 1977). Besides the problems arising from wrong assumptions, the anti-nuclear movement was also taken into account. The nuclear power industry challenged the practicality of the erecting of new power plants because the construction of several plants had been delayed or stopped after anti-nuclear protests. The protests also blocked the site development for a reprocessing facility. Economically, the reprocessing of nuclear waste was very important as used uranium could be used again. However, after it was decided to build the facility in Gorleben, the project had to face protests as well (Schaaf, 2005; Gleitsmann, 2011).

For the Social Democrats it became evident that their energy policies put too much emphasis on nuclear power and did not take into account economic changes and critical reactions of the German citizens. According Volker Hauff, then Parliamentary State Secretary of the Federal Ministry of Education and Research, the decision to extend the nuclear sector was an 'one-dimensional' answer to the oil and energy crisis in 1973 which neglected other forms of energy production as well as the option to reduce the total energy demand increasing energy efficiency. Moreover, he pointed out that the protests against nuclear power showed that energy policies need to be more-dimensional taking into account not only the quantity that a technology is able to produce but also the quality of the energy (Hauff, 1977).

These observations led to a restructuring of the SPD's position on the usage of nuclear power as well as the government's energy program. During a party conference in November 1977, the party members agreed to set an end to the expansion plans of the nuclear sector even though it was acknowledged that the usage of nuclear technology was important to secure Germany's energy supply and counter increasing prices for natural resources. Nevertheless, the party recognized that the economic and societal problems resulting from the usage of nuclear power did not allow for the construction of new atomic plants. Thus, it was agreed to keep the constructed nuclear power plants in operation and to abstain from building new plants except a situation would arise in which the coal industry could not meet the energy demands (SPD, 1977). Due to the decision to support both options, the abstention of nuclear power as well as the possible extension of the sector, the new energy policy was coined 'two-option-doctrine' by the former Chief of the Ministry of Education and Research Horst Ehmke (1994). The new energy roadmap of the SPD became visible in the second follow-up of the government's energy program of December 1977. The follow-up stressed the importance of measures to increase energy efficiency and thereby reducing the overall energy demand. This shows that the government moved away from the one-dimensional energy policy of the past.

Concerning nuclear power, the follow-up emphasized that atomic technology had to be regarded as a safe and reliable way of generating electricity. However, an extension of the nuclear sector was subject to the condition that a radioactive waste repository was put into operation (Deutscher Bundestag, 1977). As the construction of the repository was criticized and delayed by the anti-atomic movement, the provision implied a factual moratorium for the construction of new nuclear power plants (Bottermann & Knapp, 2005).

The reconfiguration of the SPD's energy position led to tensions within the government coalition as the FDP stuck to its policy of supporting the extension of the nuclear sector. Also the opposition of the CDU/CSU criticized the government's new energy program and pointed out that it was not feasible and would constitute a setback for Germany's energy policies. Therefore, the opposition demanded the construction of two new nuclear power plants each year until 1990 (Enquete-Kommission, 1980). Besides the changing energy program of the Social Democrats, another important political development took place in the stagnation phase. Out of the anti-nuclear movement, the peace movement and the feminist movement the Green Party of Germany evolved in the late 1970s and was officially founded in January 1980. The first party program described the party as a 'social, ecological, democratic and peaceful' party and also entailed clear provisions regarding nuclear power. The Green Party demanded that all nuclear power plants should be shut down immediately and that the construction of plants should be prohibited by law. The party argued that nuclear technology is neither safe nor economical reasonable (Die Grünen, 1980).

With the founding of the Green Party, about 150.000 participants at an anti-nuclear power demonstration in Bonn in 1979 and declining numbers of supporters of nuclear power since 1976 the anti-nuclear power movement was at the "mobilization peak" (Joppke, 1991, p. 44) at the turn of the decade. The increase of the movement was also a cause of the nuclear accident in the Three Mile Island Nuclear Generating Station (TMI) in the United States in March 1979. The partial melt-down of the reactor core caused by a malfunction of the cooling system showed that the usage of nuclear power bears residual risks (World Nuclear Association, 2012c). Though the accident served as a focusing event for the risks of nuclear technology, the anti-nuclear movement was not able to exploit the event in order to change the prevailing nuclear energy policies. This can be explained by several reasons which are also depicted in Figure 3.

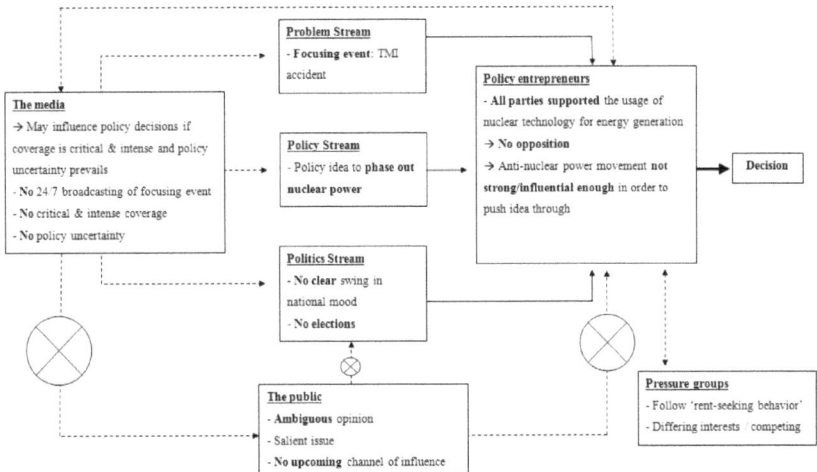

Figure 3: The decision-making process after the TMI accident

Firstly, it has to be emphasized that the accident was a minor event causing only damages to the power plant without harming workers of the TMI. Therefore, it was not extensively covered by the media in Germany which also lacked live footage and the technology to set up a 24/7 broadcasting of the event. Secondly, as Robinson points out, the media may only influence the policy-making process if the news coverage is critical and intense and policy uncertainty prevails. In the case of the TMI accident, the news coverage was not very intense and due to the coalition government's agreement on the energy program also policy uncertainty did not prevail. Thirdly, Bottermann & Knapp (2005) point out that the public opinion was not without ambiguity because the opponents of nuclear energy had no majority for their point of view in the German society. As a consequence, the movement was not able to put severe pressure on the government or cause changes in the politics stream.

Moreover, the public had no direct channel of influence in form of an upcoming election. The federal elections of 1980 took place one and a half years after the accident and confirmed the coalition government of SPD and FDP in power. This shows that there had not been severe swings in national mood. Additionally, the Green Party received only 1.5 percent of the votes in 1980 which strengthens the assumption that there had been no important changes in the politics stream (Bundeswahlleiter, 2012a). Thus, one has to conclude that the TMI accident confirmed the anti-nuclear power movement in their own position but did not result in a change of the energy policies.

As indicated above, the turn of the decade depicted the mobilization peak of the anti-nuclear power movement. After the collapse of the coalition government in 1982 and the federal election in March 1983, a coalition of CDU/CSU was elected into power. Also the Green Party was elected into the opposition with 5.6 percent of the votes. However, Joppke (1991) points out that establishment of the Green Party removed "the incentive for collective action" (p. 51). Moreover, the peace movement developed to become the paramount social movement in Germany which led to a decline of the anti-nuclear power campaign. Additionally, the ecological focus shifted to the increasing forest dieback which was primary caused by the emissions of coal fired power plants. The nuclear industry used this incident to promote their 'clean' technology and thereby shifted the ecological criticism towards the emitting industries (Joppke, 1991; Radkau, 2011). After the elections, the new government agreed to finish the construction of the nuclear power plants which had been planned in the 1970s an emphasized the importance of nuclear technology for Germany's energy security. However, it was not planned to construct new nuclear power plants. Generally, the topic of nuclear energy calmed down during the end of the stagnation phase.

3.4. 1986-1998: The decline phase

According to Matthes (2000), the fourth phase of the history of nuclear power in Germany began with the nuclear accident at the Chernobyl nuclear power plant on April 26, 1986. Back then, the Ukrainian power plant had been ruled by direct Soviet jurisdiction. During a systems test of the steam turbines, a series of explosions caused severe damages to reactor number four of the plant and expelled large amounts of radioactive particles into the air. A fire inside the reactor core increased the emission of contaminated material carried by the smoke. Most of the fallout landed in the former Soviet Union, particularly today's Belarus. The immediate firefighting operations as well as the attempts to seal the damaged reactor caused the death of 31 reactor staff members and emergency workers (Raven, Hassenzahl & Berg, 2011). However, estimations made by the World Health Organization (WHO) say that about 4,000 people could eventually have died in total from the exposure to nuclear radiation in the long run (WHO, 2005). Moreover, about 120,000 Soviet citizens were evacuated from the most contaminated areas after the nuclear accident and the following fallout (UNICEF, 2002). Besides the impact on human beings, the accident caused severe damages to nature as large areas of flora and fauna were contaminated and were thereby exposing animals to the radiation. Due to the large-scale effects of the accident, Raven, Hassenzahl and Berg, among others, perceive the Chernobyl catastrophe to be "the worst accident ever to occur at a nuclear power plant" (2011, p. 253).

In Germany, the accident caused a revival of the discussion on the usage of nuclear power which had calmed down during the mid-1980s. As the radioactive material from Chernobyl also spread to Germany, the population was confronted with a direct risk resulting from the usage of nuclear technology. Interestingly, the discussion about the accident mainly focused on health issues and not on the question whether to phase out German nuclear power plants. Moreover, the accident did not lead to a policy change of the coalition government of CDU/CSU and the FDP. In light of the Chernobyl accident, the analytical framework will provide insights that help to explain the behavior of the stakeholders involved and reasons why a policy change did not occur.

Regarding the three streams of the model, one can observe that the nuclear accident clearly served as a focusing event which brought the attention back to the topic of atomic technology in the problem stream. In the policy stream, the policy proposal to phase-out was officially present since the Green Party had been elected into office in 1983. During their first years in parliament, the party had made several proposals to immediately stop the usage of nuclear technology so that policies were basically 'ready'. However, these proposals had been dismissed by the government parties and parts of the opposition. Though, the problem and policy stream could have been combined after the Chernobyl accident, the politics stream did not change that much. The politics stream is subject to swings in national mood which could be expressed for example in general elections. However, drastic swings in the national mood did not occur in the aftermath of the accident due to two major reasons which are also depicted in Figure 4.

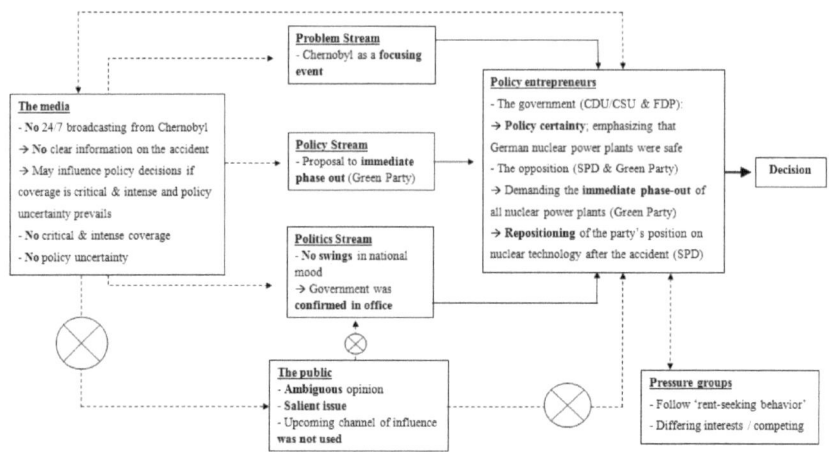

Figure 4: The decision-making process after the Chernobyl accident

Firstly, the media was not able to broadcast extensively from the focusing event as the information flow out of the Soviet Union was very limited. One day after the accident, the Scandinavian countries detected increases in the radiation levels and traced the source back to the Soviet Union. However, official comments of the USSR denied any accident or radiation leak and maintained silence about the explosions in the Chernobyl power plant. No more than 72 hours after the first explosions, the Soviet Union officially confirmed that an accident of 'manageable proportions' had happened. Minow (1988) points out that the statements by the Soviet Union had been "terse" (p. 17) and very limited in information. Therefore, first-hand broadcasting had not been possible in the Chernobyl case. Nevertheless, the German media was able to report on the issue using second-hand information provided by the Western Intelligence Services. Pictures shot by intelligence satellites revealed the dimension of the catastrophe and triggered discussions about the possible effects of the accident among experts. Media coverage was very diffuse and scattered as information and experts' assessments were differing and sometimes contradicting each other. Moreover, citizens were confused by technical expressions and complex explanations of the accident so that no clear picture or explanation was provided by the media (Hacker, 2012).

Secondly, the government coalition of CDU/CSU and the FDP immediately explained that an accident like in Chernobyl was unthinkable in Germany. Helmut Kohl (CDU), then Chancellor of Germany, emphasized that the nuclear power plants in Germany were among the safest in the world and that German safety standards could not be compared to the standards applied in Chernobyl. Therefore, he argued that the usage of nuclear power was justifiable and the nuclear power program would not be abandoned. Moreover, he pointed out that any discussion on the usage of nuclear energy should be based on reasonable lines of argumentation and not on an exploitation of the catastrophe to create panic or hysteria among the citizens (Deutscher Bundestag, 1986). Thereby, he weakened the position of the Green opposition which tried to use the accident to promote their idea of a nuclear phase-out. At the same time Kohl's argumentation showed that policy certainty prevailed, which made the government's position less vulnerable to possible confrontations with the media, the public and the opposition parties.

The German government was rather successful in emphasizing the security of the nuclear power plants. According to representative surveys conducted after the accident in 1986, only 38 percent of the interviewees had doubts regarding the safety of German atomic power plants. Moreover, the surveys revealed that the majority of respondents were convinced that nuclear power would largely contribute to the energy supply in the upcoming decade. Although the accident led to an increase of the strict opponents of nuclear energy, the majority of the German population did not change their opinion on the usage after the Chernobyl accident (Köcher, 2011).

Resulting from these observations, one has to point out that public opinion was ambiguous. However, public opinion has to be, among other factors, without ambiguity in order to cause swings of the national mood and to change the politics stream. Additionally, the politics stream did also not change after the federal elections in January 1988. Though all parties picked up the accident in their election campaigns and the media was still covering the topic in the news, public opinion did not lean towards a policy change. The coalition of CDU/CSU and the FDP got reelected which shows that the conditions for a change in the politics stream were not met.

Even though the Chernobyl accident did not lead to a policy change, one can see how the opposition parties of SPD and the Green Party acted as policy entrepreneurs, trying to combine the problem, policy and politics stream. Particularly the behavior of the SPD can be explained by the analytical framework as the party did not only try to combine the different streams but also changed their party position on nuclear power in the aftermath of the accident.

Only four months after the Chernobyl catastrophe, the SPD agreed to strive for a nuclear phase-out within the upcoming ten years. In light of the federal elections in January 1988, one can argue that this decision was based on the rational idea to finally differentiate the own party position from the government's position in order to win the election. Though parts of the Social Democrats had already critically assessed nuclear power at the end of the 1970s, the Chernobyl accident served as the final justification to change the party's position.

The rearrangement of the SPD's opinion on nuclear power changed the political situation in Germany. According to Matthes (2000), the decline phase was not only marked by the Chernobyl accident, but also by the new confronting incommensurateness of party positions. He explains that on the one hand, the government coalition of CDU/CSU and the FDP opted for a continuation of the nuclear program without planning to build new nuclear power plants. On the other hand, the opposition of SPD and the Green Party were striving for a nuclear phase-out. It has to be emphasized that the Green Party demanded an immediate phase-out, whereas the SPD was first planning to phase out within the upcoming ten years in 1987 but later did not specify a time frame for switching-off all nuclear power plants. Due to this constellation, the political debate on nuclear energy followed a constant and predictable scheme in the German Parliament: the opposition criticized the energy program of the government and pointed at the incalculable risks of operating nuclear power plants. The government was in a defensive position but pointed out that the technology was safe and was needed to guarantee Germany's energy security. Therefore, the government wanted to operate the nuclear power plants as long they fulfilled the security criteria. This scheme did not change until the federal election in 1998.

Regarding the anti-nuclear movement, one has to point out that the attention was shifting from nuclear power plants to the construction plans for a German atomic reprocessing plant and nuclear waste transports to reprocessing facilities outside Germany. Though demonstrations and other forms of protest were organized immediately after the nuclear catastrophe in Chernobyl in front of the German atomic power plants, the movement focused on the prevention of new nuclear facilities. After protests against an atomic reprocessing plant in Gorleben in the 1970s, the city of Wackersdorf was chosen to be the location for the reprocessing facility.

However, after the decision of the local and national governments to start the construction of the reprocessing plant in December 1985, protest were also forming in Wackersdorf. Even before the accident in Chernobyl, more than 100,000 people had demonstrated against the construction in March 1986 which shows that the anti-nuclear movement had calmed down during the decline phase but had not lost its ability to mobilize people. Besides the organization of protests and blockades, the movement tried to delay the construction of the plant via legal procedures. More than 880,000 legal objections had been sent to the local courts to stop the construction and led to several court trials; citizens' hearings and a delay of the start of the facility's erection. After several years of legal fights, mass demonstrations, protest concerts and construction delays, the building companies as well as the companies operating nuclear power plants gave up the plans to construct the facility in Wackersdorf due to financial concerns. Over the years, the total costs for the project had increased enormously so that the operators of the nuclear power plants decided to make contracts with reprocessing facilities in France and England. Again the anti-nuclear movement had stopped the constructing of an atomic facility in Germany (Rucht, 2008; Straubinger, 2009).

As a consequence of the decision to transport nuclear waste to foreign reprocessing facilities, the anti-nuclear movement turned against the truck and train loads leaving Germany to protest against the usage of nuclear energy in Germany. During the 1990s, the protesters tried to delay and stop every vehicle carrying nuclear waste. The protests usually included street and rail blockades and fights between the police and the opposition and became part of 'German normality' during the last decade of the century. However, the protests against nuclear waste transports did not mobilize very many people and according to Schleider (1999) they developed, just like the political discussion, to a predictable play between opponents and police forces. He points out that even though everyone knew that the transports, with or without delay, were ultimately going to reach their goal, protesters tried to blockade the nuclear waste convoys. At the same time the government knew of the demonstrations and still authorized the transports which in the end led to clashes of some thousand protesters with at least twice as many police forces. Due to the predictability of the events, Schleider compares the transportation of nuclear waste across Germany a 'classical theater play' whose plot is known beforehand.

As one can see from these observations, the discussion on nuclear energy had gradually calmed down and became predictable to a certain extend. The political formation in the German Parliament led to deadlock in the decision-making process as the government and the opposition had very different concepts on the topic. However, as already mentioned previously, this changed with the federal elections in 1998.

3.5. 1998-2009: The political ecline phase

The political decline phase is characterized by a change in the government coalition after the federal elections in September 1998. After 16 years in power, the coalition of CDU/CSU and the FDP was replaced by a coalition of the Social Democrats and the Green Party. For the first time in the history of Germany this party constellation was elected into office. Therefore, Gerhard Schröder, the then new Chancellor, called the elections 'the end of an epoch' and the beginning of a 'new era' in Germany (1998). Regarding nuclear policies, the election results have to be seen as being historically important because two coalition partners were elected into office which strived for nuclear phase-out. However, political scientist Ulrich von Alemann points out that the change in government was not heavily influenced by the debate on nuclear technology. He emphasizes that the SPD primarily focused on social policies and topics such as unemployment, social equality, pension schemes and an improvement of the economy which struggled from the Germany's reunification. Plans for nuclear phase-out constituted only a minor role on the SPD's political agenda (Alemann, 1999).

Nevertheless, a policy window for the new coalition opened as the political stream had finally merged with the problem and policy stream so that a policy-change became possible.

The problems of nuclear power were known to the parties as well as to the public and the idea and policy proposals for a phase-out had been in place since the foundation of the Green Party in 1980 and the SPD's atomic program change in 1986. With the two parties forming the coalition government, it was finally possible to push the policy proposals through. However, the decision-making process is not only influenced by the merging of the three streams as the analytical framework indicates. Though the coalition government agreed in their coalition treaty to phase out 'as fast as possible' (Koalitionsvertrag, 1998), the decision-making process and the negotiations turned out to be very difficult and complex. This becomes evident when looking at the time needed to reach an agreement. The coalition treaty stated that an agreement on the nuclear phase-out should have been finalized within the first year of the official term (ibid.). However, the negotiations lasted about two years which shows the coalition partners' difficulties to find an agreement. Three main reasons explain why the negotiations proved to be difficult and time intensive. In this case, the analytical framework will show why the merging of Kingdon's three streams does not always guarantee an unproblematic change in policies.

First of all, the negotiations between SPD and the Green Party proved to be difficult because of differing priorities. As stated above, the nuclear phase-out was only a minor topic on the political agenda of the SPD. Neusser (2005) points out that nuclear policies had been subordinated to social policies which also had dominated the election campaign of the Social Democrats. For the Green Party however, the phase-out was of primary importance as the party had demanded the policy change since its founding in 1980 and had affirmed its demands during every election campaign. Therefore, the party was interested in pushing nuclear policy changes through as fast as possible in order to satisfy their electorate. These differing priorities already unveiled during the negotiations of the coalition treaty. The Green Party demanded the wording 'immediate phase-out' which they also had used in their election program, whereas the SPD opted for a phase-out 'as soon as possible'. As already stated above, the coalition treaty entailed the provision to phase out 'as soon as possible' and shows that the SPD had a stronger bargaining position during the negotiations. As such it becomes evident that the decision-making process gets more complex and difficult if different policy entrepreneurs have to interact in the process. In this case, both parties wanted to use the open policy window to decide on the nuclear phase-out, but at different paces as shown in Figure 5.

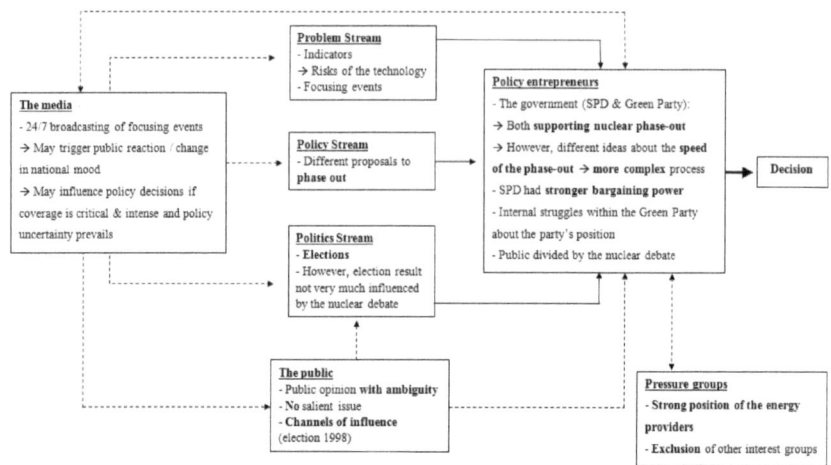

Figure 5: The decision-making process after the elections 1998

Secondly, the difficulties between the parties got intensified due to unequal bargaining power position of the parties. The election results provided a strong position of the SPD which won the election with 40,9 percent of the votes. The Green Party however, received only 6,7 percent (Bundeswahlleiter, 2012b).[110] This put the SPD in a favorable situation to push their policy proposals through. Moreover, the bargaining power of the SPD was strengthened by internal discussions and fights within the Green Party about nuclear policies. The more leftist members of the party strived for the immediate phase-out of nuclear power plants and did not accept compromises with the coalition partner. The realpoliticians of the party however, argued that an immediate phase-out could not be negotiated with the SPD and that the expectations should not be set too high. After the parties had agreed upon the coalition treaty, the leftist members of the Greens criticized the party leadership for not pushing through their policy proposals. As a result, the then Green Federal Minister for the Environment, Nature Conservation and Nuclear Safety Jürgen Trittin was put under pressure by the leftist member of his party right from the start of the government's four-year term (Neusser, 2005).

---

110 Though the election results do not add up to over 50 percent, the coalition government had a majority in the German Parliament due to overhang seats which result from Germany's mixed member proportional system.

Additionally, the position of the Greens was weakened by representative surveys which indicated that only a minority of respondents supported the immediate nuclear phase-out. According to the survey which was conducted shortly before the federal elections in 1998, one-third of the interviewees wanted to phase out within a medium time range whereas 41 percent supported a long term operation period of the plants. Only 13 percent of the respondents demanded an immediate phase-out (Forschungsgruppe Wahlen, 1999). This case shows that the decision-making process gets more diffuse and complex if a party has no clear definition of its policy line. The internal debates weakened the bargaining position of the Green Party during the negotiations and made it more difficult for them to find an agreement with the coalition partner. Moreover, though a policy window opened for the coalition partners, both parties still tried to satisfy their electorate. The SPD as a people's party with a large electorate focused on the broad opinion of the public whereas the Green Party tried to satisfy their electorate which was much smaller and more radical on the issue of nuclear power. This observation provided another problem for the coalition partners to be able to find an agreement.

Thirdly, the constellation of the negotiation rounds was very unfavorable for the Green Party which made it very hard for them to push their proposals through. During the negotiations for the coalition treaty, the SPD and the Greens agreed that any decision on the nuclear phase-out had to be discussed with the German energy providers operating the nuclear power plants. Mez and Pienning (2002) explain that the chosen approach is a typical example of Germany's tradition to achieve „mayor (energy) policy decisions in a consensual, corporatist manner" (p. 164). Moreover, the energy providers had been invited to the negotiations as the coalition government feared that providers could sue the government for the decision to phase out and claim for compensation. Unlike the legal situation in most other countries using nuclear power, Germany had granted operating licenses for nuclear power plants without any time limit which proved now to be a reason of major concern. Thus, the coalition treaty entailed provisions stating that the operators of nuclear power plants should be present during the negotiations and that the phase-out should be regulated in such a way that claims for compensations were not possible (Koalitionsvertrag, 1998).

This agreement proved to put the Green Party in an even more unfavorable bargaining position as the negotiations were now between the two coalition partners and the energy producing companies. In total seven main negotiators were present during the long-lasting debates about the nuclear phase-out. On the one hand, the coalition government was represented by the Chancellor Gerhard Schröder, the Federal Minister for Environment, Nature Conservation and Nuclear Safety Jürgen Trittin and the Federal Minister of Economics and Technology Werner Müller. On the other hand, representatives of the four biggest energy suppliers which in total produced more than 80 percent of nuclear power in Germany took part during the negotiations. Rädel & Reiß (2005) point out that the constellation of the negotiation rounds did not include the opposition parties of the German Parliament or any non-governmental organizations (NGOs). In particular environmental NGOs felt being left out as they considered their concerns to be underrepresented. This put the energy producing companies in a strong position as they basically had only one strong opponent, namely Jürgen Trittin. Due to the fact that the SPD emphasized that it was decisive to reach consensus with the energy suppliers in order to prevent a legal dispute, the energy companies could always threaten the government to stop the negotiations. Thereby, the government itself put them in a strong position during the negotiations (Mez & Pienning, 2002).

When looking at the academic framework, one is able to see that pressure groups follow a 'rent-seeking behavior' in order to secure or push through their interests. Moreover, different pressure groups with different interest usually compete to gain influence in the decision-making process. During the negotiations between the SPD, the Green Party and the energy providers this was not the case. As no other interests groups had been allowed to participate in the negotiations, the energy producing companies had no competition in advocating their own interests. Though Rädel & Reiß (2005) emphasize that environmental NGOs tried to lobby for an immediate phase-out, their influence had only been limited due to the prevalent situation. Additionally, the energy suppliers had been put in a strong bargaining position which enabled them not only to advocate their interests but strongly push for them.

As a consequence of these reasons, the negotiations to find an agreement lasted about two years and were marked by various breaks, internal struggles within the Green Party as well as within the coalition and several threats of the energy suppliers to leave the talks. However, on June 14, 2000 an agreement was reached with all stakeholders. The so-called 'nuclear consensus' laid down the provision for the atomic phase-out in Germany. The provisions got legally binding with the amendment of the Atomic Law which passed the legislation process in 2001 and entered into force April 22, 2002. The amendments regulated that the construction of new nuclear power plants was prohibited.

Most importantly it determined the remaining operation period of nuclear power plants by fixing the quantities of electricity that were allowed to be produced in the individual plants. It had been agreed that all atomic plants in total could produce a maximum of 2,623 billion kWh. Estimations stated that this quantity would be equivalent to an average total operation period of 32 years, given a high utilization of the plants. Moreover, it had been agreed that electricity quantities were basically transferable between atomic power plants so that it was possible to transfer quantities from older to younger plants in order to prolong their operation period (Bundesgesetzblatt, 2002). As such one is able to see that the regulations for the phase-out had been rather flexible and did not determine a definite date for the end of operating the atomic power plants. However, it was supposed that the last nuclear power plant would have stopped its operation in 2021 (Baumann, 2010).

The agreement proved to be a success for the Social Democratic Party as they achieved their goal to regulate the nuclear phase-out in consensus with the energy providers in order to avoid legal proceedings. For the Green Party the final document has to be seen as an accumulation of concessions. They were neither able to negotiate an immediate phase-out, nor did they achieve a final end date for the usage of nuclear power. Jürgen Trittin however, called the agreement a 'historical turning point' in the debate on nuclear power. He pointed out that Germany was among the fasted nations to phase out nuclear energy and a successful pioneer in developing energy policies for the future (Trittin, 2001). Environmental NGOs such as Greenpeace heavily criticized the agreement for being a concession to nuclear power companies and not changing the situation of nuclear power in Germany due to flexible mechanisms to determine the end of a plant's operation period. Susanne Ochse, energy expert of Greenpeace called the agreement a 'placebo for the public' which just 'pretended to regulate the phase-out' (Ochse, 2001). Also the CDU/CSU and the FDP criticized the agreement. Dr. Klaus Lippold, energy expert of the CDU pointed out that the CDU would strive for a withdrawal of the agreement as soon as the Christian Democrats would be elected into office. In his opinion the agreement constituted a mistake because it did not take into account economic and ecological consequences. He emphasized that the phase-out would lead to a need for new coal-fired power plants that would increase energy prices and the emission of CO_2. Moreover, he underlined that phasing out nuclear power would endanger Germany's energy security (Lippold, 2001).

However, the coalition government of SPD and the Green Party was confirmed in office after the federal elections in 2002. The new coalition treaty reconfirmed the amendments of the Atomic Law (Koalitionsvertrag, 2002). The decision led to an unchanged situation regarding nuclear power policies. During the legislation period, two nuclear power plants were switched-off because the energy companies wanted to transfer the remaining electricity quantities from relative old plants to younger and more profitable plants. For Jürgen Trittin, the phase-out of the two plants was 'a symbol for a new energy era in Germany' (2005). However, the legislation period of four years ended earlier than expected. The government lost its majority in the German Bundesrat, the representation of the sixteen German federal states which is the second legislative body besides the German Parliament in May 2005. As a consequence, the federal election of 2006 was moved forward to September 2005. The election campaigns regarding nuclear power can be summed up as follows. The CDU/CSU and the FDP criticized the previous decisions of the SPD and the Green Party and promoted the withdrawal of the 'nuclear consensus'. The SPD and the Greens focused on defending their nuclear policies. In particular the Green Party criticized the plans of CDU/CSU and the FDP and warned the electorate to reenter the atomic age.

The election results however, brought about a splitting of the hardened position of the possible coalition parties. Neither the CDU/CSU and the FDP, nor the SPD and the Green Party received a majority to form a coalition government. As a consequence the Social Democrats had to form a coalition with the Christian Democrats. Due to the differing positions on the issue of nuclear power the parties agreed not to tackle the topic. The coalition treaty explicitly pointed at the diverging opinions on nuclear energy and explained that the parties would stick to the status quo (Koalitionsvertrag, 2005). However, the differing positions clashed several times during the legislation period. Particularly the talks about Germany's future energy program proved to be loaded debates about the topic. Though the topic officially was not on the political agenda of the coalition, the German energy suppliers tried to discuss a possible prolonging of the usage of the nuclear power plants. They argued that nuclear energy was needed to ensure Germany's energy security. The suppliers explained that renewable energy sources were not able to fill the energy gap which would arise if the nuclear power plants had to be shut down (Handelsblatt, 2006). The CDU/CSU agreed to this line of argumentation to great extends but emphasized that they were bound to the coalition treaty. Therefore, Angela Merkel (CDU), the German Chancellor since 2005, was eager to settle disputes between the SPD and her own party. Nevertheless, she also pointed out that the party program of the Christian Democrats entailed the prolonging of the operation time of German nuclear power plants.

As one can observe, the political decline phase was primarily characterized by the decision of the SPD and the Green Party to phase out nuclear energy via flexible mechanisms. The broad majority of the German public agreed with the plans to phase out within a longer time period. However, environmental NGOs as well as the anti-nuclear movement which had calmed down very much during the 1990s and the millennium years criticized the decision of the SPD and the Green Party for being ineffective and a concession to the nuclear power industry. Moreover, the decision was contested by the CDU/CSU and the FDP as they saw nuclear energy as an important energy source that guaranteed Germany's energy security. Both parties announced that in case they would be elected into office they would withdraw the amendments of the Atomic Law and prolong the operation time of nuclear power plants.

3.6. 2009-2011: The revival phase

As stated above, the CDU/CSU and the FDP had criticized the decision to phase out and explained that they would withdraw the amendments of the German Atomic Law. The election program of the CDU/CSU as well at the program of the FDP clearly stated that the parties would opt for a prolonging of the operation time of nuclear power plants. It was pointed out that nuclear energy constitutes an 'indispensable' (CDU/CSU, 2009) part of Germany's energy production for the time being because climate-friendly alternatives would be too expensive to replace nuclear power plants. Therefore, the parties argued that nuclear power was needed as a transitory technology that should be used until renewable energies could eventually replace nuclear electricity generation. Further, the parties presented a prolonging of the operation time as an opportunity to finance research programs on alternative energy sources. It was discussed that financial returns of the energy suppliers who operate nuclear power plants and would benefit from longer operation periods should be taxed in order to finance these programs (CDU/CSU, 2009; FDP, 2009).

After the CDU/CSU and the FDP won the federal elections in September 2009, the new coalition government started to implement their plans. Again a policy window had opened for a government to change the nuclear policies in Germany after the elections. When compared to 1998, it is interesting to see that the problem stream as well as the policy stream entailed completely different point of views. In 1998 the SPD and the Green Party perceived nuclear energy generation to be insecure and outdated. Therefore, nuclear power was seen as a problem which needed to be solved with a policy decision opting for nuclear phase-out. In 2009 however, the CDU/CSU and the FDP perceived the phasing out to be a problem as it endangered the energy security of Germany and was seen to have been a too hastily decision that did not foresee future problems. For that reason, the coalition government opted for a prolonging of the operation time of nuclear power plants in order to adjust the policies of the SPD and the Green Party which were perceived as a mistake. It becomes evident that the parties acting as policy entrepreneurs take up different indicators to point at a problem and therefore opt for different policy solutions when a window of opportunity opens.

Similar to the negotiations to decide on the phase-out, the talks to agree on a prolonging of the plant's operation time proved to be struggle between the government and the energy suppliers. Generally, the energy providers approved the plans of the government. The discussions to levy a tax on the returns of the energy providers in order to finance renewable energy research programs however, were heavily criticized by the plant's operators. In August 2010, the four energy suppliers operating nuclear power plants even threatened the government to phase-out nuclear power themselves and pointed at possible energy gaps. Thereby, they wanted to put pressure on the coalition to get a more favorable agreement in the negotiations about the prolonging of operation periods and possible tax burdens (Süddeutsche Zeitung, 2010).

To a certain extent this pressure influenced the decision to amendment the Atomic Law in September 2010. Though, the nuclear power plant operators were levied a tax on nuclear material from 2011 onwards, the coalition government abstained from a second form of financial charge that was planned to be levied. The then Federal Minister for the Environment, Nature Conservation and Nuclear Safety, Norbert Röttgen (CDU) estimated that the second financial charge would have added up to around 2,3 billion Euro for all energy operators per year. By putting pressure on the government, the energy suppliers avoided this charge (Der Spiegel, 2010a). Along with the tax on nuclear material the government agreed to grant additional total electricity quantities of 1.804,278 TWh to the nuclear power plant operators. On average, taking the production levels of 2000-2008 as a reference, the quantity would have amounted to a prolonging of the operation time of twelve years (Schultz, 2010). The amendments to the Atomic Law were passed by the German Parliament in October 2010 and entered into force on the first of January 2011.

However, Hennicke, Samadi and Schleicher (2011) point out that the decision of the coalition government ended the fragile societal compromise on the hotly debated topic of nuclear energy as the decision was heavily criticized by the opposition parties as well as the anti-nuclear movement and environmental NGOs. In light of the plans to prolong the usage of nuclear power plants, the anti-nuclear movement experienced a revival. In April 2010, 100,000 to 120,000 people formed a human chain of 120 kilometer length between the nuclear power plants in Brunsbüttel and Krümmel (Der Spiegel, 2010b). In September about the same amount of people formed a human chain around the government district in Berlin and tried to stop the government's decision in the last minute (Die Welt, 2010). These protests had been the largest protests in Germany since the 1980s and show that the anti-nuclear movement had not disappeared. One protester explained: 'Until now there had been no reason to organize the protests' (Der Spiegel, 2010b).

Besides the anti-nuclear movement, also the broader public refused the decision of the coalition government. According to a representative survey which was conducted shortly after the government's decision in September 2010, 61 percent of the respondents did not agree with the extension of the operating periods. 33 percent of the interviewees agreed with the decision whereas 6 percent had no opinion on the topic. Moreover, 65 percent of the respondents agreed with the thesis that the government particularly considered the interests of the nuclear power plant's operators. 22 percent disagreed with the thesis and 13 percent had no opinion on it. (Forschungsgruppe Wahlen, 2010). To some extent the public opinion was influenced by the media which not only neutrally covered the negotiations on the new Atomic Law but also critically assessed the discussions. Headlines like 'nuclear lobby pushes longer operation periods through – Germany's dark force' (Stern, 2010), 'government agrees on controversial extension of the operation time of nuclear power plats' (Focus, 2010) or 'lobbying: the smiling winners of the lobby for nuclear energy' (Die Zeit, 2010) show that the media closely observed the negotiations and the moves of the government and the atomic industry.

Moreover, the media took up opinions and evaluations of experts who also critically assessed the government's decision. Most attention got the assessment of the German Advisory Council on the Environment which advises the government since 1972 and consists of seven independent scientists and experts. The Council stated that nuclear power and the prolonging of its usage should not be seen as a necessity for the transition from fossil fuels to renewable energy sources, but as an obstacle for the process. They argued that the government's decision would prevent investments in the renewable energy sector and could eventually lead to future problems in the Germany energy grid. The scientists explained that the grid would remain in a configuration designed for the input of energy generated in nuclear power plants which would hamper the connection of renewable energy sources. Therefore, the Council advised the government not to extend the operation period of nuclear power plants (Sachverständigenrat für Umweltfragen, 2010). Also the former President of the Federal Cartel Office, Dr. Federal Ulf Böge pointed out that the decision of the government would hamper necessary modernization measures of the German electricity generation market. Moreover, he stressed the fact that the amendments of the Atomic Law had manifested the supremacy of the four German energy suppliers which disturbs the energy market (Böge, 2010).

It becomes evident that the coalition government of CDU/CSU and the FDP used the window of opportunity to push their policy proposal through even though the public, scientists and experts as well as the media critically assessed and to a great extent dismissed their plans. However, for the government policy certainty prevailed as they had stated their plans to prolong the operation time of nuclear power plants not only during the election campaign but also during the previous legislation period. With the amendments of the Atomic Law entering into force in January 2011, it seemed as the 'historical turning point' which had been proclaimed by Jürgen Trittin in 2001 had been reversed.

3.7. 2011-onwards: The final phase

The final phase is marked by the nuclear catastrophe in Fukushima and the societal debate on nuclear power generation which followed the disaster and ultimately led to another shift in Germany's atomic energy policies. The tragedy in Japan started with an undersea earthquake off the Japanese coast on March 11, 2011. The earthquake had a magnitude of 9.0 which constitutes the largest earthquake in Japan and the fourth largest seismic activity in the world since the beginning of the 20th century (U.S. Geological Survey, 2011). At the moment of the earthquake three of the six reactor units were operating in the Japanese nuclear power plant *Fukushima Daiichi*. All of them had been automatically shut down when the security instruments recognized the seismic activity. With the entire reactor unit section shut down, the plant did not produce any energy. This stopped the usual source of energy needed for the operation of the plant as well as the cooling of the nuclear fuel rods which need some time to cool-off after being shut down. Thirteen diesel generators immediately started to supply the reactors with energy in order to guarantee a controlled cooling process of the nuclear fuel rods. The earthquake however, had triggered a tsunami which hit the Japanese coast about fifty minutes after the underwater seismic activity. The wave which hit the coast where the nuclear power plant is located was about thirteen to fifteen meters high and proved to be fatal for the plant. The seawall of the plant was only 5.7 meters high so that the reactors units were flooded and the diesel generators got damaged and disabled. Due to the resulting station blackout, a controlled cooling procedure of the reactor units one to three was not possible anymore (IAEA, 2011).

After the blackout, the Tokyo Electric Power Company (TEPCO), the plant's operator, declared a 'First Level Emergency' which notified the Japanese government about the situation (TEPCO, 2011). The following days, TEPCO as well as the Japanese government tried to regain the control over the plant and to avoid a nuclear melt-down. Due to the large-scale destruction of the plant this proved to be very difficult. For the experts and workers it was not clear what was happening inside the reactor units as any connection to the controlling systems was lost. Moreover, working on the damages was hampered by the devastating effects of the tsunami. Roads had been blocked by debris and as the whole of Japan was affected by the earthquake and the tsunami, crisis management was overburdened. In four of the six reactor units explosions and fires destroyed in whole or in parts the protection containment of the reactors. As a last resort, TEPCO decided to pump seawater into the reactors to cool down the nuclear fuel rods and prevent a melt-down (IAEA, 2011; Coulmas & Stalpers, 2011).

From the first hours after the earthquake and the tsunami onwards, the catastrophe was covered by the media. The news about the earthquake spread just minutes after it hit Japan via social media networks like Facebook or Twitter. The German online news magazines like Stern, Focus or Spiegel immediately opened up ticker news pages to cover the recent events in Japan. The news during the first hours after the tsunami had been controversial as rumors about a possible nuclear melt-down spread but was denied by TEPCO and the Japanese government. TV and radio stations broadcasted live from Japan and images of the tsunami wave hitting the Japanese coast line were regularly repeated. After a severe explosion in the first reactor one day after the tsunami, the media coverage mainly focused on the nuclear power plant. The first explosion as well as all following ones had been captured on camera and were broadcasted in live programs as well as in special news interrupting the usual TV program. At latest after these explosions, the nuclear catastrophe was the predominant topic in the German news. Basically all TV and radio stations had special broadcastings on the topic and the print and online media allocated their top pages to the news from Fukushima. As the information provided by the Japanese government and TEPCO were generally perceived as being very limited, numerous experts and scientists tried to assess the situation in Japan.

However, Dr. Andreas Kronenberg points out that many of the assessments were basically wrong and exaggerated. Kronenberg, a nuclear scientist who was sent to Fukushima by the IAEA to examine the destruction of the plant, criticizes that the German media primarily focused on the nuclear power plant and neglected the destruction in the rest of the country. Moreover, he criticizes that the media 'played with the fears of the people' by using exaggerated expression such as 'junk reactor', 'death zone' or comparing the catastrophe to Hiroshima and Chernobyl (Kronenberg, 2011). Among the first scientists to assess the print media's coverage about the Fukushima catastrophe are Kepplinger and Lempke. In a comparative study they looked at the media in Germany, England, France and Switzerland as the nuclear power plants in these countries are subject to similar security standards and all countries are located in Europe with a similar distance to Japan. They found out that the nuclear catastrophe was most intensively covered in the German media which additionally, used a lot more pictures of the disaster compared to the media coverage in the other countries which amplified the 'power of images'. Moreover, the German media soon related the Japanese disaster to the usage of nuclear power in Germany and discussed the possible implication of the catastrophe on the nuclear policies. Most importantly, Kepplinger and Lempke emphasize that the German media often publicized demands to withdraw the government's decision of 2010 to prolong the operation period of nuclear power plants (2012). From this study as well as the media's broadcasting described above one can see that the media intensively covered the Fukushima disaster. Further, the media put pressure on the government by taking up the debate on nuclear energy in Germany again.

Also the public put pressure on the government and took up the debate on nuclear energy very soon after the tsunami and the first news about damages in the Fukushima Daiichi atomic plant came about. Three days after the earthquake, protesters organized over 200 anti-nuclear vigils with about 100,000 protesters using the headline 'Fukushima is everywhere' to demonstrate against nuclear power. For them, the Fukushima disaster proved that nuclear technology would never be a safe technology as it is always vulnerable to unexpected events like natural catastrophes (Süddeutsche Zeitung, 2011a). Moreover, the anti-nuclear movement announced that it would start new campaigns to demonstrate against the nuclear power generation in Germany in the following weeks. Also the German parties reacted to the events in Fukushima soon after the news spread around the globe. One day after the tsunami, Chancellor Angela Merkel made a statement to the press pointing out that the events in Japan made her re-think the security measures of Germany's nuclear power plants. She emphasized that if a country like Japan which has high security standards and is perceived to be one of the most technological advanced countries in the world is not able to prevent the effects of a natural catastrophe for its nuclear facilities, than Germany could not go on with its daily business. She underlined that the events in Japan changed her own, personal perception of nuclear energy (Merkel, 2011b).

With these statements Merkel had started a new political discussion on the usage of nuclear technology in Germany. Rather surprising, Merkel announced only two days later on March 14, 2011 that the government decided on a moratorium of three month for the then seventeen nuclear plants in Germany. The moratorium regulated that all plants had to undergo strict security assessments which were based on the changed security situation after the Fukushima catastrophe. Moreover, the government decided that the seven oldest nuclear power plants as well as the plant in Krümmel had to be switched off for the time of the moratorium. Angela Merkel, as well as the then Federal Minister for Environment, Nature Conservation and Nuclear Safety, Norbert Röttgen emphasized that Fukushima had changed the security criteria for nuclear power plants and that the government was immediately reacting to these changes. Most importantly, they pointed out that the government would rethink and critically assess their own nuclear policies including the 2010 decision to prolong the operation period of nuclear power plants. Merkel stated that the situation in Germany definitely would be a different one after the three month moratorium. Additionally, she emphasized that now it was necessary to bring about the transition from nuclear energy to energy generated from renewable sources as fast as possible (Merkel, 2011c; Röttgen, 2011a). These statements have to be seen as first definite indicators for a possible policy change because they very much differed from the line of argumentation which the government used in 2010.

The government officially presented the moratorium to the German Parliament on March 17, 2011. A heated debate followed the speech by Chancellor Merkel who once again underlined that the catastrophe in Fukushima had changed the situation for German nuclear policy-making. The opposition criticized the moratorium and highlighted that they had warned the government about the risks of nuclear power six month earlier when the government discussed about an extension of the operation time of nuclear power plants. Therefore, they accused the government of basing the moratorium on tactical opportunism in light of three important elections on the federal level in March 2011 and not on security aspects. The opposition stated that the 'changed situation after Fukushima' had just been an argument made up to justify the moratorium and to hide the government's real intentions, namely avoiding severe defeats in the three elections. They demanded that the government should return to the initial plans of the atom consensus from the year 2000 and should withdraw the decision to prolong the operation time of nuclear power plants. Of course the coalition government denied these accusations and once more pointed to the changed security situation (Deutscher Bundestag, 2011a).

Even though, the CDU had to face only minor losses in the three elections, one is able to see that the election results had been influenced by the Fukushima crisis. Particularly the Green Party benefitted from the nuclear catastrophe as they improved their election results in all three federal states. This shows that the electorate turned to a party which had opposed nuclear energy since its founding and was strongly linked to the anti-nuclear movement. Further, it shows that also the public critically assessed the turn in the government's nuclear policies and had been influenced by the pictures from Japan and the media coverage. The discontent about the switching of policies and the usage of nuclear power in general was expressed in the largest anti-nuclear protests of Germany. At the end of March 2011 more than 250,000 protesters demonstrated in four German cities against the government's policies and demanded the nuclear phase-out of all atomic power plants (Süddeutsche Zeitung, 2011b). Representative surveys show that a majority of 55 percent of the respondents advocated for a phase-out as soon as possible. 34 percent of the interviewees demanded for a policy return to the initial atomic consensus from the year 2000. Only 9 percent opted for the extension of the operation period of nuclear power plants (Forschungsgruppe Wahlen, 2011a).

As Figure 6 indicates, the pressure from the media, the opposition parties as well as the public was strong on the government after the Fukushima catastrophe. The media critically covered the Fukushima crisis and relatively soon related the event to the nuclear policies in Germany. Moreover, they picked up the demands of the opposition and the public to change the prevailing nuclear policies and return to the atomic consensus or to immediately phase out the atomic power plants. After the government's announcement to critically assess the own nuclear policies as well at the statement that the situation of nuclear technology would not return to the status quo after the moratorium, one can state that policy uncertainty prevailed within the coalition which made the government more vulnerable to criticism.

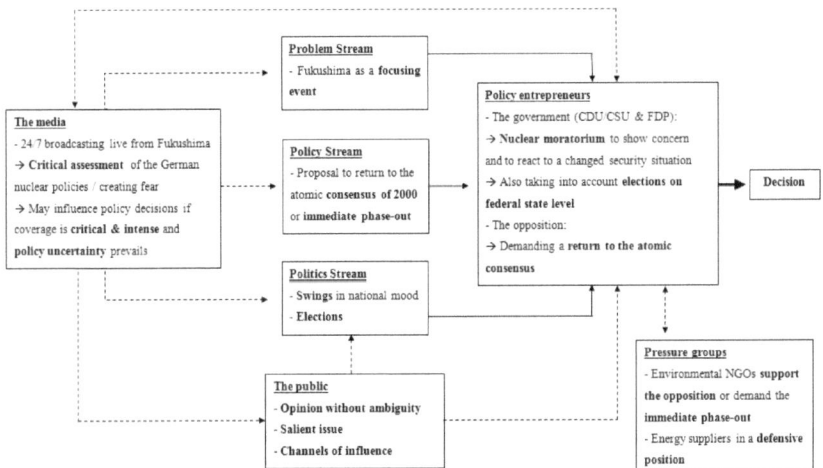

Figure 6: The policy-making process after the Fukushima disaster

Furthermore, the public opinion was unambiguous as the majority of the German citizens opposed a continuation of the government's nuclear policies and demanded the immediate phase-out or a return to the agreement of the nuclear consensus from 2000. These demands were not only supported by the opposition parties but also by pressure groups such as environmental NGOs and scientific communities which already opposed the prolonging of the operation time in 2010. The overall opposition against nuclear technology not only put pressure on the government but also pushed the nuclear industry into a defensive position. Though, the German atomic industry warned the government to take hastily decisions, the government more or less ignored the industry's opinion. Thereby, the government tried to prevent even more criticism by the opponents of their policies.

Besides the moratorium and the announced security checks of all seventeen nuclear power plants by the Reactor Safety Commission, the government also decided to establish an ethical commission that was set out to assess the societal and ethical aspects of nuclear energy and an accelerated phase-out. It was emphasized that any future policy change should be based on a consensus of the society and should not only take into account technical but also ethical considerations. The ethical commission's debates were open to the public and the ethical committee comprised of – or consulted – several societal stakeholders such as churches, trade unions or scientists (Bundesregierung, 2011a). It seemed as if Chancellor Merkel was eager to show closeness to the opposition and to proceed a lot more different than during the negotiations in 2010. The political opposition as well as environmental NGOs like Greenpeace however, attacked the establishment of the commission. They argued that an ethical commission was not needed because the majority of the society demanded the nuclear phase-out anyways and that the risks of the technology were known beforehand. Moreover, it was criticized that environmental NGOs or members of the anti-nuclear movement had not been nominated to be part of the commission (Geers, 2011).

On May 30, 2011 the ethical commission presented its final report after two month of negotiations, risk assessments and intensive debates with different stakeholders. The commission stated that alternative and renewable energy sources could replace atomic energy within one decade. They pointed out that the required technology was basically ready for a shift in energy generation. Therefore, the commissions advised the government to phase out and undertake all necessary policy changes in order to guarantee a transition from nuclear energy to alternative forms of energy generation. They pointed out that such a large scale shift in the energy sector would require a broad societal effort as not only policies and technologies had to be changed but also adjustments in the people's lifestyle would contribute to the transition towards a more sustainable energy concept. The commission explained that they not only had considered the demands of the citizens but also economic and ecological aspects as well as the technical feasibility of any phase-out strategy. Therefore, they concluded that the nuclear phase-out combined with a shift towards alternative energy generation within one decade constitute an ambitious but feasible goal for the German society (Ethik-Kommission Sichere Energieversorgung, 2011). Also the Reactor Safety Commission issued a report on the safety status of the nuclear power plants. However, the report did not give a clear advice to the government as it only assessed the status quo and did not tackle the question of a nuclear phase-out. One of the main findings was that a natural catastrophe like in Japan is very unlikely in Germany. Nevertheless, the commission analyzed different scenarios such as floods, blackouts or terror attacks. They pointed out that more modern plants were generally safer than more modern facilities but could be upgraded to higher security standards (Reaktor-Sicherheitskommission, 2011).

Based on these reports as well as internal negotiations, the coalition government of CDU/CSU and the FDP decided on a new energy program which is marked by the transition to renewable energy and a step-by-step nuclear phase-out. It was agreed that the seven oldest nuclear power plants as well as the plant in Krümmel which had been closed down during the three month moratorium had to phase out immediately. The remaining nine power plants should be switched off from 2015 onwards with the three youngest plants ending their operation no later than 2022. Unlike previous decisions, the government agreed to fix the end of operation dates and make them legally binding. Norbert Röttgen underlined that the decision to phase out represents a societal consensus which ended a conflict which had caused a lot of debate over the last decades (2011a).

Parallel to the phase-out, the government agreed on several measures to increase the energy generation from renewable sources. The goal was set that electricity produced from renewables should account for a minimum of 35 percent of total energy consumed by 2020. At the same time the government declared that they also would support measures to safe energy and decrease the overall energy consumption. It was emphasized that the overall energy program considered three main aspects, namely environmental compatibility, security of energy supplies and the affordability of the program (The Federal Government, 2011).

The energy program which includes several amendments to laws, one new law and several legal orders was presented to the Bundestag on June 30, 2011. During the parliamentary debate members of the SPD and the Green Party criticized the government for the unnecessary policy changes and recalled that the atom consensus from 2000 already had determined Germany's nuclear phase-out. However, the politicians also stated that they were glad that the decision to phase out was finally taken and was backed up by the majority of the people. The amendments to the Atomic Law were adopted with great majority. Solely the opposition party DIE LINKE, the most left wing party in the Parliament, did not vote for the new energy program. The party officials argued that the plans to phase out are unambitious as in their opinion the end of the usage of nuclear technology could be reached by 2014. Moreover, they criticized that the final dates to phase out had not been stipulated in the German Constitution which would have made the decision basically irreversible[111] (Deutscher Bundestag, 2011b).

After the successful adoption of most parts of the new energy in the Bundestag, also the Bundesrat approved the bills in June 2011. The amendments and laws entered into force in the beginning of August which has to be seen as a decisive moment in the history of the usage of nuclear energy in Germany. For the first time final dates for the phasing out of nuclear power plants had been determined by law. Moreover, the decision to phase out was not brought forward by a coalition of just two parties but by a broad majority of the parties. As such, all five parties represented in the Bundestag supported the nuclear phase-out which also constitutes a novelty in the long-lasting societal debate on the topic. After the decision had been taken, a representative survey confirmed the plans of the German Parliament. 43 percent of the respondents approved the plans to phase out step-by-step until 2022. 34 percent demanded an even faster end of the nuclear plants' operation, whereas 18 percent thought that the nuclear facilities should operate longer than 2022 (Forschungsgruppe Wahlen, 2011b).

It becomes evident that the nuclear catastrophe in Japan opened another policy window for the opponents of nuclear energy. The interplay of different stakeholders refusing nuclear energy as well as important political events like the election on the federal state level put enough pressure on the government to enforce a policy change. However, one has to point out that Chancellor Merkel right from the start stated that the catastrophe changed her perception on nuclear energy and the policy situation in Germany. Thereby, she started a revival of the discussion on the usage of nuclear energy herself. One could argue that this had been a deliberate decision in order to avoid a second societal conflict between the government and the opponents of nuclear energy within only one year.

---

111 Amendments to the German Constitution require an absolute two-thirds majority in the Bundestag and a simple two-thirds majority in the Bundesrat. Thereby, any amendment to the Constitution has to be based on a broad consensus of the parties and usually cannot be put forward solely by the government in office.

Taking into account that the prolonging of the operation periods of nuclear power plants had been disapproved by the majority of German citizens and caused large-scale criticism, another unpopular decision could have damaged the reputation of the government and her party in the long run. Moreover, Merkel's policy turn forestalled the possibility for the opposition parties to use Fukushima and attack the government's energy policies once again.

One year after the decision to phase out had entered into force, surveys indicate that the CDU/CSU would currently[112] receive about the same election result as in the federal elections in 2009. This shows that the CDU/CSU did not lose any support from the electorate and that the course of Chancellor Merkel was quite successful. However, it is important not to overemphasize the effects of the government's changes in energy policy on current surveys as other policies such as decisions regarding the financial and Euro crisis also have an effect on the government's standing. Nevertheless, one has to state that the government's decision brought society back to together after a long-lasting conflict among proponents and opponents of the nuclear technology. The new energy program paves the way for one of the most ambitious projects in the history of Germany. Peter Altmaier, the current Federal Minister for the Environment, Nature Conservation and Nuclear Safety, even called the shift from fossil fuels and nuclear energy supplies towards the usage of renewable energies 'the biggest project after Germany's postwar period' (Altmaier, 2012). The next section will focus on the project and will shortly review the policies that have been implemented so far.

4. Germany's new energy program

This section is set out to give a short overview on the policies underlying the new energy program. The first sub-section will present the most important provisions and will explain the envisioned policy goals. The second sub-section will take a look at the progress that has been made so far and will review critical points and flaws as well as problems of the energy program. Further, proposals to change the energy program will be presented that are set out to solve encountered problems.

---

112 The paper was published in August 2012.

4.1. The policies of the energy program

As already stated, Germany's new energy program does not only entail the amendments to the Atomic Law but several other provisions that regulate the transition from fossil fuels to renewable energy sources. Riese & Niebel (2011) divide the policies into four main categories which also will be used in this subsection. The first category entails the provisions to phase out nuclear power plants. Riese & Niebel (ibid.) point out that the amendments to the Atomic Law are at the heart of the new energy program. As already explained, the amendments to the law regulated that the nuclear power plants will be shut down step-by-step. The seven oldest plants as well as the plant in Krümmel will immediately stop their operation and the three newest plants will be shut down not later than the end of 2022 (Bundesgesetzblatt, 2011). Figure 6 illustrated the dates for the close-downs of the remaining nine German nuclear power plants.

Name of the nuclear plant	End of operation
Grafenrheinfeld	31.12.2015
Gundremmingen B	31.12.2017
Philippsburg 2	31.12.2019
Grohnde, Gundremmingen C, Brokdorf	31.12.2021
Isar 2, Emsland, Neckarwestheim 2	31.12.2022

Figure 6: The dates for the close-downs of the German nuclear power plants

Besides the phase-out of nuclear power plants, the government also started a new attempt in finding a final storage for the nuclear waste which has been produced over the last decades. The coalition government of the SPD and the Green Party interrupted the exploration of the area in Gorleben due to massive protests and security concerns. The current government decided to resume the exploration in Gorleben as well as looking for new potential places for a final storage (Bundesregierung, 2011b). Due to the history of massive protests against the facility in Gorleben, it is very likely that the anti-nuclear movement will also organize protests against any new location of the final storage facility.

The second category entails laws and provision on the development and support of renewable energy technologies. The German Renewable Energy Act had been reformulated and emphasizes the need for a gradually increase of energy generated from renewables in the total energy supply. Until 2020 at least 35 percent of total energy supply should be generated by renewables, until 2030 the amount should increase to at least 50 percent. Besides these goals, the Renewable Energy Act also includes provisions for the feed-in tariffs for different electricity sources which were in part lowered for renewables (Bundesgesetzblatt, 2011b). Besides the Renewable Energy Act, also the German Federal Building Code was changed in order to facilitate the usage of solar panels on public buildings and to stimulate the construction of offshore parks and wind energy plants. Moreover, the changed provisions focus on the simplification and clarification of existing building provisions in order to overcome legal uncertainties (Bundesgesetzblatt, 2011c).

The third category focuses on the extension of Germany's electricity grid. Two laws regulate that the planning and construction of the electrical grid will be coordinated on the national level by the Federal Network Agency in order to make the processes more efficient. The laws empower the Federal Network Agency to authorize and decide on construction plans. Beforehand, decisions had been taken on the federal state level which led to the deceleration of planning and construction new parts of the grid due to differences in the federal state regulations, different procedures in the authorization process and the possibility of disputes between states on cross-state projects. Additionally, the laws provide regulations on the inclusion of the citizens into the decision-making process in order to avoid protests against the construction of new parts of the electrical grid from an early stage (Riese & Niebel, 2011).

The fourth category entails laws and provisions to increase energy efficiency. The government defined the goal to decrease total energy demand by 10 percent until 2020. In order to increase energy efficiency within national and federal state assets, the public procurement regulation was changed. The new provisions demand that the procurement of construction, delivery or service orders follow energy efficiency criteria that should decrease the total energy demand of public assets (Bundesministerium der Justiz, 2012). The category also includes a bill on tax reliefs for the energy efficient refurbishment of private buildings that have been constructed before 1995. The tax reliefs should constitute an incentive for citizens to refurbish their assets and thereby contribute to the decrease of total energy consumption. Though, the bill passed the voting in the German Parliament, the Bundestag, it was not adopted in the Bundesrat, the institution representing the sixteen federal states of Germany. The federal states complain that the tax reliefs for the refurbishment of buildings would result in tax deficits in the state's budgets. Therefore, the bill led to a political debate between the coalition government and the federal states. Until now the dispute has not been resolved so that the bill has not been adopted yet (Riese & Niebel, 2011, Nbw Verlag, 2012).

It has to be noted that all of the policy goals should be reached in compliance with the climate protection targets of the European Union (EU). The European Commission set up the '20-20-20 targets' whereby the greenhouse gas emissions should be reduced of at least 20 percent below the emissions levels of 1990 and 20 percent of EU-wide energy consumption should stem from renewable energy sources. Moreover, energy efficiency should be increased so that the primary energy use is lowered by 20 percent. All of these targets should be met by 2020 (European Commission, 2010). Besides the targets set by the European Commission, Germany committed itself to even stricter goals. In 2010, the coalition government of CDU/CSU and the FDP decided to set the reduction of greenhouse gas emissions to a goal of 40 percent to be achieved by 2020 (BMU, 2010). Parallel to the measures described above, the government also wants to achieve an increase in electronic mobility. It has been determined that until 2020 at least one million electronic cars should be driving on the streets of Germany. The coalition government has decided to increase the subsidies for the research and development of the electronic mobility sector. Thereby, the sector should become world-leading (Bundesregierung, 2011b).

4.2. Progress and problems of the new energy program

As a complete analysis of all policy measures would go beyond the scope of this paper, this sub-section is limited to a short review of the progress and the problems of the new energy plan. Generally, scientists and analysts agree with the government's opinion that the new energy program is ambitious and a historical turning point in Germany's energy supply. It is accepted that the new program requires great efforts by the government and by society as a whole due to the program's extensive policy targets (Fischer, 2011; Bruhns & Keilhacker, 2011, Förstner, 2012). This becomes evident when looking at the progress of the implementation of the program. So far, the energy program faced many problems so that the progress is rather slow and often stagnating. Particularly problems arise in the attempt to increase energy efficiency and in the plans to extend Germany's electrical grid.

Regarding the latter aspect of the new energy program, the Federal Network Agency has stated that the majority of expansion projects, which already had been decided on before the new energy program was adopted, are lacking behind the construction schedule. 15 of the 24 projects face a delay of one to five years and lead to delays for the new construction plans. Though the energy program is set out to accelerate the extension of the electrical grid, the Network Agency faces several problems regarding the construction of new electric lines (Bundesnetzagentur, 2012). In August 2012, Philipp Rösler, the Federal Minister of Economics and Technology picked up these problems and criticized that the delays are mainly caused by regulations on environmental protection and citizen's protest. Therefore, he has brought up the idea to loosen the environmental regulations and change the legal procedures for citizens taking legal actions against electrical grid construction plans. He proposed to limit the legal actions to just one level of jurisdiction so that citizens could only file one suit and not appeal to higher levels of jurisdiction. Rösler has pointed out that these measures would speed up the extension of the electrical grid so that projects could be finished on time (Die Welt, 2012a).

The proposals have been harshly criticized by the political opposition, the Federal Agency for Nature Conservation and environmental NGOs. The opposition has stated that environmental protection regulations serve as a scapegoat for mistakes of Röslers' ministry. Environmental NGOs have agreed to this statement and emphasized that the construction delays are not caused by environmental regulations but are the result of bad governance (Taz, 2012). The President of the Federal Agency for Nature Conservation, Beate Jessel refused the criticism and pointed out that no construction plan had been blocked due to environmental regulations so far. She has emphasized that the regulations which are often based on EU law are rather flexible so that there would be no need to loosen them (Die Welt, 2012b).

As already stated, bills that are set out to increase energy efficiency are stuck in the legislative process. The bill on the energy efficient refurbishment of private buildings has not been adopted yet due to a dispute between the national government and the federal states which hampers the goal to decrease total energy consumption. Kraft, Beers, Sion and Tonn (2011) point out that due to the scope of the energy program, the legislative process is particularly difficult. They emphasize that many laws need to be changed and new laws have to be designed. All provisions need to consort with each other in order to have the desired policy outcome. The bill on the energy efficient refurbishment of private buildings serves as a prime example in this case as the national government fails to find an agreement with the federal states about the right instruments to increase energy efficiency.

Another example is the policy goal to have one million electronic cars in Germany by 2020. Currently, the number of electronic cars is only slowly increasing. The German Environmental Aid Association highlights that the design of the policies set out to subsidize research and development in the field of electro mobility are flawed and counterproductive to some extent. The association criticizes that the policies grant subsidies to research projects which are not always aimed at developing electronic cars. They provide an example of BMW which has received subsidies for constructing an electronic bicycle though the technology for e-bikes was already established on the market. Therefore, the association demands for a more goal-oriented policy design. (Deutsche Umwelthilfe, 2012).

Due to the accumulation of problems Peter Altmaier, the current Federal Minister for the Environment, Nature Conservation and Nuclear Safety, has criticized Norbert Röttgen, his predecessor in office who had been suspended at the end of May 2012.[113] Altmaier stated that mistakes had been made in the past which now need to be revised. According to him, the overall implementation process of the energy program is lacking coordination and has been without great efforts. Therefore, he showed deep concerns about meeting the policy goals regarding the decrease of the total energy consumption. Further, he has stated that the program lost track of the affordability of the projects. Therefore, Altmaier has warned that the new energy program could lead to an increase in electricity prices. The extension of the electricity grid as well as the shift to renewable energy could lead to a short-term shortage in the energy supply that would require the purchasing of more expansive energy from foreign countries. Further, energy companies could hand down increased investment costs which result from construction delays to the customers by raising the prices (Der Spiegel, 2012; Tagesschau, 2012). Also Philipp Rösler has referred to the possibility of rising electricity prices and pointed at inefficiencies in the funding of renewable energy technologies. Therefore, he has announced to establish a working group that is set out to re-design policies for the financial support of

---

113 The suspension was not directly related to his work as minister. Röttgen had been the CDU candidate for the federal state election in North Rhine-Westphalia and had to face a severe political defeat in the elections.

research and development projects on renewables. Additionally, the group should work on changes of the provisions on subsidies aimed at facilitating the investments in alternative energy sources (Rösler, 2012).

Sigmar Gabriel, leader of the SPD, has pointed out that the statements by Altmaier and Rösler revealed the 'complete failure' of the coalition government to bring forward the move towards renewable energies. He has stated that the government does not follow a clear policy line and thus demanded that an agency for the coordination of the energy transition should be established in order to get the implementation and design of the policies back on track. At the same time, members of the CDU have proposed to establish a new ministry which should solely focus on energy. Thereby, the competences that are currently shared by the Ministry for the Environment, Nature Conservation and Nuclear Safety and the Ministry of Economics and Technology could be joined in one institution (Deutschlandradio, 2012).

Friends of the Earth Germany have criticized the new political debate on energy transition. They have pointed out that statements that doubt the feasibility of the transition talk down the project as a whole. Moreover, worries about rising electricity prices would only lead to the displeasure of citizens who therefore might refuse the transition as a whole. Friends of the Earth however, have underlined that the transition requires the efforts and acceptance of society. Consequently, they challenge the politicians to act if problems are encountered and not to talk the energy transition down. Further, Friends of the Earth together with the German Renewable Energy Federation and the Industry Initiative for Energy Efficiency have presented proposals and ideas to increase the speed of implementing the new energy program. They emphasize that the policy targets for 2020 could only be met if the government would increase its efforts to decrease total energy consumption. Therefore, they demand to find a fast agreement on the bill on tax reliefs for the energy efficient refurbishment of private buildings. According to the three interest groups and NGOs, thermal insulation of private as well as public buildings needs to be facilitated more intensively because it constitutes an easy way to reduce total energy consumption. Moreover, they suggest a scrapping bonus for households that replace old electronic devices which consume a lot of energy with more energy efficient ones (BUND, 2012).

Though this section only shortly presented some problems in the process of designing and implementing the new energy program, it becomes evident that the process is of a highly complex nature. The energy program involves many interrelated policies and the involvement of multiple stakeholders. Due to the uncertainties and difficulties which already have been encountered only one year after the government decided on the transition from fossil fuels to renewables, it is unclear if Germany will meet the policy targets set for 2020. Peter Altmaier has pointed out that meeting the policy targets on time will require 'enormous efforts' in any case which shows the doubts of the government to meet their own policy goals (FAZ, 2012).

5. Conclusion

The first part of paper at hand set out to analyze the long-lasting societal debate on the usage of nuclear energy in Germany as it was assumed that the debate gradually influenced the political discourse which led to the decision to phase out nuclear power plants. The seven phases of the history of nuclear power have shown how the societal debate developed, grew in importance and ultimately influenced the decision-making processes of the different political parties and governments. During the first, speculative phase (1955-1967) one could observe that the coalition government of the CDU/CSU and the FDP was eager to become part of the system of states that produced energy by atom splitting. The government was supported by the energy intensive industries which demanded cheap electricity. However, the German energy suppliers refused to take the burden of large investment costs so that the government was the main supporter and advocate for the introduction of the new technology. It has been shown that the public as well as the media backed the plans of the coalition so that a broad consensus facilitated nuclear power plants in Germany. Only sporadic protests against the construction of atomic plants were witnessed during the first phase.

The second phase (1967-1975) brought about the breakthrough of the usage of nuclear power in Germany. The plans that had been made during the speculative phase were implemented so that Germany entered the era of atomic energy. All political parties, whether represented in government or not, supported the policies on the extension of the nuclear sector. Also the media did not question the political course and degraded and defamed upcoming protests action against the construction of atomic facilities. However, demonstrations had been increasing on the local level and slowly emerged to become a national movement. Thereby, also the societal debate slowly began to intensify as the political parties had to face an evolving opposition against their nuclear policies. Nevertheless, the anti-nuclear power movement was essentially ignored by the parties as the decisions on nuclear power were generally made within a closed community.

The closeness of decision-making was set to an end during the upcoming phases. The third phase (1975-1986) witnessed the empowerment of the anti-nuclear movement which led the societal debate on nuclear energy to enter the political stage. The movement grew in numbers and achieved construction delays as well as the abandoning of projects for new atomic power plants. Wyhl, Brockdorf, Grohnde or Kalkar, all cities experienced the transition from local citizens' initiatives to a national protest movement. The successes of the movement caused the media to change their coverage on the demonstrations. In contrast to previous years, the media focused on the arguments of the opponents of nuclear energy and did not defame or criticize the protesters for their actions. As the movement grew in numbers and got the media's attention, also political parties started to take the protests into account. The SPD changed its policies on nuclear energy and opted for the 'two-option doctrine' after the expansion of the nuclear sector could not be justified on energy political reasons. Moreover, the year 1980 had seen the founding of the Green Party, the first party to oppose the usage of nuclear power in the German Parliament. Thereby, the societal debate also entered the highest political level and institutionalized the topic. However, the anti-nuclear movement calmed down during the first half of the 1980s after its mobilization peak at the end of the 1970s.

The movement experienced a revival after the nuclear accident in Chernobyl in 1986. The catastrophe served as a focusing event which brought the dangers of nuclear technology back to the people's minds. The analytical framework has shown that though, the movement organized large demonstrations after the accident, the majority of German citizens continued to support the usage of nuclear power. Also the coalition government of the CDU/CSU and the FDP did not change their policies on nuclear energy and opted for the operation of nuclear power plants as long as they would remain safe during the decline phase (1986-1998). The political as well as the societal debate developed into a deadlock situation where opponents and supporters of nuclear energy could not move forward. The policies that had been established in the 1980s stayed in place and the atomic power plants remained operating.

This gradually changed during the political decline phase (1998-2009) when the federal elections brought about a coalition government of the SPD and the Green Party. It had been the first coalition of parties which both opposed nuclear energy. Consequently, the coalition parties agreed to phase out and highlighted that they would bring the long-lasting societal conflict to an end. However, the analytical framework has explained why the negotiations on the decision to phase out had been complex and rather difficult for the coalition government though a consensus was reached in the end. The consensus agreement marked an historical turning point as it decided to phase out all nuclear power plants using flexible mechanisms. The agreement was supported by the majority of the German citizens and it seemed as the societal conflict had come to an end.

The change in government in 2009 however, also brought about a policy change on nuclear technology and marked the revival phase (2009-2011). The coalition of the CDU/CSU and the FDP decided to prolong the usage of nuclear power plants in order to guarantee Germany's energy security and a smooth transition to the usage of renewable energy sources. The analytical framework has shown that the coalition government used the window of opportunity which opened after the elections despite large-scale criticism of the political opposition, environmental NGOs and the majority of citizens. Also the media critically assessed the decision. Thus, the consensus of 2001 which brought the societal debate on the topic to an end had been broken by the government's decision.

However, the final phase (2011-onwards) marked another change in nuclear policies after the catastrophe in the Japanese nuclear power plant in Fukushima. The analytical framework has depicted how the government was put under pressure by the media, the public as well as the political opposition and pressure groups. After the majority of German citizens already opposed the prolonging of the operation periods of nuclear power plants in 2010, Fukushima led to even more criticism on the decision. It has been shown that Chancellor Merkel quickly changed her line in argumentation and announced a policy change after a three month moratorium. The policy change was brought forward only five month after the accident in Japan and restored the societal consensus after the short period of societal conflict during 2010 and 2011.

Due to these observations one has to conclude that the societal debate and the conflict arising out of it gradually influenced the decision-making process on the topic of nuclear energy in Germany. It has been shown how the societal discussion slowly developed to become of political importance for the parties and how the media changed their perception of the anti-nuclear movement. The paper has picked up decisive moments in the history of the usage of nuclear power in Germany such as focusing events or changes in government and showed the importance of these events for the development of the anti-nuclear movement. Moreover, by applying the analytical framework it has become comprehensible why certain events opened up policy windows which led to policy changes or did not allow for a change of the status quo. It has been explained how the different stakeholders interacted in the long-lasting debate and during the various decision-making processes which ultimately brought about the policy change of the current government which manifested the phase-out of nuclear power plants in Germany.

Nevertheless, one has to emphasize that the analytical framework has been limited to incorporate only the most important stakeholders in the societal debate and has been solely applied to very decisive historical turns and events. Furthermore, the analysis has been mainly focusing on the development on the national level and often neglected trends and changes at the federal state level or disputes within lower party levels which gives room for further research. However, the historical analysis has shown how the societal debate evolved and gradually influenced the different decision-making processes on the usage of nuclear energy which proved the hypothesis of this work.

The second part of the paper set out to give a short overview on the policies that underline the decision of the current government to phase out nuclear technology and to bring forward a new energy program. It has been shown that a multitude of changes have been made in the existing legislation and that new laws have been designed by the government to regulate the transition from fossil fuels towards renewable energy sources. Moreover, problems that already have been encountered in the implementation progress of the policies have been presented and explained. It has become evident that the program's policy targets are ambitious and rather difficult to achieve due to the complexity of the issue. Additionally, the paper has provided the latest developments in the debate on potential solutions of these problems by looking at recent proposals of different stakeholders to achieve the policy targets.

It remains to be seen which of the proposals' ideas will eventually be realized or if the government will miss "the chance to be the world's first industrialised nation to switch over to the electricity of the future" (Merkel, 2011a). However, due to the long-lasting societal debate and the broad consensus of the-phase out which have been depicted in this work, it is highly unlikely that these problems will eventually lead to another policy change on the usage of nuclear technology.

References

Alemann, U. (1999). Der Wahlsieg der SPD von 1998: Politische Achsenverschiebung oder glücklicher Ausreißer?. Retrieved July 31, 2012 from http://www.phil-fak.uni-duesseldorf.de/fileadmin/Redaktion/Institute/Sozialwissenschaften/Politikwissenschaft/Dokumente/Alemann/99_alemann_der-wahlsieg-der-spd.pdf

Altmaier, P. (2012). Altmaier: Umbau der Energieversorgung große Chance. Retrieved August 7, 2012 from http://www.bundesregierung.de/Content/DE/Interview/2012/07/2012-07-19-handelsblatt-altmaier.html

Andersen, M. L. & Taylor, H. F. (2008). Sociology – Understanding a Diverse Society. Belmont: Thomson Wadsworth.

Baumann, N. (2010). Meilenstein als Zerreißprobe. Retrieved August 1, 2012 from http://www.focus.de/politik/deutschland/tid-18598/zehn-jahre-atomausstieg-meilenstein-als-zerreissprobe_aid_518339.html

Belknap, M. H. (2001). The CNN Effect: Strategic Enabler or Operational Risk?. Retrieved June 19, 2012 from http://www.iwar.org.uk/psyops/resources/cnn-effect/Belknap_M_H_01.pdf

Birkland, T. A. (1998). Focusing events, mobilization, and agenda setting. Journal of Public Policy, Vol. 18, No. 1, pp. 53-74.

BMU. (2002). New Atomic Energy Act enters into force. Retrieved June 12, 2012 from http://www.bmu.de/english/press_releases/archive/15th_legislative_period/pm/pdf/3612.pdf

BMU. (2010). Energiekonzept für eine umwelt schonende, zuverlässige und bezahlbare Energieversorgung. Berlin: Bundesministerium fürWirtschaft und Technologie & Bundesministerium für Umwelt, Naturschutz und Reaktorsicherheit.

Bottermann, A. & Knapp, D. (2005). Der Atomenergieausstieg in Deutschland: Eine Folge policy-orientierten Lernens?. München: GRIN-Verlag.

Böge, U. (2010). Wettbewerbliche Würdigung einer Verlängerung der Laufzeiten für Kernkraftwerke. Retrieved August 2, 2012 from http://www.heag.de/pressestelle/pressebilder/6927-pdf.pdf

Brandt, L. (1957). Die zweite industrielle Revolution. München: List.

Brittain, S. (1977). The Economic Consequences of Democracy. London: Temple Smith.

Bruhns, H. & Keilhacker, M. (2011). „Energiewende": Wohin führt der Weg?. Aus Politik und Zeitgeschichte, APuZ 46-47/2011 (pp. 22-29).

Buchanan, J. M. & Tullock, G. (1962). The Calculus of Consent. Ann Arbor, Michigan: University of Michigan Press.

BUND. (2012). BUND, Bundesverband Erneuerbare Energie und Energieeffizienz-Initiative DENEFF legen Sofortprogramm vor: Energiewende beschleunigen statt zerreden. Retrieved August 8, 2012 from http://www.bund.net/nc/presse/pressemitteilungen/detail/artikel/bundesverband-erneuerbare-energie-und-energieeffizienz-initiative-deneff-legen-sofortprogramm-vor-e/

BUND Regionalverband Südlicher Oberrhein. (2012). AKW – KKW – Wyhl Chronik: Der Widerstand im Wyhler Wald. Retrieved July 16, 2012 from http://vorort.bund.net/suedlicher-oberrhein/wyhl-chronik.html

Bundesgesetzblatt. (2002). Gesetz zur geordneten Beendigung der Kernenergienutzung zur gewerblichen Erzeugung von Elektrizität. Bundesgesetzblatt Teil 1, No. 26 (pp. 1351-1359).

Bundesgesetzblatt. (2011a). Dreizehntes Gesetz zur Änderung des Atomgesetzes. Bundesgesetzblatt Teil 1, No. 43 (pp. 1704-1705).

Bundesgesetzblatt. (2011b). Gesetz zur Neuregelung des Rechtsrahmens für die Förderung der Stromerzeugung aus erneuerbaren Energien. Bundesgesetzblatt Teil 1, No. 42 (pp. 1634-1678).

Bundesgesetzblatt. (2011c). Gesetz zur Stärkung der klimagerechten Entwicklung in den Städten und Gemeinden. Bundesgesetzblatt Teil 1, No. 39 (pp. 1509-1511).

Bundesministerium der Justiz. (2012). Verordnung über die Vergabe öffentlicher Aufträge (Vergabeverordnung – VgV). Retrieved August 6, 2012 from http://www.gesetze-im-internet.de/bundesrecht/vgv_2001/gesamt.pdf

Bundesministerium für Wirtschaft. (1974). Erste Fortschreibung des Energieprogramms der Bundesregierung. Bonn: Bundesministerium für Wirtschaft.

Bundesnetzagentur. (2012). Bundesnetzagentur stellt weitere Verzögerung bei EnLAG-Projekten fest. Retrieved August 7, 2012 from http://www.bundesnetzagentur.de/cln_1932/SharedDocs/Pressemitteilungen/DE/2012/120803_EnLAGMonitoring.html?nn=65116

Bundesregierung. (2011a). Reaktorsicherheit und Ethik: Zwei Kommissionen begleiten ins Zeitalter der erneuerbaren Energien. Retrieved August 5, 2012 from http://www.bundesregierung.de/Content/DE/Artikel/2011/03/2011-03-29-ethikkommission.html

Bundesregierung. (2011b). Energiewende – die einzelnen Maßnahmen im Überblick. Retrieved August 7, 2012 from http://www.bundesregierung.de/Content/DE/Artikel/2011/06/2011-06-06-energiewende-kabinett-weitere-informationen.html

Bundeswahlleiter. (2012a). Wahl zum 9. Deutschen Bundestag am 5. Oktober 1980. Retrieved July 18, 2012 from http://www.bundeswahlleiter.de/de/bundestagswahlen/fruehere_bundestagswahlen/btw1980.html

Bundeswahlleiter. (2012b). Wahl zum 14. Deutschen Bundestag am 27. September 1998. Retrieved August 1, 2012 from http://www.bundeswahlleiter.de/de/bundestagswahlen/fruehere_bundestagswahlen/btw1998.html

CDU/CSU. (2005). Regierungsprogramm 2005 – 2009. Retrieved June 12, 2012 from http://www.cdu.de/doc/pdfc/05_07_11_Regierungsprogramm.pdf

CDU/CSU. (2009). Wir haben die Kraft – Gemeinsam für unser Land. Regierungsprogramm 2009-2013. Retrieved August 2, 2012 from http://www.cdu.de/doc/pdfc/090628-beschluss-regierungsprogramm-cducsu.pdf

CDU/CSU & FDP. (2009). The coalition treaty between CDU, CSU and FDP. Retrieved June 12, 2012 from http://www.cdu.de/en/doc/091215-koalitionsvertrag-2009-2013-englisch.pdf

Corbach, M. (2005). Atomenergie. In D. Reiche (Ed.), Grundlagen der Energiepolitik (pp.99-116). Frankfurt am Main: Peter Lang – Europäischer Verlag der Wissenschaften.

Coulmas, F. & Stalpers, J. (2011). Fukushima: Vom Erdbeben zur atomaren Katastrophe. München: C.H. Beck.

Der Spiegel. (1977). Schlange stehen. Retrieved August 7, 2012 from http://www.spiegel.de/spiegel/print/d-40831733.html

Der Spiegel. (2010a). Atombranche kann auf Etappensieg hoffen. Retrieved August 2, 2012 from http://www.spiegel.de/politik/deutschland/merkels-energiepolitik-atombranche-kann-auf-etappensieg-hoffen-a-713165.html

Der Spiegel. (2010b). 120 Kilometer Widerstand. Retrieved August 2, 2012 from http://www.spiegel.de/politik/deutschland/menschenkette-gegen-atomkraft-120-kilometer-widerstand-a-691054.html

Der Spiegel. (2012). Altmaier zweifelt an Prognosen der Regierung. Retrieved August 8, 2012 from http://www.spiegel.de/wirtschaft/soziales/energiewende-altmaier-zweifelt-an-zielen-zum-stromverbrauch-a-844449.html

Deutsche Umwelthilfe. (2012). Zwei Jahre „Nationale Plattform Elektromobilität" – Deutsche Umwelthilfe zieht kritische Bilanz. Retrieved August 8, 2012 from http://www.duh.de/pressemitteilung.html?&tx_ttnews%5Btt_news%5D=2842

Deutscher Bundestag. (1973). Die Energiepolitik der Bundesregierung. (Erstes Energieprogramm). Bundestagsdrucksache 7/1057 vom 03.10.1973. Bonn: Deutscher Bundestag.

Deutscher Bundestag. (1977). Zweite Fortschreibung des Energieprogramms der Bundesregierung. Bundesdrucksache 8/1357. Bonn: Deutscher Bundestag.

Deutscher Bundestag. (1986). Plenarprotokoll der Debatte vom 14. Mai 1986. Plenarprotokoll 10/215. Bonn: Deutscher Bundestag.

Deutscher Bundestag. (2011a). Stenografischer Bericht 96. Sitzung Berlin, Donnerstag, den 17. März 2011. Plenarprotokoll 17/96. Berlin: Deutscher Bundestag.

Deutscher Bundestag. (2011b). Deutscher Bundestag Stenografischer Bericht 117. Sitzung Berlin, Donnerstag, den 30. Juni 2011. Plenarprotokoll 17/117. Berlin: Deutscher Bundestag.

Deutschland Radio. (2012). Altmaier zweifelt an Erreichbarkeit der Energiewende. Retrieved August 8, 2012 from http://www.dradio.de/aktuell/1812187/

Die Welt. (2010). 100.000 Atomkraft-Gegner demonstrieren in Berlin. Retrieved August 2, 2012 from http://www.welt.de/politik/deutschland/article9720834/100-000-Atomkraft-Gegner-demonstrieren-in-Berlin.html

Die Welt. (2012a). Politik-Nachrichten. Retrieved August 8, 2012 from http://www.welt.de/print/wams/politik/article108481906/Politik-Nachrichten.html

Die Welt. (2012b). Rösler will Stromnetze durch Schutzgebiete leiten. Retrieved August 8, 2012 from http://www.welt.de/politik/deutschland/article106598913/Roesler-will-Stromnetze-durch-Schutzgebiete-leiten.html

Die Zeit. (2010). Die strahlenden Sieger der Atomlobby. Retrieved August 2, 2012 from http://www.zeit.de/wirtschaft/2010-09/atom-lobby-vorbild

Downs, A. (1959). An Economic Theory of Democracy. New York: Harper and Row.

Ehmke, H. (1994). Mittendrin – Von der Grossen Koalition zur Deutschen Einheit. Berlin: Rowohlt.

Eisenhower Presidential Library & Museum. (2011). Atoms for Peace. Retrieved July 9, 2012 from http://www.eisenhower.archives.gov/research/online_documents/atoms_for_peace.html

Engels, J. I. (2003). Südbaden im Widerstand. Der Fall Wyhl. In: K. Kretschmer & N. Fuchsloch (Eds.), Wahrnehmung, Bewusstsein, Identifikation: Umweltprobleme und Umweltschutz als Triebfedern regionaler Entwicklung (pp. 103-130). Freiberg: Technische Universität Bergakademie.

Engels, J. I. (2012). Photo: David gegen Goliath im Kampf um die Erhaltung der Umwelt? Räumung des von Kernkraftgegnern besetzten Bauplatzes für ein Kraftwerk in Wyhl am Kaiserstuhl, 20. 2. 1975. Retrieved July 30, 2012 from http://www.1000dokumente.de/index.html?c=dokument_de&dokument=0021_wyh&object=pdf&st=&l=de

Enquete-Kommission. (1980). Bericht der Enquete-Kommission Zukünftige Kernenergie-Politik vom 27. Juni 1980. Bonn: Deutscher Bundestag.

Erhardt, E. (1973). Bewahrt unser Volk vor Sensationsschaden! : Emotions-Schlagzeilen treiben Sorgen in die Hysterie. Sozialdemokratischer Pressedienst, 19. November 1974, Heft 222. Bonn: Sozialdemokratischer Pressedienst.

Ethik-Kommission Sichere Energieversorgung. (2011). Deutschlands Energiewende – Ein Gemeinschaftswerk für die Zukunft. Retrieved August 4, 2012 from http://www.bmbf.de/pubRD/2011_05_30_abschlussbericht_ethikkommission_property_publicationFile.pdf

EURATOM Treaty. (1957). Treaty establishing the European Atomic Energy Community. Retrieved July 9, 2012 from http://eur-lex.europa.eu/en/treaties/dat/12006A/12006A.htm

European Commission. (2010). The EU climate and energy package. Retrieved August 7, 2012 from http://ec.europa.eu/clima/policies/package/index_en.htm

FAZ. (2012). Altmaier zweifelt an Umsetzung der Energiewende. Retrieved August 8, 2012 from http://www.faz.net/aktuell/wirtschaft/riesige-anstrengungen-noetig-altmaier-zweifelt-an-umsetzung-der-energiewende-11820961.html

FDP. (2009). Die Mitte stärken. Deutschlandprogramm 2009. Retrieved August 2, 2012 from http://www.fdp.de/files/565/Deutschlandprogramm09_Endfassung.pdf

Fischer, S. (2011). Außenseiter oder Spitzenreiter? Das "Modell Deutschland" und die europäische Energiepolitik. Aus Politik und Zeitgeschichte, APuZ 46-47/2011 (pp. 15-22).

Focus. (2010). Regierung beschließt umstrittene AKW-Laufzeitverlängerung. Retrieved August 2, 2012 from http://www.focus.de/politik/deutschland/energiepolitik-regierung-beschliesst-umstrittene-akw-laufzeitverlaengerung_aid_556642.html

Forschungsgruppe Wahlen. (1999). Politbarometer, Issue 1, 1999.

Forschungsgruppe Wahlen. (2010). Politbarometer September I 2010. Retrieved August 2, 2012 fromhttp://www.forschungsgruppe.de/Umfragen/Politbarometer/Archiv/Politbarometer_2010/September_I/

Forschungsgruppe Wahlen. (2011a). Politbarometer April I 2011. Retrieved August 5, 2012 from http://www.forschungsgruppe.de/Umfragen/Politbarometer /Archiv /Politbarometer _2011/April_I/

Forschungsgruppe Wahlen. (2011b). Politbarometer Juni 2011. Retrieved August 5, 2012 from http://www.forschungsgruppe.de/Umfragen/Politbarometer /Archiv/Politbarometer_2011/Juni/

Forschungsgruppe Wahlen. (2012). Politbarometer Juli 2012. Retrieved August 5, 2012 from http://www.forschungsgruppe.de/Umfragen/Politbarometer/Archiv/Politbarometer_2012/Juli_2012/

Förstner, U. (2012). Umweltschutztechnik. Berlin: Springer.

Gabriel, S. (2010). Rede des SPD-Vorsitzenden Sigmar Gabriel zur Verlängerung der Laufzeiten von Atomkraftwerken im Deutschen Bundestag. Retrieved June 21, 2012 from http://www.sigmar-gabriel.de/reden/rede-des-spd-vorsitzenden-sigmar-gabriel-zur-verlngerung-der-laufzeiten-von-atomkraftwerken-im-deutschen-bundestag1

Geers, T. (2011). Atomenergie ist per se ethisch nicht vertretbar. Retrieved August 4, 2012 from http://www.dradio.de/dlf/sendungen/umwelt/1428249/

Gleitsmann, R. J. (2011). Der Vision atomtechnischer Verheißung gefolgt: Von der Euphorie zu ersten Protesten – die zivile Nutzung der Kernkraft in Deutschland seit den 1950er Jahren. Journal of New Frontiers in Spatial Concepts, Vol. 3, pp- 17-27.

Gleitsmann, R. J. & Oetzel, G. (2012). Fortschrittsfeinde im Atomzeitalter? Protest und Innovationsmanagement am Beispiel der frühen Kernenergiepläne der Bundesrepublik Deutschland. Diepholz: GNT-Verlag.

Hacker, C. (2012). Presse-Berichterstattung ab 1986 – Tschernobyl-Unfall: Kein Ende in Sicht!. Retrieved July 24, 2012 from http://umweltinstitut.org/radioaktivitat/20-jahre-tschernobyl/presse-berichterstattung-ab-1986-63.html

Handelsblatt (2006). Unionsfraktion hält an Kernenergie fest. Retrieved August 2, 2012 from http://www.handelsblatt.com/politik/deutschland/energiegipfel-im-kanzleramt-unionsfraktion-haelt-an-kernenergie-fest/2636678.html

Hauff, V. (1977). Energiepolitische Orientierungspunkte. Neue Gesellschaft, Band 24 (1977), pp. 816-818.

Hennicke, P., Samadi, S. & Schleicher, T. (2011). Ambitionierte Ziele – untaugliche Mittel: Deutsche Energiepolitik am Scheideweg. Berlin: Vereinigung Deutscher Wissenschaftler e.V.

Hill, M. (2009).The Public Policy Process. Fifth edition. Harlow: Pearson Publishing.

Höse, A. & Oppermann, K. (2007). Public Opinion and the Development of the European Security and Defense Policy. European Foreign Affairs Review, Vol. 12, No 2, pp. 149-167.

IAEA. (2011). Mission report: The Great East Japan Earthquake Expert Mission. Retrieved August 3, 2012 from http://www-pub.iaea.org/MTCD/Meetings/PDFplus/2011/cn200/documentation/cn200_Final-Fukushima-Mission_Report.pdf

IAEA. (2012a). GUNDREMMINGEN-A (KRB A). Retrieved July 12, 2012 from http://www.iaea.org/PRIS/CountryStatistics/ReactorDetails.aspx?current=104

IAEA. (2012b). Nuclear power in Germany. Retrieved July 12, 2012 from http://www.iaea.org/PRIS/CountryStatistics/CountryDetails.aspx?current=DE

Kepplinger, H. M. (1988). Die Kernenergie in der Presse – Eine Analyse zum Einfluß subjektiver Faktoren auf die Konstruktion von Realität. Kölner Zeitschrift für Soziologie und Sozialpsychologie, Vol. 40 (pp. 659-683).

Kingdon, J. W. (2002). Agenda, alternatives, and public policies. New York: Longman.

Koalitionsvertrag. (1998). Aufbruch und Erneuerung – Deutschlands Weg ins 21. Jahrhundert: Koalitionsvereinbarung zwischen der Sozialdemokratischen Partei Deutschlands und Bündnis 90/Die GRÜNEN. Retrieved July 31, 2012 from http://www.spd.dc/linkablcblob/1850/data/koalitionsvcrtrag_bundcsparteitag_bonn_1998.pdf

Koalitionsvertrag (2002). Koalitionsvertrag 2002 – 2006: Erneuerung – Gerechtigkeit – Nachhaltigkeit Für ein wirtschaftlich starkes, soziales und ökologisches Deutschland. Für eine lebendige Demokratie. Retrieved August 1, 2012 from http://www.boell.de/downloads/stiftung/2002_Koalitionsvertrag.pdf

Koalitionsvertrag. (2005). Gemeinsam für Deutschland. Mit Mut und Menschlichkeit. Koalitionsvertrag von CDU, CSU und SPD. Retrieved August 1, 2012 from http://www.cducsu.de/upload/koavertrag0509.pdf

Köcher, R. (2011). Umfrage für die F.A.Z. zur Atomkraft – Eine atemraubende Wende. Retrieved July 24, 2012 from http://www.faz.net/aktuell/wirtschaft/wirtschaftspolitik/energiepolitik/umfrage-fuer-die-f-a-z-zur-atomkraft-eine-atemraubende-wende-1628015.html

Kraft, J., Beers, J., Sion, S. & Tonn, S. (2011). Ausbau der deutschen Stromnetze bis 2050 – Kritische Analyse der technischen und planungsrechtlichen Umsetzbarkeit eines 100% Erneuerbare-Energien-Szenarios. München: GRIN-Verlag.

Lippold, K. (2001). Rede vor dem Deutschen Bundestag. Deutscher Bundestag Stenographischer Bericht 209. Sitzung. Plenarprotokoll 14/209. Berlin: Deutscher Bundestag.

Livingston, S. (2007). Limited vision: how both the American media and government failed Rwanda. In A. Thompson (Ed.), The media and the Rwanda genocide (pp. 188-197). London: Pluto Press.

Matthes, F. C. (2000). Stromwirtschaft und deutsche Einheit. Eine Fallstudie zur Transformation der Elektrizitätswirtschaft in Ost-Deutschland. Berlin: Books on Demand.

Merkel, A. (2011a). Switching to the electricity of the future. Retrieved June 21, 2012 from http://www.bundesregierung.de/Content/EN/Artikel/_2011/06/2011-06-09-regierungserklaerung_en.html?nn=448512

Merkel, A. (2011b). Pressestatements von Bundeskanzlerin Angela Merkel und Bundesminister Guido Westerwelle zum Erdbeben in Japan am 12. März 2011. Retrieved August 5, 2012 from http://www.bundesregierung.de/Content/DE/Mitschrift/Pressekonferenzen/2011/03/2011-03-12-pk-kanzerlamt-japan.html

Merkel, A. (2011c). Pressestatements von Bundeskanzlerin Angela Merkel und Bundesaußenminister Guido Westerwelle zu den Folgen der Naturkatastrophen in Japan sowie den Auswirkungen auf die deutschen Kernkraftwerke. Retrieved August 5, 2012 from http://www.bundeskanzlerin.de/Content/DE/Mitschrift/Pressekonferenzen/2011/03/2011-03-14-bkin-lage-japan-atomkraftwerke.html

Mez, L. & Piening, A. (2002). Phasing-out nucler power generation in Germany: policies, actors, issues and non-issues. Energy & Environment, Vol. 13, No. 2 (pp. 161-181).

Minow, N. N. (1988). Chernobyl and the New Age of Communications. In P. Sands (Ed.). Chernobyl: Law and Communication. Cambridge: Grotius Publications.

Mueller, D. (1979). Public Choice. Cambridge: Cambridge University Press.

Nbw Verlag. (2012). Steuerliche Förderung der Wohngebäudesanierung. Retrieved August 6, 2012 from http://www2.nwb.de/portal/content/ir/beitraege/beitrag_1223418.aspx

Nelkin, D. & Pollak, M. (1980). Political Parties and the Nuclear Energy Debate in France and Germany. Comparative Politics, Vol. 12, No. 2, pp. 127-141.

Neusser, C. (2005). Muster der Konfliktlösung in der rot-grünen Bundesregierung – Eine Analyse von Entscheidungsprozessen in der Regierungskoalition von 1998-2003. München: GRIN-Verlag.

Noak, H. J. (1984). Teure Milli, grünes Gericht. Der Spiegel, Issue 6, 1984. Hamburg: Spiegel-Verlag.

Ochse, S. (2001). Atomkonsens ist Volksverdummung! Greenpeace installiert radioaktives Denkmal bei SPD und Grünen. Retrieved August 2, 2012 from http://www.presseportal.de/pm/6343/255966/atomkonsens-ist-volksverdummung-greenpeace-installiert-radioaktives-denkmal-bei-spd-und-gruenen

Radkau, J. (1983). Aufstieg und Krise der deutschen Atomwirtschaft – 1945 – 1975 Verdrängte Alternativen in der Kerntechnik und der Ursprung der nuklearen Kontroverse. Reinbek: Rowohlt.

Radkau, J. (2011). Die Ära der Ökologie: Eine Weltgeschichte. München: C.H. Beck.

Raven, P. H., Hassenzahl, D. M. & Berg, L. R. (2011). Environment. Hoboken: John Wiley & Sons.

Rädel, R. & Reiß, M. (2005). Bundeskanzler Schröder und seine Führungsrolle beim Atomausstieg und der "Nicht-Verkehrswende' – ein Politikstil mit Zukunft?. München: GRIN-Verlag.

Reaktor-Sicherheitskommission.(2011). Anlagenspezifische Sicherheitsüberprüfung (RSK-SÜ) deutscher Kernkraftwerke unter Berücksichtigung der Ereignisse in Fukushima-I (Japan). Retrieved August 5, 2011 from http://www.rskonline.de/downloads/rsk_sn_sicherheitsueberpruefung_20110516_hp.pdf

Robinson, P. (2000). The Policy-Media Interaction Model: Measuring Media Power During Humanitarian Crisis. Journal of Peace Research, Vol. 37, No. 5 (pp. 613-633).

Rösler, P. (2012). Philipp Rösler zur Umsetzung der Energiewende. Video Interview on Welt Online. Retrieved August 8, 2012 from http://www.welt.de/politik/deutschland/article108535602/Philipp-Roesler-zur-Umsetzung-der-Energiewende.html

Röttgen, N. (2011a). Statements nach dem Gespräch über die Nutzung der Kernenergie in Deutschland. Retrieved August 5, 2012 from http://www.bundesregierung.de/Content/DE/Mitschrift/Pressekonferenzen/2011/03/2011-03-15-statements-nutzung-kernenergie.html

Rucht, D. (2008). Anti-Atomkraftbewegung. In: R. Roth & D. Rucht (Eds.), Die Sozialen Bewegungen in Deutschland seit 1945 – Ein Handbuch (pp. 267-292). Frankfurt am Main: Campus Verlag.

Sachverständigenrat für Umweltfragen. (2010). Laufzeitverlängerung gefährdet Erfolg der erneuerbaren Energien. Kommentar zur Umweltpolitik, Issue No. 8 September 2010. Berlin: Sachverständigenrat für Umweltfragen.

Schaaf, C. (2002). Die Kernenergiepolitik der SPD von 1966 bis 1977. München: GRIN-Verlag.

Schleider, T. (1999). Der Castor: Für Bürger und Staat ein schlechtes Stück. In: R. J. Busch & M. Paretzke (Eds.), Castor und Endlager – Annäherung an ein umstrittenes Thema (pp. 12-26). München: Herbert Utz Verlag.

Schröder, G. (1998). Eine andere Zeit. Der Spiegel – Wahlsonderheft' 98. Issue 55, 1998. Hamburg: Spiegel-Verlag.

Schröder, J. (2012). AKW Brokdorf Teil 1: Der Protest bis Ende 1976 – Materialien zur Analyse von Opposition. Retrieved July 17, 2012 from http://www.mao-projekt.de/BRD/NOR/S-H/Brokdorf_AKW_1976.shtml

Schultz, S. (2010). Fragwürdiges Energiekonzept – Regierung trickst bei AKW-Jahreszahlen. Retrieved August 2, 2012 from http://www.spiegel.de/wirtschaft/soziales/fragwuerdiges-energiekonzept-regierung-trickst-bei-akw-jahreszahlen-a-715901.html

SPD. (1956). Protokoll der Verhandlungen des Parteitages der Sozialdemokratischen Partei Deutschlands vom 10. Bis 14. Juli 1956 in München. Bonn: Vorstand der SPD.

SPD. (1975). Parteitagprotokoll des Mannheimer Parteitages der SPD 1975. Bonn: Vorstand der SPD.

SPD. (1977). Parteitagprotokoll des HamburgerParteitages der SPD 1977. Bonn: Vorstand der SPD.

Stern. (2010). Atomlobby setzt Laufzeitverlängerung durch – Deutschlands dunkle Macht. Retrieved August 2, 2012 from http://www.stern.de/politik/deutschland/atomlobby-setzt-laufzeitverlaengerung-durch-deutschlands-dunkle-macht-1601318.html

Straubinger, J. (2009). Ökologisierung des Denkens. Norderstedt: Books on Demand.

Süddeutsche Zeitung. (2010). Und seid ihr nicht willig, dann schließen wir halt. Retrieved August 2, 2012 from http://www.sueddeutsche.de/politik/stromkonzerne-zur-brennelementesteuer-und-seid-ihr-nicht-willig-dann-schliessen-wir-halt-1.988255

Süddeutsche Zeitung. (2011a). Mahnwachen gegen Atomenergie – "Fukushima ist überall!". Retrieved August 2, 2012 from http://www.sueddeutsche.de/bayern/mahnwachen-gegen-atomenergie-fukushima-ist-ueberall-1.1071651

Süddeutsche Zeitung. (2011b). Anti-Atom-Bewegung mobilisiert 250.000 Menschen. Retrieved August 5, 2012 from http://www.sueddeutsche.de/politik/bundesweite-proteste-anti-atom-bewegung-mobilisiert-zehntausende-1.1077642

Tagesschau. (2012). Altmaier bezweifelt Umsetzung der Energiewende-Ziel. Retrieved August 8, 2012 from http://www.tagesschau.de/inland/energiewende176.html

Taz. (2012). Alle gegen Rösler. Retrieved August 8, 2012 from http://www.taz.de/Netzplanung-ohne-Naturschutz/!95442/

TEPCO. (2011). Press Release (Mar 11,2011) Occurrence of a Specific Incident Stipulated in Article 10, Clause 1 of the Act on Special Measures Concerning Nuclear Emergency Preparedness (Fukushima Daiichi).Retrieved August 3, 2012 from http://www.tepco.co.jp/en/press/corp-com/release/11031102-e.html

The Federal Government. (2010). Questions and answers on the Energy Strategy. Retrieved June 12, 2012 from http://www.bundesregierung.de/Content/EN/Artikel/2010/09/2010-09-28-faq-energiekonzept_en.html?nn=447030#doc95892bodyText5

The Federal Government. (2011). Heading towards the energy of the future. Retrieved August 5, 2012 from http://www.bundesregierung.de/Content/EN/ Artikel/_2011/06/2011-06-06-energiewende-text-breg_en.html?nn=447030

Trittin, J. (2001). Rede von Bundesumweltminister Jürgen Trittin anlässlich: Unterzeichnung des Atomkonsenses. Retrieved August 2, 2012 from http://www.bmu.de/redenarchiv/14_legislaturperiode/trittin/doc/578.php

Trittin, J. (2005). Trittin: Abschaltung des AKW Obrigheim ist ein "Stück Energiewende". Retrieved August 1, 2012 from http://www.strom-magazin.de/strommarkt/trittin-abschaltung-des-akw-obrigheim-ist-ein-stueck-energiewende_14201.html

Trittin, J. (2010). Kniefall vor der Lobby – Laufzeitverlängerung statt Energiepolitik. Retrieved June 21, 2012 from http://www.trittin.de/ texte/reden/20101028_atg.shtml?navanchor=1110011

Tullock, G. (1976). The Vote Motive. London: Institute of Economic Affairs.

UNICEF. (2002). The Human Consequences of the Chernobyl Nuclear Accident – A Strategy for Recovery. Retrieved July 23, 2012 from http://www.unicef.org/newsline/chernobylreport.pdf

U.S. Geological Survey. (2011). USGS Updates Magnitude of Japan's 2011 Tohoku Earthquake to 9.0. Retrieved August 4, 2012 from http://www.usgs.gov/newsroom/article.asp?ID=2727&from=rss_home#.UB0Cb2ys-Hg

Versluis, E., van Keulen, M. & Stephenson, P. (2011). Analyzing the European Union Policy Process. Houndmills, Basingstoke: Palgrave Macmillan.

WHO. (2005). Chernobyl: the true scale of the accident. Retrieved July 23, 2012 from http://www.who.int/mediacentre/news/releases/2005/pr38/en/index.html

Williams, J. C. (2006). History of energy. Retrieved June 12, 2012 from http://www.fi.edu/learn/case-files/energy.html

World Bank. (2012). Energy use (kg of oil equivalent per capita) in Germany. Retrieved July 12, 2012 from http://data.un.org/Data.aspx?d= WDI&f=Indicator_Code%3AEG.USE.PCAP.KG.OE

World Nuclear Association. (2012a). Nuclear Power in Italy. Retrieved June 25, 2012 from http://www.world-nuclear.org/info/inf101.html

World Nuclear Association. (2012b). Plans For New Reactors Worldwide. Retrieved June 25, 2012 from http://world-nuclear.org/info/inf17.html

World Nuclear Association. (2012c). Three Mile Island Accident. Retrieved June 30, 2012 from http://www.world-nuclear.org/info/inf36.html

Marcus Kreysch (2011): Die wirtschaftlichen Folgen des Atomausstiegs in Deutschland

1 Einleitung

„Atomkraft? Nein Danke" mit der Zeichnung einer lachenden Sonne ist das bekannteste Logo der Anti-Atomkraft-Bewegung der 1970er Jahre, welches sich bis heute manifestiert hat. Es ist durch verschiedene Ereignisse der Vergangenheit, in Bezug auf Atomkraftgegner, immer wieder in den Blickpunkt der Öffentlichkeit geraten. Nach den verheerenden Ereignissen aus Japan bzw. aus Fukushima trat es wieder in die Gemüter der Menschen und auf die Fernsehbildschirme. Durch diese Geschehnisse wurde die Einstellung zur Atomenergie wieder vollkommen neu bewertet und verlangt dadurch auch eine ausführliche Analyse. Diese Arbeit analysiert und erläutert die Vergangenheit, die Gegenwart und die Zukunft der Atompolitik Deutschlands. In chronologischer Reihenfolge wird auf die einzelnen Themenaspekte eingegangen und es wird verdeutlicht auf welcher Art und Weise sie Auswirkungen auf den aktuellen Streitpunkt zum Atomausstieg Deutschlands haben.

Zur Einführung behandelt diese Arbeit die Historie und Bedeutung der Kernenergie. Welche Faktoren beim damaligen Zusammenschluss der europäischen Staaten zur *Europäischen Atomgemeinschaft* eine entscheidende Rolle spielten und welche Aufgaben und Ziele sie von damals bis heute hin verfolgt. Damit zusammenhängend wird ein kurzer Blick auf die ersten Kernreaktoren der Bundesrepublik Deutschland in den 1960er Jahren geworfen. Doch schon sehr früh regte sich der erste Wiederstand der Kernkraftgegner, welche den Einsatz und die Verwendung von atomar hergestelltem Strom nicht gut heißen wollten. So entstanden Mitte der 1970er Jahre die ersten großen Demonstrationen gegen die Atompolitik des Landes. Im weiteren Verlauf des Kapitels wird folglich auf die Entwicklung der Proteste und der Kernkraftgegner selbst bis hin zu den aktuellen Vorfällen von Fukushima eingegangen.

Da es sehr interessant ist sich einen internationalen Vergleich zu schaffen, wird im Folgenden die Atompolitik der Länder Österreich, Japan und Frankreich verglichen, da sich diese Staaten dazu sehr gut eignen. Es werden Unterschiede, Gemeinsamkeiten und Spezifikationen aufgezeigt, welche die einzelnen Länder auszeichnen. Darin enthalten ist die jeweilige Bedeutung der Kernenergie für das jeweilige Land. Um die Bedeutung der Kernenergie zu verstehen, muss man jedoch auch ihre Schattenseiten aufzeigen. Dies wird entsprechend an der Erläuterung der Reaktorkatastrophe von Tschernobyl vom April 1986 sehr gut deutlich.

Um sich nach den internationalen Vergleichen und Geschehnissen wieder auf die deutschen Ereignisse zu konzentrieren, wird detailliert der Atomkonsens der Rot-Grünen Bundesregierung unter Bundeskanzler Gerhard Schröder beschrieben. Da es der erste Plan für ein atomfreies Deutschland einer Bundesregierung ist, ist dieser Themenblock sehr wichtig für den späteren Verlauf der Atompolitik. Es wird erstmals ein Vertrag zwischen der Bundesregierung und den führenden Energiekonzernen geschlossen, um die bestehenden Kernkraftwerke herunterzufahren und abzutragen. Es gab jedoch Kritik von Seiten der damaligen Opposition (CDU/CSU und FDP), dass die Kapazitäten zu diesem Zeitpunkt noch nicht ausreichen würden um aus der Atomkraft auszusteigen. Deshalb wird im weiteren Verlauf dieses Kapitels die Laufzeitverlängerung der Bundesregierung unter Bundeskanzlerin Angela Merkel vom September 2010 beschrieben. Wichtig sind hierbei die Änderungen der Restlaufzeiten für Kernkraftwerke, sowie das formulierte Energiekonzept, welches als neuer „Fahrplan" in die Zukunft der erneuerbaren Energien dienen sollte.

Dieses Energiekonzept der jetzigen Bundesregierung, welches eine Reichweite bis in das Jahr 2050 hatte, fand schon ca. ein halbes Jahr nach seiner Unterzeichnung ein jähes Ende. Am 11. März 2011 geschah das wohl schwerste Erdbeben der jüngsten Vergangenheit vor der Küste von Sendai/Japan. Mehrere Tausend Menschen verloren durch diese Naturgewalt und den anschließenden Tsunami ihr Leben und über 100.000 Menschen wurden obdachlos. Verschlimmert wurde diese Katastrophe durch die komplette Kernschmelze im Kernkraftwerk *Fukushima 1*. Um die Vorkommnisse zu verstehen, welche die neuerliche Wende Deutschlands in der Atompolitik hervorgerufen hat, werden hier die einzelnen Stufen der Katastrophe beschrieben.

Im nächsten Abschnitt werden die anschließenden Reaktionen der Bundesregierung auf die Reaktorkatastrophe von Fukushima erläutert. Darunter fallen sowohl das eingerichtete Moratorium für die ältesten Meiler Deutschlands, als auch die eingeschaltete Ethik- und Reaktorsicherheitskommission.

Die Entscheidungen der Bundesregierung auf das Moratorium und die beiden Kommissionen beinhaltet der Hauptteil dieser Arbeit. Der erste Abschnitt beschäftigt sich dabei mit dem neuen Energiekonzept zur Energiewende. Die Änderungen und Gemeinsamkeiten zu dem davor verabschiedeten Energiekonzept werden hierbei sehr deutlich und das erste Mal hat die

Bundesrepublik einen temporären Abschaltplan für die einzelnen Kernkraftwerke. Der zweite Abschnitt dieses Themenblocks thematisiert folglich die wirtschaftlichen Folgen des beschlossenen beschleunigten Atomausstiegs. Dazu werden die Kosten auf Seiten der Energiekonzerne, des Staates und der Endverbrauchen einzeln dargelegt und geben so einen guten Einblick und einen Vorgeschmack auf die Kosten, welche die einzelnen Parteien für die Zukunft wohl tragen werden müssen. Zum Ende werden die möglichen Gewinner und Verlierer dieses beschleunigten Atomausstiegs aufgezeigt, welches zugleich als Perspektive für mögliche boomende Wirtschaftszweige dienen soll und so veranschaulicht wem dieser Ausstieg zu Gute kommt.

Im Fazit werden die einzelnen Themenbereiche zusammengefasst und die wesentlichen und wichtigen Ergebnisse nochmals gekürzt dargestellt. Es soll dazu dienen eine abschließende Meinung der kommenden Ereignisse zu erhalten und eine Einschätzung der Kosten und Möglichkeiten der nächsten zehn bis zwanzig Jahre zu erhalten.

2. Die Historie und Bedeutung der Kernenergie

Nach Jahren des Krieges war es für die europäischen Staaten durchaus nicht leicht einander zu vertrauen. Umso wichtiger war es daher neue Bündnisse und Verträge miteinander einzugehen, um so einen wichtigen Schritt in Richtung eines gemeinsamen Europas zu machen. Vor allem im Hinblick auf die Nutzung der Kernenergie, welche in Zeiten des Kalten Krieges nicht für, sondern gegen die Menschen und ihre Nationen eingesetzt wurde. Daher war es ein Ansporn für die europäischen Staaten den Nutzen der Kernenergie auf friedlicher Basis zu gewährleisten.

Dieses Kapitel beinhaltet die rechtlichen und politischen Grundlagen die geschaffen werden mussten, um die geplanten Vorhaben umzusetzen. Zudem werden die ersten Umsetzungen der Pläne, d.h. die Errichtungen von Kernkraftwerken, dargestellt und wie sich folglich Mitte der 1970er Jahre die Atomkraftgegner organisierten und herauskristallisierten. Anschließend wird ein Vergleich zwischen atomkraftabhängigen und atomkraftunabhängigen Staaten gezogen, um so Gemeinsamkeiten und Unterschiede darzulegen. Gegen Ende des Kapitels wird auf das wohl schlimmste Reaktorunglück der Geschichte eingegangen – die Kernschmelze im Kernkraftwerk Tschernobyl.

2.1 Die Europäische Atomgemeinschaft (Euratom)

Nach dem erfolgreichen Abschluss der Verhandlungen zwischen Frankreich, Italien, Deutschland und den Benelux-Staaten am 25. März 1957 wurde einer der ersten großen Verträge in einem wiedervereinigten Europa unterzeichnet. Die Europäische Atomgemeinschaft (Euratom) wurde gegründet. Dies war eine wichtige Errungenschaft in der europäischen Gemeinschaft, welche schon im Juli 1952 durch die Europäische Gemeinschaft für Kohle und Stahl (EGKS) wieder zusammengefunden hat, um in wichtigen Fragen der Energiewirtschaft bzw. der Energiepolitik zusammen zu arbeiten[114].

Der Schritt in eine gemeinsame Zukunft im Hinblick auf die Atomwirtschaft war dagegen ein überaus bedeutender Schritt, da der Umgang mit der Kernenergie viele Risiken birgt, nicht nur im Hinblick auf ausstehende Reaktorkatastrophen, sondern auch auf die militärische Verwendung nuklearer Waffen. Deshalb war auch eines der obersten Ziele und Punkte die friedliche Nutzung der Kernenergie, wie es auch schon 1953 der Präsident der Vereinigten Staaten von Amerika, Dwight Eisenhower in seinem „Atoms for Peace"-Programm festgesetzt hat[115] und zugleich als Fortschrittstechnik zur sicheren und flächendeckenden Produktion von Energie. Heutzutage geht es im (immer noch bestehenden) Euratom-Vertrag eher um die gemeinschaftliche Nutzung von Wissen, Nutzung von Infrastrukturen und um die gemeinsame Finanzierung der Projekte.[116]

Wie oben schon erwähnt wurden die sogenannten „Römischen Verträge" am 25. März 1957 von den sechs europäischen Staaten: Frankreich, Italien, Deutschland, Belgien, Luxemburg und den Niederlanden in Rom unterzeichnet. Sie beinhalten zwei getrennte Verträge: Den Vertrag zur Europäischen Wirtschaftsgemeinschaft (EWG-Vertrag, heute EG-Vertrag) und den Vertrag zur Europäischen Atomgemeinschaft (Euratom bzw. EAG), welche beide am 01. Januar 1958 in Kraft traten[117]. Diese Arbeit befasst sich jedoch hauptsächlich mit dem zweiten Römischen Vertrag zur Europäischen Atomgemeinschaft (Euratom).

---

114 Vgl. Europäische Atomgemeinschaft vom 19.10.2007 A
115 Vgl. Atomforum von 2009 S.4
116 Vgl. Europäische Atomgemeinschaft vom 19.10.2007 A
117 Vgl. Europäische Atomgemeinschaft vom 19.10.2007 A

Die Ziele der Europäischen Atomgemeinschaft

Die Ziele dieses Vertrags waren bzw. sind auf die oben genannten Oberziele zurückzuführen. Mitte der 50er Jahre des 20. Jahrhunderts war die flächendeckende Versorgung der Bevölkerung mit Elektrizität aus herkömmlichen Energieträgern, wie Braun- und Steinkohle, nicht gut abgedeckt, so entschieden die sechs Gründungsstaaten sich der Kernenergie zu widmen, um die Unabhängigkeit der Energieversorgung sicherzustellen. Da dieses Vorhaben große Mengen an monetären Mitteln benötigte, schlossen sich die Staaten zusammen und konnten so mit Hilfe der Co-Finanzierung dieses Atomprogramm finanzieren. Man wollte sich durch dieses gemeinschaftliche Projekt zusätzlich von Erdölimporten unabhängig machen und sich unter den führenden „Atomgroßmächten" USA und der UdSSR behaupten[118]. Das wichtigste an diesem Vertrag war jedoch, nach den verheerenden Kriegsjahren, dass die Kernenergie nur zur friedlichen Nutzung und nicht für militärische Zwecke genutzt bzw. entwendet werden darf. Dies wurde schon in der Präambel des Euratom-Vertrages als Leitziel festgesetzt.[119]

Die Aufgaben der Europäischen Atomgemeinschaft

Durch die festgesteckten Ziele der Gründerväter definierten sich auch die Aufgaben, welche gleichermaßen für alle Nationen gelten, die im Laufe der Zeit der EU beigetreten sind (aktuell: 27 Staaten). Die Aufgaben gliedern sich wie folgt[120]:

Die Entwicklung der Forschung und die Sicherstellung, dass die Kenntnisse der technischen Anlagen verbreitet werden:

Die Unternehmen der Atomindustrie sind daran gebunden, dass sie ihre Kernforschungsprogramme der EU-Kommission mitteilen. Außerdem besteht die Möglichkeit durch die Gemeinsame Kernforschungsstelle (GFS) bestimmte Bereiche, wie z.B. die Lebensmittelsicherheit, gemeinsam detaillierter zu erforschen.

---

118 Vgl. Bundestag vom 15.03.2007 S.1
119 Vgl. Europäische Atomgemeinschaft vom 19.10.2007 A
120 Vgl. Europäische Atomgemeinschaft vom 19.10.2007 A

Die Einführung einheitlicher Sicherheitsnormen für den Gesundheitsschutz der Bevölkerung und der Arbeitskräfte:

Hierbei geht es darum die zulässigen Höchstwerte an Radioaktivität in Nahrungsmitteln zu definieren und die zu treffenden Schutzmaßnahmen bei Notstandssituationen, wie etwa einem Reaktorunglück zu bestimmen und rechtlich zu fixieren.

Die Erleichterung der Investitionen und Förderung der Errichtung von Kernkraftwerken:

Diese Aufgabe findet heutzutage, vor allem bei vielen Atomkraftgegnern, kein Gehör mehr, doch Ende der 1950er Jahre, als die flächendeckende Versorgung mit Elektrizität nicht vollends gedeckt war, war dies ein wichtiger Anstoßpunkt um der zivilen Bevölkerung den bundesweiten bzw. europaweiten Zugang zu Elektrizität zu erleichtern.

Die regelmäßige und gerechte Versorgung der Gemeinschaft mit Erzen und Kernbrennstoffen:

Durch diesen Beschluss dürfen einzelne Verbraucher nicht bevorzugt werden, alle in der Gemeinschaft stehenden Verbraucher werden gleich behandelt. Dadurch wurde eine Euratom-Versorgungsagentur ins Leben gerufen. Sie regelt den Import und Export von spaltbaren Stoffen innerhalb und außerhalb der Gemeinschaft. Dadurch steht die Versorgungsagentur auch unter finanzieller Autonomie, wird jedoch von der EU-Kommission beaufsichtigt (Einspruchsrecht inbegriffen).

Ziviles Kernmaterial darf nicht für andere Zwecke fremdentwendet werden:

Durch die nahe zurückliegende Kriegsvergangenheit Europas, wollte man hiermit sicherstellen, dass Kernmaterial nicht für militärische Zwecke abgezweigt wird, sondern ausschließlich der kommerziellen und flächendeckenden Erzeugung von Elektrizität zusteht. Dazu kann die EU-Kommission bis zu 300 Inspektoren einsetzen, sodass die gegenwärtigen Sicherheitsmaßnahmen eingehalten und zur Zufriedenheit aller erfüllt werden. Dadurch kann die Kommission natürlich auch Sanktionen gegen Unternehmen oder Personen verhängen, welche gegen die Sicherheitsmaßnahmen verstoßen.

Die Ausübung des Eigentumsrechts an besonders spaltbaren Stoffen

Die Förderung der Zusammenarbeit zwischen Drittländern und zwischenstaatlichen Einrichtungen:

Bei Abschluss von Verträgen zwischen Drittländern und zwischenstaatlichen Unternehmen, welche die Kommission aushandelt, hat der Europäische Rat sich vorweg genommen die Themenaspekte zu analysieren und folglich zuzustimmen oder gegebenenfalls abzulehnen.

Gründung gemeinsamer Unternehmen

Kritik

Die grundlegende Voraussetzung Ende der 1950er Jahre war das Bestreben flächendeckend und möglichst allen zivilen Personen und Unternehmen die Verfügung von Elektrizität zu Nutze zu machen. Dies hat der Euratom-Vertrag durch seine Aufgaben und Ziele stetig erfüllt. Doch heutzutage werfen Kritiker dem Vertrag vor, er wirke „wie ein Relikt aus vergangenen Tagen".[121] Dafür sprechen beispielsweise die Tatsachen, dass Länder wie Italien und Österreich, welche den Ausstieg aus der Kernkraft gemeistert haben, weiter an die Vereinbarungen des Euratom-Vertrags gebunden sind, inklusive der gemeinsamen Finanzierung zur Förderung von Kernenergie. Außerdem wird kritisiert, dass die Aufgaben, die die Europäische Atomgemeinschaft früher vollzogen hat, heutzutage längst von anderen Organisationen, wie z.B. der Internationale Atomenergiebehörde (IAEO), mit ausgeführt werden. Hauptbestandteil der Kritik ist jedoch, dass man zeitgemäß vorgehen sollte und sich auf Basis der heutigen Situation zu einem Vertrag entschließen könnte, der genau die gleichen Themenaspekte wie damals auffasst (flächendeckende Nutzung von Energie bzw. Elektrizität), jedoch auf der Grundlage von erneuerbaren Energien.[122]

Daraus folgend hat sich das Europäische Parlament einer Debatte angenommen, ob man die Europäische Atomgemeinschaft abschaffen solle. Der Großteil stimmte jedoch nicht für eine Abschaffung der Gemeinschaft, sondern für eine Revision und Demokratisierung des Vertrages.[123]

---

121 Vgl. Bundestag vom 15.03.2007 S.3
122 Vgl. Bundestag vom 15.03.2007 S.3-4
123 Vgl. Bundestag vom 15.03.2007 S.3

2.2 Die ersten Kernreaktoren Deutschlands

Durch die Gründung der Europäischen Atomgemeinschaft im März 1957 begann auch in Deutschland die Zeit der Kernenergie. Als erster Reaktor überhaupt in Deutschland wurde der Reaktor der TU München am 31. Oktober 1957 in Betrieb genommen, welcher jedoch nur der Forschung und nicht der Stromeinspeisung dienen sollte und liebevoll „Atomei" genannt wurde124. Zur Sicherstellung von Sicherheitsmaßnahmen und allgemeinen Vorschriften musste eine Grundlage geschaffen werden. Diese Basis trat am 01. Januar 1960 als „Gesetz über die friedliche Verwendung der Kernenergie und den Schutz gegen ihre Gefahren"[125] (kurz: Atomkraftgesetz) in Kraft. Schon kurz davor bildete sich das „Deutsche Atomforum e.V.", welches sich ebenfalls um die friedliche Nutzung der Kernenergie sorgt und dies bis heute hin thematisiert.[126] Es schafft außerdem eine außerparlamentarische Plattform für die Zusammenarbeit von Wirtschaft, Wissenschaft und Politik. Somit war Deutschland nach dem Beschluss der Euratom auf allen Ebenen gewappnet, um die zukünftigen Beschlüsse wirtschaftlich und vor allem auch rechtlich durchzusetzen.

Der Kernreaktor VAK Kahl war im Juni 1961 der erste Kernreaktor der Bundesrepublik Deutschland, welcher Strom in das Verbundnetzwerk mit einer Leistung von 16 MW (brutto) einspeiste.[127] Er war noch nach amerikanischem Vorbild gebaut worden und wurde 1985 endgültig, mit einer kumulierten Stromerzeugung von ca. 2,1 TWh,[128] außer Betrieb genommen.

Der erste Kernreaktor der DDR wurde 1966 in Rheinsberg mit einer Leistung von 70 MW in Betrieb genommen. Dieser Reaktor wurde durch die Teilung Deutschlands nicht nach amerikanischen sondern nach sowjetischem Vorbild errichtet und hatte eine kumulierte Stromproduktion von ca. 9 TWh bis er 1990 außer Betrieb genommen wurde.[129]

Zum Vergleich, heutzutage produzierte die Bundesrepublik Deutschland 140,5 Mrd. KWh (2010) Strom durch 15 (noch aktive) Kernkraftwerke. Dies

---

124 Vgl. Kernenergie in Deutschland (2011) A
125 Vgl. Atomgesetz vom 23.12.1959
126 Vgl. Kernenergie in Deutschland (2011) A
127 Vgl. Kernenergie in Deutschland (2011) A
128 1 TWh = 1 Mrd. KWh
129 Vgl. Kernkraftstatistik vom Mai 2011 S.4

entspricht einem Anteil von 22,6% der gesamten produzierten Energie Deutschlands.[130]

2.3 Die politischen Gegner

Die Proteste einzelner Bevölkerungsschichten gegen den Ausbau und die Nutzung der Kernkraft haben in Deutschland, wie auch in anderen Ländern, wie Frankreich, eine lange und weitreichende Geschichte. Durch die sich entwickelnde Ölkrise der 1970er Jahre fingen die deutschen Energiebetreiber an, verstärkt sich auf den Einsatz der, damals noch als sauber und ungefährlich geltenden, Kernenergie zu setzen. Eine der ersten nennenswerten Demonstrationen bzw. Proteste entwickelte sich im Frühjahr 1975, als im badischen Wyhl ein neues Kernkraftwerk gebaut werden sollte. Dies rief die anliegende Bevölkerung, welche zu großen Teilen aus Bauern, Studenten und einfachen Bürgern bestand, zusammen um sich gegen das Vorhaben zu wehren. Trotz starkem Polizeiaufgebot, welche mit Wasserwerfern vorgingen, führten die Kernkraftgegner ihren Protest fort. Dieser erste Großprotest setzte ein starkes Zeichen, da das Vorhaben bzw. der Protest der Kernkraftgegner von Erfolg gekrönt war. Das Kernkraftwerk Wyhl wurde nie errichtet.[131]

Die Atommüllendlagerung

Ein überaus wichtiger Streitpunkt war schon immer die saubere Endlagerung des Atommülls. Nachdem in Deutschland für 90% der radioaktiven Abfälle dieser entscheidende Punkt geklärt ist, gilt dies für die restlichen 10% immer noch nicht.[132] Schon Ende der 1970er und Anfang der 1980er Jahre beschäftigten sich die Kernkraftgegner mit diesem Streitpunkt. Nachdem der Bund 1977, in Kooperation mit dem Bundesland Niedersachsen, den Salzstock Gorleben als Atommüll-Endlager beschlossen hatte,[133] gab es eine der wohl bekanntesten Demonstrationen bzw. Protestaktionen der letzten Jahrzehnte: Ca. 5000 Demonstranten hatten sich auf der Bohrstelle für das geplante Atommüll-Endlager vereint und eine Gemeinschaft gegründet. Die Einwohner des „Anti-Atom-Dorfs"[134] nannten es *„Freie Republik Wendland"*. Sie demonstrierten friedlich gegen die Endlagerung des Atommülls in dem Salzstock nahe

---

130 Vgl. Kernkraftstatistik vom Mai 2011 S.3 u. 5
131 Vgl. Tagesspiegel vom 18.03.2011 A
132 Vgl. Kernenergie in Deutschland (2010)
133 Vgl. Kernenergie in Deutschland (2010)
134 Vgl. Tagesspiegel vom 18.03.2011 B

Gorleben. Das bemerkenswerte daran ist, dass sie sich durch Anbau von Gemüse und der Haltung von Tieren fast selbst versorgten und so wie in einer kleinen Gemeinde lebten. Im Juni 1980 wurde das „Anti-Atom-Dorf" jedoch von Polizeikräften gestürmt und geräumt. Der Salzstock Gorleben ist seit je her ein offener Streitpunkt zwischen Atomkraftgegnern und den Beschlüssen der jeweiligen Bundesregierungen. Bis heute gibt es unterschiedliche Ansichten zum Standort Gorleben. Dies wird im weiteren Verlauf deutlich.

Der Zuwachs der Atomkraftgegner

Durch die vielen Publikationen, vor allem auch im Fernsehen, erreichten die Proteste und die Anliegen der Atomkraftgegner immer mehr Menschen, sodass die Zahl der Demonstranten bzw. der Kernkraftgegner stetig zunahm. Anfang der 1980er Jahre gab es dadurch schließlich Protestaktionen mit mehr als 100.000 Demonstranten, welche an die Studentenbewegung von 1968 erinnerte.[135] Aus dieser Bewegung entstand schließlich am 12./13. Januar 1980 die heutige Bundestagspartei „Die Grünen", darunter auch der spätere Außenminister Joschka Fischer, welcher in Hessen zum ersten „grünen" Minister Deutschlands ernannt wurde.[136] Der 26. April 1986 ließ die Zahl der Atomkraftgegner schließlich erneut in die Höhe schnellen. An diesem Tag ereignete sich in Tschernobyl das bis dahin schwerste Reaktorunglück durch das, nach Angaben eines russischen Biologie-Professors mehr als 1,4 Mio. Menschen tödlich erkrankten.[137] Auf dieses Ereignis wird später noch näher eingegangen. Nun fanden sich nicht nur revolvierende Studenten, oder die umliegenden Landwirte der Regionen zu Demonstrationen ein, sondern auch Lehrer, Ingenieure und der ganz normale Mittelstand. Die Menschen erkannten was alles bei einem Reaktorunglück geschehen kann und demonstrierten für die Sicherheit der Bevölkerung und ihrer Umwelt.

Vor allem auch Castor-Transporte, d.h. die Beförderung von Atommüll von einem Kernkraftwerk zu einem Zwischen- oder Endlager oder von einem Zwischenlager in ein Endlager, bringen heutzutage noch viele Kernkraftgegner dazu sich an den Bahngleisen zu versammeln und vereint zu demonstrieren und zu protestieren, indem sie zu Hauf Sitzstreiks auf den Bahnschienen organisieren oder sich sogar daran festketten. Dies war schon Mitte 1995 der

---

135 Vgl. Tagesspiegel vom 18.03.2011 C
136 Vgl. Bündnis90/Die Grünen (2009)
137 Vgl. Schweizer Fernsehen vom 26.04.2011

Fall, als der erste Castor-Transport Richtung Gorleben in das bekannte Zwischenlager unterwegs war.[138]

Reaktorunglück Fukushima

Nach dem verheerenden Reaktorunglück in Fukushima im Frühjahr 2011 meldeten sich die Kernkraftgegner wieder verstärkt zu Wort. Sie forderten den sofortigen Atomausstieg der Bundesrepublik Deutschland. Angeheizt wurden die Debatten zusätzlich nach dem Beschluss der Bundesregierung zur Laufzeitverlängerung der Kernkraftwerke im September 2010. Die Regierung stand aufgrund der Beschlüsse nun stark in der Kritik, da nun immer weitere Teile der Bevölkerung den Atomausstieg forderten. Schon anhand der letzten Landtagswahlen war zu sehen, dass die Stimmung der Bevölkerung zum Thema Atomkraft stark gekippt ist. Wenn man beispielsweise die Landtagswahlen in Baden-Württemberg von 2006 mit der von 2011 vergleicht, ist zu erkennen wie sich das Bewusstsein der Bevölkerung zum Thema Kernkraft geändert hat, vor allem gekennzeichnet durch einen Stimmenzuwachs von über 100% bei den Grünen.[139]

Vor allem die Demonstrationen und Proteste nach dem Reaktorunglück in Japan vom März 2011, haben die ursprünglichen Beschlüsse der Bundesregierung zur Laufzeitverlängerung der Kernkraftwerke stark in Verzug gebracht und folglich beschloss der Bundestag im Juni 2011 den Atomausstieg bis 2022. Da der Atomausstieg bis 2022 einer der Kernpunkte dieser Arbeit ist, wird im späteren auch noch konkreter auf das Energiekonzept des Bundes eingegangen.

2.5 Die unterschiedliche Bedeutung der Kernenergie

Um die unterschiedliche Bedeutung der Atomkraft vergleichbar darzustellen, wird speziell auf Frankreich und Japan als sehr abhängige Staaten und Österreich, welches seit Jahrzehnten ohne ein einziges Kernkraftwerk auskommt, eingegangen um den Unterschied besser aufzeigen zu können.

---

138 Vgl. Tagesspiegel vom 18.03.2011 D
139 Vgl. Landtagswahl (2011)

Atompolitik Österreichs

Das Thema der friedlichen Nutzung der Atomkraft wurde in Österreich Anfang bzw. Mitte der 1970er Jahre immer mehr thematisiert. Österreich setzte bis dahin weitgehend, durch ihre geschickte geographische Lage, auf Wasserkraft und viele thermische Kraftwerke. Diese sollten dann jedoch unter der Nutzung bzw. den Ausbau atomarer Anlagen zurückgeschraubt werden. Somit beschloss man bereits im März 1971 den Bau eines Siedewasserreaktors in der Nähe von Zwentendorf.[140]

Das Kraftwerk wurde bis zur Vollendung gebaut, bis es am 5. November 1978 zu einem Volksentscheid kam, welcher mit einem knappen „Nein" der österreichischen Bevölkerung einherging. Ca. 50,5% der Stimmen entfielen auf „Nein" und somit wurde das einzige österreichische Kernkraftwerk zwar zu Ende gebaut, jedoch nie in Betrieb genommen.[141]

Als Folge davon wurde einen Monat später, d.h. im Dezember 1978 das Atomsperrgesetz beschlossen, welches sogar später in das Bundesverfassungsgesetz Österreichs übertragen wurde.[142] Somit war es in Österreich verboten ein Atomkraftwerk zu bauen bzw. in Betrieb zu nehmen. Zusätzlich sind atomare Transporte, sowie die Lagerung von spaltbaren Stoffen nicht erlaubt.

Doch seit Juni 2009 produziert das ehemalige Kernkraftwerk Zwentendorf doch Strom. Hierbei handelt es sich jedoch um sauberen Strom aus einer der größten Photovoltaik-Anlagen Österreichs.[143] *„Somit ist Zwentendorf das einzige Atomkraftwerk der Welt, das ökologische Energie erzeugt."*[144]

Atompolitik Japans und Frankreichs

Das genaue Gegenteil zu Österreich bilden Frankreich und Japan. Beide Staaten sind stark von ihrer Energiegewinnung aus spaltbaren Materialien abhängig. Frankreichs Abhängigkeit spiegelt sich in wenigen Zahlen wider. Ca. 75% der Gesamtstromerzeugung, also ca. 408 TWh (netto), kommen in Frankreich aus 58 Kernkraftreaktoren. Damit ist Frankreich zurzeit das Land, welches am abhängigsten von der nuklearen Energiequelle ist. Nur die USA stellen mit 807

---

140 Vgl. KKW Zwentendorf Geschichte A
141 Vgl. KKW Zwentendorf Geschichte A
142 Vgl. KKW Zwentendorf Geschichte A
143 Vgl. KKW Zwentendorf Sonne
144 Vgl. KKW Zwentendorf Geschichte B

TWh mehr Energie durch Kernreaktoren her als Frankreich.[145] Doch nach dem gewaltigen Tsunami und dem atomaren Super-GAU von Fukushima regen sich nun auch in Frankreich die Gemüter und es werden öffentliche Debatten gefordert. Nicht einmal nach zwei partiellen Kernschmelzen 1969 und 1980 im Kernkraftwerk Saint-Laurent hatte es in Frankreich Debatten darüber gegeben auf andere Energiezweige umzusteigen.[146] Da man nun aber weiß, dass Frankreich auch veraltete Anlagen in Gebieten mit Überschwemmungs- und Erdstoßgefahr hat, regt sich ein leises Tuscheln in der Bevölkerung. Die französische Umweltministerin beteure jedoch immer wieder, dass Frankreich die sichersten Kernkraftwerke der Welt besäße.[147] In einem Gipfeltreffen der französischen Minister und Ministerinnen nach den Vorfällen in Japan wurde jedoch nur verlautet, dass man aus den japanischen Ereignissen nützliche Lehren ziehen werde.[148] Zusätzlich erklärte man, dass es unmöglich sei, die Energieversorgung Frankreichs vom einen auf den anderen Tag umzuwerfen.[149] Ob Frankreich, genauso wie Deutschland, in den nächsten zehn bis zwanzig Jahren aus der Atomkraft aussteigen werde, ist wohl stark zu bezweifeln.

Durch das starke Erdbeben vor der Küste Japans und dem damit zusammenhängenden Super-GAU in dem Kernkraftwerk Fukushima 1, wurde man täglich mit den Statistiken und Informationen zu dem Atomprogramm Japans versorgt. Japan bezieht ca. 280 TWh (netto) Energie aus 55 Kernkraftanlagen, welche ca. 30% der Stromversorgung des Landes decken. Japan hat nach den USA und Frankreich damit die drittmeisten Reaktoren aller Staaten weltweit. Zusätzlich sind weitere zwei Anlagen zurzeit im Bau und sogar elf weitere Reaktoren waren bis dato in Planung.[150] Doch nach den Ereignissen vom 11. März 2011 wurde der öffentliche Druck erstmals so groß, dass vorsorglich ein Kernkraftwerk abgeschaltet wurde. Es handelt sich hierbei um das Atomkraftwerk Hamaoka, welches in einem erdbebengefährdeten Gebiet in Zentral-Japan liegt.[151] Sogar in Tokio wurde zeitweise der Strom zweimal täglich für 3,5 Stunden unterbrochen, um so Strom einzusparen, damit man Energieengpässe vorbeugen kann.[152] So gab auch der, im Juli noch amtierenden,

---

145 Vgl. Kernkraftstatistik vom Mai 2011 S.9
146 Vgl. Die Welt vom 14.03.2011
147 Vgl. FAZ vom 14.03.2011
148 Vgl. Die Welt vom 14.03.2011
149 Vgl. Die Welt vom 14.03.2011
150 Vgl. Kernkraftstatistik vom Mai 2011 S.9
151 Vgl. Handelszeitung vom 09.05.2011
152 Vgl. Weltspiegel vom 13.03.2011

japanische Ministerpräsident Naoto Kan zu verstehen, dass Japan weg von der Atomkraft und hin zu den erneuerbaren Energiequellen möchte.[153] Da Japan nicht allzu stark von seinen Atommeilern abhängig ist, im Vergleich zu Frankreich, ist der Energiewechsel, ähnlich wie in Deutschland bestreitet, sehr gut vorstellbar. Weitere Details zu den Ereignissen von Fukushima sind im laufenden Text im *Kapitel 4.1* zu finden.

2.6 Die Reaktorkatastrophe von Tschernobyl

Um einen aktuellen Bezug zu den Ereignissen aus Japan herzustellen wird hier auf das vergleichbare Atomunglück von Tschernobyl eingegangen, da dies der einzig, bekannte, Zwischenfall ist, bei dem ebenfalls eine komplette Kernschmelze geschehen ist. Die ausführliche Darstellung der Ereignisse von Fukushima ist dann im *Kapitel 4.1* detailliert dargestellt.

Der Unfallhergang

Das Kernkraftwerk von Tschernobyl, welches zwischen den Kleinstädten Pripjat und Tschernobyl im weißrussisch-ukrainischen Waldgebiet liegt, bestand aus vier RBMK-1000-Blöcken, einer sowjetischen Bauart, welche einem Siededruckreaktor nahe kommt. Im Jahr 1986 und 1988 wären zwei, sich schon im fortgeschrittenen Bau befindliche Blöcke, hinzugekommen Es war laut sowjetischer Propaganda eine Musteranlage.[154]

Die Katastrophe geschah während eines Tests zur Überprüfung der Energieüberbrückung zwischen einer Reaktorabschaltung, z.B. durch einen Stromausfall, und dem Einsetzen der Notstromaggregate. Diese Zeitspanne durfte für das Kraftwerk Tschernobyl zwischen 40 und 50 Sekunden liegen. Solange würde die Energie des Rotors ausreichen, um die Kühlung zu stabilisieren. Dieser Test wurde bereits im Jahr 1985 im Block 3 vollzogen, doch dieser Test war nicht erfolgreich. Also entschied man sich den Versuch in der Nacht vom 25. auf den 26. April 1986 erneut zu starten. Dieses Mal jedoch im Block 4 des Kraftwerks. Um aus den Erfahrungen des fehlgeschlagenen Versuchs zu lernen, wollte man den Test wiederholen während der Reaktor eingeschaltet war, um bei einem Fehlschlag den Versuch sofort wiederholen zu können.[155]

---

153 Vgl. Süddeutsche vom 13.07.2011
154 Vgl. Reaktorunglück Tschernobyl vom Mai 2011 S.8 u. 11
155 Vgl. Reaktorunglück Tschernobyl vom Mai2011 S.11

Der Unfallhergang begann am 25. April 1986 um 1:00Uhr (Ortszeit) als der Reaktor kontrolliert von voller Leistung heruntergefahren wurde. Ziel war es den Reaktor auf ca. 25% Leistung zu reduzieren. Als der Reaktor um ca. 14:00Uhr bei 50% Leistung angekommen war, wurde das Notkühlsystem isoliert, jedoch wurde vergessen es wieder einzuschalten.[156] Nun fällt die Leistung des Reaktors aber auf unter 1% ab. Da man jedoch den Versuch abbrechen müsste, wenn die Leistung auf unter 20% absinkt, versuchte man den Reaktor soweit wie möglich wieder hochzufahren, um den Versuch fortzusetzen. Den Arbeitern gelang es die Nennleistung des Reaktors wieder auf ca. 7% hochzufahren und zu stabilisieren. Zur weiteren Stabilisierung wurden die Regelstäbe, welche wie Bremsen wirken, weiter eingefahren, um ein Absinken der Leistung zu verhindern. Durch die starken Variationen von Druck und Wasserspiegel in den wichtigen Reaktorkomponenten befand sich das Kraftwerk nun in einen sehr instabilen Zustand.[157] Sogar Warnsignale von Wasserspiegel und Druck gegen 1:20Uhr wurden von den Arbeitern ignoriert, welche sonst eine Abschaltung zur Folge hätten. Die Fachkräfte schafften es jedoch Wasserspiegel und Druck zu stabilisieren, doch schon zu diesem Zeitpunkt hätte der Reaktor abgeschaltet werden müssen, da bereits zu viele Regelstäbe ausgefahren waren.[158] Kurz vor 1:30 Uhr am 26. April 1986 begann dann schließlich der geplante Test. Es wurden zuerst die Turbinenschnellschlussventile geschlossen. Dadurch stieg der Druck im Reaktor und die Regelstäbe wurden ausgefahren. Anschließend geschah eine positive Reaktivitätszufuhr aufgrund von sich erwärmenden Wassers. Man versuchte dies zu unterbinden, in dem man die zuvor ausgefahrenen Regelstäbe bzw. zwei von dreien, wieder einholte. Die Leistung stieg jedoch immer weiter an, sodass 36 Sekunden nach Testbeginn der Reaktor per Notschalter ausgeschaltet wurde. Doch das Unheil nahm seinen Lauf. Schon vier Sekunden nach der Betätigung des Notschalters nahm die Energieabgabe um ungefähr das 100-fache zu. Im gleichen Moment wurden außerhalb des Kraftwerks zwei Explosionen beobachtet, die das Kraftwerk sehr stark beschädigten. Seit diesem Zeitpunkt trat radioaktives Material aus dem Reaktor aus.[159]

---

156 Vgl. Reaktorunglück Tschernobyl vom Mai 2011 S.11
157 Vgl. Reaktorunglück Tschernobyl vom Mai 2011 S.12
158 Vgl. Reaktorunglück Tschernobyl vom Mai 2011 S.12
159 Vgl. Reaktorunglück Tschernobyl vom Mai 2011 S.12

Durch die extreme Leistungssteigerung erhitzten sich die Brennelemente sehr stark und es entstand durch die Reaktion mit Wasser Dampf. Der Reaktor konnte dem gewaltigen Druck nicht mehr standhalten. Als Folge wurde die 3.000 Tonnen schwere Reaktordeckplatte angehoben und Teile des Reaktorgebäudes zerstört. Zusätzlich wurden weitere Kühlkanäle zerstört. Man schätzt, dass durch die Explosionen mindestens 13 Tonnen radioaktives Material aus dem Reaktorkern ausgetreten sind, welche dann von den ca. 5000 Bergungsarbeitern weggeräumt werden mussten.[160] Jedes Team durfte dabei nur einmalig 90 Sekunden arbeiten, da sonst die Strahlenbelastung für die Männer viel zu hoch gewesen wäre, was sie sowieso schon war. Der zerstörte Reaktorkern von Block 4 brannte nach den Explosionen zehn Tage weiter und setzte dadurch immer mehr radioaktives Material frei. Nach diesem Zeitraum konnte man sich relativ sicher sein, dass sich der Brand nicht auf den gegenüberliegenden Block 3 ausgeweitet hat. Es wurden 17.000 Tonnen Sand, Blei und Chemikalien aus der Luft in den Reaktorkern abgeladen, um das Feuer einzudämmen und zu löschen.[161] Man fand heraus, dass der Reaktorkern immer noch gekühlt werden musste, da sonst das zu einer Art Lava zerlaufene radioaktive Material der Kernschmelze sich ins Grundwasser brennen könnte. Das hätte zu noch viel schlimmeren Explosionen führen können, wenn die heiße, radioaktive Lava mit dem Grundwasser reagiert hätte. Nun musste man sich Gedanken machen wie man die Ruine am besten sichert. Die Lösung war, dass man die Lüftungsschächte mit Beton füllte umso genügend Stabilität für ein neues Dach zu haben. Man konnte den Reaktor nicht einfach zuschütten, da er immer noch eine sehr starke Hitze produzierte, welche entweichen musste.[162] Schließlich war man im November 1986 nach über 200 Tagen mit dem Bau des Sarkophags fertig. Doch heutzutage wird nach einer neuen Lösung gesucht, welche mindestens 100 Jahre Bestand haben soll. Bis zum heutigen Tage sollen nach jüngsten Analysen eines russischen Biologie-Professors mehr als 1,4 Mio. Menschen an den Folgen der ausgetretenen Radioaktivität des Kernkraftwerkes Tschernobyl gestorben sein.[163] Zusammenfassend kann man sagen, dass Tschernobyl der größte atomare Unfall unserer Geschichte war. Es wurde mehr Radioaktivität freigesetzt als in Nagasaki und Hiroshima zusammen und stellt so ein immer noch gewaltiges Erbe kommender Generationen dar.

---

160 Vgl. Reaktorunglück Tschernobyl vom Mai 2011 S.13
161 Vgl. Quarks & Co vom 26.04.2011
162 Vgl. Quarks & Co vom 26.04.2011
163 Vgl. Schweizer Fernsehen vom 26.04.2011

3. Der Atomkonsens der Bundesregierung unter Gerhard Schröder und die spätere Wiederaufhebung durch die Bundesregierung unter Angela Merkel

Nachdem die SPD die Bundestagswahlen am 27. September 1998 für sich entscheiden konnte und eine Koalition mit den Grünen eingegangen war, stand ein umfangreiches Reformpaket in den Startlöchern.[164] In Sachen Wirtschaft, Ausbildung, Steuern, Arbeitsmarkt und Rente beschloss die Koalition die sogenannte *„Agenda 2010"*, welche umfangreiche Neuerungen in den bereits genannten Bereichen in sich vereinte. Bekannte Neuerungen waren z.b. die Hartz-Gesetze zur Bekämpfung der Arbeitslosigkeit und die Einführung der *„Riester-Rente"*, welche Arbeitnehmer jedoch in eigenem Antrieb abschließen müssen, um sich im Rentenalter vernünftig und nicht unterhalb der Armutsgrenzen versorgen zu können. Da sich die Arbeit jedoch mit dem Atomausstiegs Deutschland befasst, werden die Reformen der „Agenda 2010" hier nicht näher erläutert, sondern es wird intensiv auf den *„Atomkonsens"* der Bundesregierung mit den Energieversorgungsunternehmen (kurz: EVU) E.ON, EnBW, RWE und HEW (heute: Vattenfall Europe) vom 14. Juni 2000 eingegangen, welcher als Grundlage für eine Novellierung des Atomgesetzes gedacht war.[165] Schließlich wurde am 14. Dezember 2001 im Bundestag das neue Atomgesetzt verabschiedet und trat als *„Gesetz zur geordneten Beendigung der Kernenergienutzung zur gewerblichen Erzeugung von Energie"* am 26.April 2002 in Kraft.[166]

3.1 Beschlüsse des Atomkonsens

Die Beschlüsse der Bundesregierung mit den Energieversorgungsunternehmen sollten die langwierigen Diskussionen um die Nutzung und Verwendung der Kernenergie ein für alle Mal beenden. Deshalb setzte man sich intensiv mit Thema Kernkraft und Atompolitik auseinander, um für alle, d.h. für die Verbraucher, für die Versorger und für den Staat, die bestmögliche Lösung zu finden. Oberstes Ziel war es mit zukunftsorientierten Technologien in Sachen umweltfreundliche Stromerzeugung den Standort Deutschland weiterhin wettbewerbsfähig und attraktiv zu halten. Gleichzeitig musste man

---

164 Vgl. Bundestagswahl 1998
165 Vgl. Atomkonsens (2000) B
166 Vgl. Atomkonsens (2000) A

Arbeitsplätze, welche durch die Abschaltung von Kernkraftwerken verloren gingen, neu schaffen und zusätzlich neue Stellen kreieren, um die damals hohe Arbeitslosigkeit zusätzlich in den Griff zu bekommen.[167]

Beschränkung des Betriebs der bestehenden Anlagen

Bei diesem Konsens ging man bei der Abschaltung der einzelnen Kraftwerke nicht direkt von temporären Aspekten aus, d.h. man stellte kein genaues Datum fest wann jedes Kernkraftwerk vom Netz gehen sollte, sondern man ging von sogenannten „*Reststrommengen*" aus.[168] Jedes Kernkraftwerk, individuell, dürfe dann nur noch so viel Energie ab dem 01. Januar 2000 produzieren wie es in dem Beschluss der Regierung verankert war. Dazu geht man zur Berechnung der Reststrommengen wie folgt vor[169]:

Feststellung der Restlaufzeit:

Jedes Kernkraftwerk obliegt einer Regellaufzeit von 32 Jahren seit seiner Stromeinspeisung in das Verbundnetz. Daraus wird ab dem 01. Januar 2000 die Restlaufzeit jedes Kraftwerks bestimmt. Für das Kernkraftwerk Obrigheim wird eine Übergangsfrist bis zum 31. Dezember 2002 vereinbart. Da 1989 Neckarwestheim II als letztes bzw. jüngstes Kernkraftwerk ans Netz ging, schließt sich daraus ein errechnetes Ausstiegsdatum bis 2021 für den vollständigen Atomausstieg.

Bestimmung einer jahresbezogenen Referenzmenge:

Die fünf höchsten Jahresproduktionen zwischen 1990 und 1999 wurden für jedes Kernkraftwerk gemittelt. Daraus ergibt sich die jährliche Referenzmenge für jeden Reaktor. Jedoch wird durch den technischen Fortschritt eine erhöhte Jahresproduktion von 5,5% unterstellt. Durch die Multiplikation der um 5,5% erhöhten Referenzmenge mit der Restlaufzeit wird die Reststrommenge bestimmt. Insgesamt beträgt die Referenzmenge für alle Anlagen (ausgenommen Mülheim-Kärlich) 160,99 TWh/Jahr.

Dies entspricht einer gesamten Reststrommenge von 2623 TWh. Danach sollten alle Kernkraftwerke vom Netz gegangen und abgeschaltet sein.[170]

---

167 Vgl. Bundesministerium für Umwelt vom 14.06.2000 S.3
168 Vgl. Bundesministerium für Umwelt vom 14.06.2000 S.4
169 Vgl. Bundesministerium für Umwelt vom 14.06.2000 S.4
170 Vgl. Atomkonsens (2000) A

Die Referenzmengen der einzelnen Anlagen hätten auch auf andere Anlagen übertragen werden können, d.h. Strommengen von kleineren oder alten Kernkraftwerken, könnten auf z.b. auf Größere, Neuere oder Effizientere umgeschichtet werden. Dies müsste jedoch dem Bundesamt für Strahlenschutz mitgeteilt werden, sowie auch die monatlichen erzeugten Strommengen jedes einzelnen Atomkraftwerks. Die Details zu den genauen Reststrommengen sind im Anhang unter Anlage A vorhanden.

Betrieb der Anlagen während der Restlaufzeit[171]

Sicherheitsstandard / Staatliche Aufsicht:

Die Sicherheitsmechanismen, sowie der technische Zustand der Anlagen bleiben weiterhin auf sehr hohem Niveau, um die hohen internationalen Standards und Richtlinien zu gewährleisten, sodass die Sicherheit aller höchsten Rang genießt. Damit vorzugsweise die rechtliche Form gewahrt bleibt, werden alle zehn Jahre Sicherheitsüberprüfungen in den einzelnen Anlagen stattfinden wobei die Ergebnisse der Prüfungen anschließend an die Aufsichtsbehörden übergeben werden.

Wirtschaftliche Rahmenbedingungen:

Der Bund wird das Steuerrecht bezüglich der Kernenergie und ihren Betreibern nicht ändern und verfährt auch in Sachen der Bevorzugung von anderen Stromträgern nicht anders wie zuvor, damit keinerlei Benachteiligung zu Stande kommt. Jedoch musste die „Deckungsvorsorge", welche eine Art Fonds für Schadensersatzverpflichtungen darstellt[172], auf 5 Mrd. DM (ca. 2,55 Mrd. €) aufgestockt werden.

Entsorgung

Wie schon im Kapitel 2.3 kurz dargestellt, war und ist auch heute noch die Entsorgung von atomaren Abfällen eine heikle Angelegenheit und ist stets mit starken Protesten der Bevölkerung verbunden. Im Atomkonsens zwischen der damaligen Bundesregierung und den EVU war dieses Thema sehr bedeutsam für eine einheitliche Regelung des Atomausstiegs und wurde wie folgt festgelegt[173]:

---

171 Vgl. Bundesministerium für Umwelt vom 14.06.2000 S.6
172 Vgl. Deckungsvorsorge (2011)
173 Vgl. Bundesministerium für Umwelt vom 14.06.2000 S.8-11

Es wurde festgeschrieben, dass die Energieversorgungsunternehmen so schnell wie möglich Zwischenlager an den Standorten des Kernkraftwerkes oder in der Nähe der jeweiligen Anlange errichten mussten, um den Transport des Atommülls so zügig wie möglich voranzutreiben. Wenn dies nicht möglich war, musste ein geeignetes Zwischenlager so schnell wie möglich gesucht werden, wenn nötig auch im Ausland. Dies musste geregelt werden, da ab dem 01. Juli 2005 die Wiederaufbereitung von spaltbaren Materialien nicht mehr zulässig war, d.h. CASTOR-Transporte die wiederaufbereitbare nukleare Stoffe beinhalteten, waren ab diesem Zeitpunkt verboten. Somit waren nur noch Transporte zu direkten Endlagerstätten gestattet. Ein weiterer wichtiger Eckpfeiler der Konsensgespräche war der Standort Gorleben, welcher früher schon für Aufsehen gesorgt hat. Man beschloss der Erkundung des Salzstockes ein Moratorium von mindestens drei und maximal zehn Jahren (bis 30. September 2010) aufzuerlegen.[174] Man vereinbarte zudem die Kosten für Gorleben und den Schacht Konrad bei Salzgitter aufzuteilen, sodass beide Parteien sich gegenseitig Garantieren gewährleisten konnten.

Novellierung des Atomkraftgesetzes

Durch die Aufteilung der Energierestmengen, welche noch zulässig zu produzieren waren, war es natürlich der Wille der damaligen Bundesregierung, dass keine weiteren Kernkraftwerke gebaut werden dürfen.[175] Die Novelle des Atomgesetztes sollte auf den Grundlagen dieses Konsenses entstehen. Die endgültige Verabschiedung des *„Gesetz zur geordneten Beendigung der Kernenergienutzung zur gewerblichen Erzeugung von Energie"*[176] wurde am 15. Dezember 2001 im Bundestag mit den Stimmen der Bundesregierung verabschiedet, wobei CDU/CSU und die FDP sich gegen die Novellierung des Atomgesetztes aussprachen. In Kraft trat die Novellierung des Atomkraftgesetzes schließlich am 26.April 2002. Um die Vereinbarungen ständig überprüfen zu können bzw. zu überwachen wurde eine sechsköpfige Expertengruppe gebildet, welche aus je drei Vertretern der Energieversorgungsunternehmen und aus drei Vertretern der Bundesregierung sich zusammensetzte.[177]

---

174 Vgl. Atomkonsens (2000) A
175 Vgl. Bundesministerium für Umwelt vom 14.06.2000 S.11
176 Vgl. Atomgesetz vom 22.04.2002
177 Vgl. Bundesministerium für Umwelt vom 14.06.2000 S.12

Auswirkungen des novellierten Atomgesetztes

Seit der Gründung der Europäischen Atomgemeinschaft 1958 war es das grundlegende Ziel die Energieerzeugung mittels Kernkraftwerken zu fördern. Dies wurde auch im ersten Atomkraftgesetz der Bundesrepublik Deutschlands so verankert und so gefordert. Mit der Novellierung des Atomkraftgesetztes von 2002 wollte man die Stromerzeugung aus Kernenergie nicht mehr vorantreiben, sondern stoppen und zurückfahren. Seit den Beschlüssen sind anschließend die Kernkraftwerke Stade (2003) und Obrigheim (2005) vom Netz gegangen, da die Meiler die vorgeschriebene Betriebsdauer von 32 Jahren überschritten hatten. Somit war der damals beschlossene Atomausstieg zum 1.1.2006 zu etwa einem Drittel abgeschlossen.[178]

Kritik

CDU/CSU wie auch die FDP weigerten sich dem Atomausstieg zuzustimmen und gaben zu bedenken, dass sie ihn im Falle eines Regierungswechsels wieder rückgängig machen würden. Sie bezogen sich darauf, dass die Kernkraft eine notwendige Übergangstechnik auf dem Weg zu regenerativen Energiequellen darstelle und nicht so schnell wie es sich die Rot-Grüne-Bundesregierung abzuschaffen sei. Die Opposition sah Deutschland damals noch nicht im Stande die zu benötigende Energie aus erneuerbaren Ressourcen zu decken, sodass es zu Stromlücken und Stromausfällen hätte kommen können. Außerdem produzieren Kernkraftwerke keine Treibhausgase, wie z.B. CO_2 und würden so auch der wachsenden Klimaproblematik entgegenstehen. Hinzu kommt, dass der Sicherheitsstandard von deutschen Kernkraftwerken sich auf einem sehr hohen internationalen Niveau befindet. Eine Abschaltung der deutschen Atomanlagen würde dementsprechend wenig Sinn machen, wenn sich die umliegenden Staaten nicht ebenfalls dazu bereit erklären würden ihre Energiepolitik, in Richtung der Standards des neuen Atomkraftgesetztes der Bundesrepublik Deutschland, anzupassen.[179]

Auch Umweltverbände, wie Greenpeace, kritisierten die Vereinbarungen des neuen Atomgesetztes, da man bei einer derart langen Restlaufzeit nicht von einem Atomausstieg sprechen könne. Ihrer Meinung nach hatte das

---

178 Vgl. Atomkonsens (2000) B
179 Vgl. Atomkonsens (2000) A

Umweltministerium nicht die notwendigen Schritte unternommen, um einen schnelleren Atomausstieg zu bewältigen.[180]

3.2 Die Wiederaufhebung des Atomkonsens

Nach der großen Koalition von SPD und CDU/CSU (2005-2009) gewann erneut die CDU/CSU die Bundestagswahl 2009, ging jedoch dieses Mal eine Koalition mit der FDP ein, da es zu einer Mehrheit im Bundestag reichte.[181] Nach der Novellierung des Atomkraftgesetzes von 2002 hagelte es, wie zuvor erwähnt, Kritik der beiden Parteien zu dem beschlossenen Energiekonzept der Rot-Grünen Bundesregierung. Die CDU/CSU kündigte an, im Falle eines Machtwechsels, das *„Gesetz zur geordneten Beendigung der Kernenergienutzung zur gewerblichen Erzeugung von Energie"* wieder stürzen bzw. im Großen Maße abändern zu wollen. Im September 2010 lag dann der Gesetzesentwurf zur Änderung des Atomkraftgesetzes vor und wurde am 28.Oktober 2010 vom Bundestag verabschiedet. Darüber hinaus stellte die Bundesregierung ein Energiekonzept vor, welches einen groben Plan bis 2050 vorgeben sollte.

3.2.1 Beschlüsse des Energiekonzeptes von 2010

Der größte Streitpunkt zwischen den Regierungen Rot/Grün und Schwarz/Gelb war schon seit langem die wiederkehrende Frage der Atompolitik. Der Atomkonsens von 2000 war, wie oben beschrieben, ein großer Meilenstein in der deutschen Energiepolitik, war jedoch mit den Interessen und Gedanken von CDU/CSU und der FDP nicht vereinbar und somit änderten sie im September 2010 mit dem Elften und Zwölften Gesetz zur Änderung des Atomgesetzes[182] erneut das Atomgesetz Deutschlands. Vorrangig wollte die jetzige Regierung die Versorgungssicherheit der deutschen Haushalte mit Energie sicherstellen, die Preise für Energie in einem angemessenen Rahmen halten sowie die Komponente Klimaschutz, nach ihren Maßstäben, sicherstellen und ausbauen. Das vorgestellte Energiekonzept sollte bis 2050 eine akzeptable und nachhaltige Grundlage für die deutsche Energiepolitik bieten und Deutschland zu einer der energieeffizientesten und umweltschonendsten Volkswirtschaften der Welt[183]

---

180 Vgl. Atomkonsens (2000) A
181 Vgl. Bundestagswahl (2009)
182 Vgl. Änderung Atomgesetz vom 28.09.2010 A S.1 und Änderung Atomgesetz vom 28.09.2010 B S.1
183 Vgl. Änderung Atomgesetz vom 28.09.2010 A S.1

machen. Der beschlossene Atomkonsens der Bundesregierung unter Bundeskanzler Gerhard Schröder und dessen Regelungen wurden komplett gestrichen und durch die Aspekte des neuen Energiekonzeptes ersetzt.

Erneuerbare Energien

Durch die Steigerung der Effizienzraten und des Prozentsatzes der erneuerbaren Energien am Gesamtenergieverbrauch muss die Bundesrepublik das Energienetzwerk erneuern, verbessern und optimieren. Dabei gestalten sich die Ausbauziele der verschiedenen erneuerbaren Energien, wie z.B. große Windparks, große und leistungsfähige Photovoltaikanlagen als größte Herausforderungen. Man möchte das gesamte Energienetz bedarfsgerechter einrichten und vor allem, dass auch schon der derzeitig produzierte „grüne" Strom in großen Mengen ins deutsche Stromnetz eingespeist wird. Spätestens ab 2050 sollen dann die erneuerbaren Energien die fossilen Energieträger als größten Part des Energieverbrauchs ersetzen. Bis dahin soll die Energie aus Steinkohle und Atomkraft eine Brückenfunktion hinzu einem Zeitalter der sauberen Stromproduktion darstellen. Dies soll natürlich alles so kosteneffizient wie möglich geschehen. Man möchte durch gewisse Reize neue Innovationen fördern, sodass auch deutsche Anbieter weiterhin weltweit konkurrenzfähig bleiben. Ein schwer zu schätzender, aber sehr wichtiger Faktor werden die Offshore-Windanlagen. Es gilt ihre Zahl deutlich zu erhöhen, um 2030 eine Leistung von ca. 25 GW zu erhalten. Bei jetzigen Kalkulationen würde dieses Programm in etwa 75 Mrd. € kosten. Genauso wie auf See sollen auch die Windparks an Land deutlich leistungsfähiger und größer werden. Ein weiterer wichtiger Bestandteil des Energiekonzeptes ist die weitere großzügige Verwendung von Biomasse und so gut wie allen Bereichen. Sei es Strom, Wärme oder Kraftstoffe. Kaum eine Form von Energie ist so vielseitig einsetzbar wie Biomasse. Auch als Speicher eignen sich Biomasse und Biogas. Sie könnten die späteren Schwankungen der Solar- und Windenergie in einem effektiven Verbundnetz gut ausgleichen.[184]

Energieeffizienz

Die Bundesregierung setzte in ihrem Energiekonzept bei dem Thema der Energieeffizienz weitgehend auf die Eigeninitiative von Unternehmen und Privatpersonen. Die steigenden Energiepreise sollten den Bürgern und Unternehmen verdeutlichen, dass es zunehmend rentabler wird, selbst Strom mit

---

184 Vgl. Energiekonzept vom 28.10.2010 S.7-11

ins Netz, z.B. per Photovoltaik, einzuspeisen oder die eigenen vier Wände zu modernisieren, um so Energie einzusparen. Dies wollte die Bundesregierung jedoch durch die verbesserte Beratung und Informationsversorgung, auch durch die eingerichtete Bundesstelle für Energieeffizienz, sicherstellen. Um dies bezahlen zu können, wollte man einen Energieeffizienzfonds einrichten, der Privatpersonen mit Informationen versorgen sollte, der Industrie die Optimierung vor allem der energieintensiven Produktionsschritte aufzeigen sollte und den Gemeinden insgesamt bei der Förderung energieeinsparender Maßnahmen helfen sollte. Zusätzlich wird der Punkt der Energieeffizienz rechtlich fixiert und vor allem bei Aufträgen der öffentlichen Haushalte soll er eine wichtige Rolle bei der Auftragsvergabe spielen.[185]

Laufzeitverlängerung der Kernkraftwerke

Nun zu dem wahrscheinlich bekanntesten und aufsehenerregendsten Abschnitt des Energiekonzepts. Die derzeitige Bundesregierung sah, Ende 2010, die Atomkraft und ihre Wirtschaft als eine Brückentechnologie, da sie relativ stabil, durchgehend, billig und dazu noch CO_2-frei Energie produzieren kann. Doch durch die massiven Ausdehnungspläne der Bundesregierung die Kernenergie bis ca. 2050 weiter laufen zu lassen, mussten den Kernkraftwerkbetreibern zusätzliche Energiemengen zur Stromproduktion zugestanden werden, welche im Anhang unter Anlage B zu finden sind. Durchschnittlich sollten die deutschen Kernkraftwerke zwölf Jahre länger am Netz bleiben. Als Referenzdatum sollte der 01. Januar 1981 dienen. Kraftwerke welche zuvor schon Energie ins Stromnetz einspeisten, sollten acht Jahre länger, als im Atomkonsens von 2000 vorgeschrieben, laufen und Kraftwerke welche nach 1980 ans Netz gingen, sollten zusätzliche vierzehn Jahre ihre Dienste leisten. Das bedeutet, dass sieben der siebzehn Kernkraftwerke acht Jahre lang länger am Netz bleiben sollten und die restlichen zehn um weitere vierzehn Jahre Strom liefern sollten. Gerade durch diese Verlängerung der Laufzeiten sollten die Projekte zum Ausbau der erneuerbaren Energien und deren Stromnetze finanziert werden und weiterhin die Energieeffizienz der Anlagen verbessert werden. Auch durch die neue Kernbrennstoffsteuer sollen zusätzliche Beträge in die Kassen des Staates und somit auch der Allgemeinheit fließen. Neben der Finanzierung der anstehenden Projekte für den Ausbau der erneuerbaren Energien, sollte auch weiterhin der Wettbewerb zwischen den einzelnen Energieanbietern aufrecht erhalten bleiben um so die Preise bezahlbar und stabil

---

[185] Vgl. Energiekonzept vom 28.10.2010 S.11-13

zu halten. Von Zeit zu Zeit sollten nun ältere weniger effektive Kraftwerke ihre Pforten schließen und dafür innovative, energieeffizientere Kraftwerke die Energieförderung übernehmen. Das Ziel war es einen flexiblen Kraftwerkspark, welcher zuverlässig und zu jeder Tageszeit Energie liefern konnte, am deutschen Verbundnetz zu manifestieren und trotzdem die Klimaschutzziele verfolgen zu können.[186]

Ausbau der Infrastruktur des deutschen Energienetzes

Durch den Ausbau der erneuerbaren Energien und die Dezentralisierung der Energiewirtschaft muss das deutsche Verbundnetz zunehmend erneuert und auf die neuen Bedingungen angepasst werden. Photovoltaik, Windparks und Biomasse ist es zuzuschreiben, dass sich die Netzinfrastruktur deutlich ändern muss. Immer mehr Kommunen und Privatpersonen speisen selbst Strom ins Netz ein und die neu entstehenden Windparks verlagern die Energieproduktion von den Industriezentren des Westens und Südens mehr und mehr auf die offenen Flächen des Nordens. Deswegen benötigt man ein deutsches Overlay-Netz (*„Stromautobahnen"*[187]), welches die erforderlichen Mengen Energie, mit möglichst geringem Verlust, an ihren Bestimmungsort transportiert. Zusätzlich muss das deutsche Netz in das europäische Gesamtnetz integriert werden, um auch den Gefahren eines Blackouts entgegenzuwirken. Die Energiekonzerne werden verpflichtet, in einem zehnjährigen Netzausbauplan, jährlich Berichte zu liefern. Der Plan sollte auch die Geschwindigkeit der notwendigen Genehmigungen beschleunigen können, sodass Investoren sowie auch die Energieversorgungsunternehmen die benötigten Gelder bereitstellen, sodass ein rascher Ausbau überhaupt ermöglicht wird. Neben der physischen Einspeisung von Energie aus erneuerbaren Energiequellen, muss auch der dazugehörige Markt und somit auch die Preise bzw. eventuelle Subventionen für diesen Strom festgelegt und geschaffen werden. Da viele der erneuerbaren Energien nicht beständig, d.h. ohne Abhängigkeit von verschiedenen Faktoren, produziert werden können, muss der Ausbau von Speichermedien vorangetrieben werden um die schwankenden Produktionsmengen einzudämmen. Dazu sollen vor allem Biomasse, Pumpspeicherkraftwerke sowohl aus Deutschland als auch aus anderen europäischen Staaten, ihren Beitrag leisten.[188]

---

186 Vgl. Energiekonzept vom 28.10.2010 S.14-17
187 Vgl. Energiekonzept vom 28.10.2010 S.18
188 Vgl. Energiekonzept vom 28.10.2010 S.18-21

Forschung

Im Hinblick auf die erneuerbaren Energien wollte die Bundesregierung vor allem in die Verbesserung der Effizienz der Anlagen, sowie auf anwendungsorientierte Forschungsförderung investieren. Dies waren die Hauptpfeiler auf die man sich verlassen wollte, um auch in Zukunft eines der innovativsten Länder der Welt zu bleiben. Man plante bis 2020 ein Energieforschungsprogramm, welches sich intensiv mit den hier vorgestellten Themengebiete beschäftigen sollte. Wichtig in diesem Zusammenhang ist die Förderung und Forschung auf dem Gebiet der CO2-Absorbtion bzw. die direkte Einlagerung von CO2 in tiefliegende Gesteinsschichten (CCS-fähige Kraftwerke) bei energieintensiven Verbrennungsvorgängen. Um dies zu realisieren hat die Steigerung der Zahl der Ingenieure in Deutschland hohen Stellenwert, da nur durch genügend Ingenieure die Innovationsfähigkeit Deutschlands auf lange Sicht gewahrt bleiben könne.[189]

Entsorgung bzw. Endlagerung des radioaktiven Mülls

Durch die Verlängerung der Laufzeiten der Kernkraftwerke sollten zusätzlich ca. 10.000 Kubikmeter radioaktiver Abfall entstehen. Der Schacht Konrad in der Nähe von Salzgitter sollte für ca. 90% der Abfälle genügend Platz und Sicherheit bieten, um ihn dort zu lagern. Das Energiekonzept betrifft auch den bis Ende September 2010 unter einem Moratorium stehenden Salzstock Gorleben. Man wollte unverzüglich die Erforschungen, nach dem Ende des Moratoriums wieder aufnehmen und womöglich zusätzliche, potenzielle Endlager, wenn nötig, durch Enteignungen schaffen. Zu den Beschlüssen des Europäischen Rates vom Juni 2009 hat sich die Bundesregierung entschlossen, dass die Energieversorgungsunternehmen bzw. die Betreiber der Kernkraftwerke zusätzliche Leistungen und Gelder in die Verringerung der Risiken und die Erhöhung der Sicherheit der Anlagen stecken.[190]

---

189 Vgl. Energiekonzept vom 28.10.2010 S.26-27
190 Vgl. Änderung Atomgesetz vom 28.09.2010 C S.1-2

4. Das Reaktorunglück von Fukushima und deren Auswirkungen auf das deutsche Energiekonzept

Das Energiekonzept der Bundesregierung vom September 2010 hatte einen Planungszeitraum von bis zu 40 Jahren und sollte so den Weg in die erneuerbaren Energien führen. Die Atomkraft machte in diesem Konzept einen sehr großen Teil aus, da sie als essentielle Brückentechnologie Lücken schließen sollte. Doch seit dem verheerenden Erdbeben in Japan vom 11. März 2011, welches eine Stärke von ca. 9,0 auf der Richterskala aufwies und die daraus resultierende Reaktorkatastrophe von Fukushima, kam alles anders wie es ein gutes halbes Jahr vorher geplant wurde.[191] Da aus diesem Atomunglück die Atompolitik und das Energiekonzept wieder komplett umgeworfen wurden, befasst sich die Arbeit auch mit den Geschehnissen in Japan und speziell in Fukushima mit dem dortigen Atomkraftwerk „*Fukushima 1*".

4.1 Die Ereignisse nach dem Erdbeben im Atomkraftwerk „*Fukushima 1*"

Das Erdbeben vor der Küste von Sendai

Der 11. März 2011, fast genau 25 Jahre nach der Katastrophe von Tschernobyl, war ein weiteres einschneidendes Ereignis der weltweiten unterschiedlich angesehenen Atompolitik. Nach dem, um 14:45Uhr (Ortszeit), einsetzenden Erdbeben, welches eines der stärksten Erdbeben der letzten hundert Jahre war und mehr als 15.000 Menschen das Leben kostete, blickte die gesamte Welt auf das Atomkraftwerk „Fukushima 1".[192] Das Erbeben, dessen Epizentrum sich östlich der Großstadt Sendai befand und so stark war, dass sich Japan um ca. zwei Meter verschob, hatte eine bis zu zehn Meter hohe Tsunami-Flutwelle ausgelöst, welche sich auf fast die gesamte Ostküste Japans auswirkte.[193]

Das Atomkraftwerk Fukushima 1 befindet sich ebenfalls nur wenige Meter vor der Ostküste Japans. Es besitzt sechs Reaktoren, welche zu diesem Zeitpunkt mit mehreren hunderten Brennstäben besetzt waren. Als nun die Erde anfing zu beben, lief zunächst alles nach den Katastrophenplänen der Kraftwerksbetreiber. Das Kraftwerk wurde nach dem Beben sofort abgeschaltet, d.h. die arbeitenden Reaktoren wurden augenblicklich heruntergefahren.[194] Da das Erdbeben die Stromversorgung des Kernkraftwerks zerstört hatte, mussten die Notstrom-

---

191 Vgl. ARD - Reportage vom 30.03.11
192 Vgl. Anzahl der Opfer Fukushima Japan
193 Vgl. Tagesschau vom 11.03.2011
194 Vgl. ARD - Reportage vom 30.03.11

aggregate die Kühlung der Brennstäbe übernehmen, welche auch weiterhin nach der Abschaltung sehr heiß waren und Kühlung dringend benötigten.

Der Tsunami und dessen Auswirkungen auf das Kernkraftwerk

Doch wenige Minuten später traf der, durch das Erdbeben ausgelöste, Tsunami das Kernkraftwerk mit einer ca. sieben Meter hohen Welle mit voller Wucht. Durch die Welle wurden die Notstromaggregate, welche sich nur einige Meter vor der Küste befanden und wie eine Art Prellbock wirkten, überschwemmt und zerstört. Diese Konstruktion der Notstromaggregate wird im Nachhinein sehr stark angezweifelt, da die Internationale Atomenergieorganisation die Verschärfung der Sicherheitsmechanismen nach dem Tsunami vom Dezember 2004, speziell für tsunamigefährdete Kernkraftwerke, gefordert hat. Diese Forderungen wurden jedoch von den Betreibern ignoriert. Im Nachhinein wurde klar, dass schon vorherige, leichte Störfälle von den TEPCO-Managern vertuscht wurden.[195] Auch andere Experten berichten, dass TEPCO die Sicherheitssysteme stark vernachlässigt hat, da klar war, dass in Japan die Wahrscheinlichkeit für starke Erdbeben relativ hoch ist und es so schnell zu einem Tsunami kommen kann.[196] Die Abhängigkeit Japans von ihren Atomkraftwerken, 55 an der Zahl, ist ein sehr großes Sicherheitsproblem, da sich an Japans Ostküste die Pazifische Platte acht Zentimeter pro Jahr unter die Eurasische Platte schiebt und es so zu ziemlich starken Erdbeben kommen kann.[197]

Nachdem die Notstromaggregate ausgefallen waren, mussten wenige Batterien die Kühlung der Brennelemente sicherstellen. Die Leistung dieser Batterien reichte jedoch nur einige Stunden aus. Nachdem nun auch die Batterien leer waren, konnten die Brennstäbe nicht mehr mit frischem Wasser gekühlt werden. Um sich vorzustellen wie viel Energie die Brennelemente auch noch nach dem Herunterfahren produzieren, kann man sich 10.000 Tauchsieder oder ca. 1000 Elektroherde vorstellen, welche auf voller Leistung laufen. Normalerweise werden die Brennelemente durch Wasser gekühlt, welches die Wärme der Brennstäbe aufnimmt und so leicht abgeführt werden kann. Durch die ausbleibende Kühlung wurde das Wasser im Reaktor immer wärmer und schlussendlich so heiß, dass das Wasser zu Wasserdampf kondensierte. Dies erhöhte den Druck im Reaktor, wodurch sich die Explosionsgefahr stark

---

195 Vgl. ARD-Reportage vom 30.03.11
196 Vgl. Weltspiegel vom 13.03.2011
197 Vgl. Tagesschau vom 11.03.2011

erhöhte. Dieser Druck konnte jedoch von den Betreibern nicht mehr kontrolliert werden, da alle essentiellen Messgeräte und Systeme ausgefallen waren. Also entschied man sich einige Ventile zu öffnen um den radioaktiven Dampf vorsichtig abzulassen, um die Gefahr einer Explosion zu verringern.[198]

Einen Tag nach dem Erdbeben, dem 12. März, reichten auch die Notfallentscheidungen des Vortages nicht mehr aus. Es kam zu gewaltigen Explosionen in den Reaktorblöcken 1, 2, 3 und 4. Im Reaktorblock 1 entzündete sich Wasserstoff und zerstörte diesen vollständig. Experten vermuteten, dass schon nach dem Beben wichtige Gebäudeteile und Leitungssysteme beschädigt worden sind und es so zu einer viel stärkeren Instabilität kam als sowieso befürchtet wurde.[199] Nun versuchten Helikopter mit Meerwasser die explodierten Reaktoren zu kühlen, um den drohenden „Super-GAU", eine Kernschmelze, zu verhindern. Unterstützt wurden die Lösch-Helikopter von zahlreichen Feuerwehrmännern, welche mit Löschfahrzeugen in die Nähe der Reaktoren fuhren um diese ebenfalls zu kühlen. Wissenschaftler zweifelten den Gebrauch von Meerwasser, aufgrund des Salzgehaltes, jedoch stark an, da das Salz die Brennstäbe verkrusten und Metallteile zersetzen könnte. Doch zu diesem Zeitpunkt gab es keine andere Alternative, um die Brennstäbe zu kühlen und die Kernschmelze zu verhindern.[200] Ein weiteres Problem stellten die Brennelemente der Abklingbecken dar. An diese gelang so gut wie keine Kühlung, da das meiste Meerwasser schon verdampft war. Diese lösten folgerichtig einen Brand im Block 4 des Kernkraftwerkes aus, was zu einer weiteren Explosion führte.[201] Während dieser Kühlungsaktionen bemerkte man, dass sich in den unteren Stockwerken der Reaktoren Kühlwasser sammelte. Dies deutete auf Risse im Reaktordruckbehälter hin. Da dieses Wasser, aufgrund der zerstörten Messgeräte, nicht mehr beobachtet und kontrolliert werden konnte, stellte es eine drastische Verschärfung der Situation dar. Vor allem für die vielen Feuerwehrmänner könnte auslaufendes radioaktives Material bzw. radioaktiv verseuchtes Wasser zu verheerenden Folgen führen. Zu diesem Zeitpunkt waren ca. 300 Arbeiter vor Ort, wobei immer ca. 50 Mann gleichzeitig, für wenige Stunden ins Kraftwerk duften. Zwei Feuerwehrmännern drang schließlich das verseuchte Wasser in die Stiefel und verbrannte die Haut ihrer Füße

---

198 Vgl. ARD-Reportage vom 30.03.11
199 Vgl. ARD-Reportage vom 30.03.11
200 Vgl. ARD-Reportage vom 30.03.11
201 Vgl. Quarks & Co vom 26.04.2011

radioaktiv.[202] Die weiteren Auswirkungen für diese Männer sind zurzeit noch nicht absehbar. Zusätzlich berichten sie, dass sie sehr wenig zu essen und zu trinken bekämen und in der Nähe des Kraftwerkes auf Bleiplatten, welche sie vor der Radioaktivität aus dem Boden schützen sollten, schliefen müssten.[203] Die Situation in den Reaktoren wurde trotz der Kühlversuche immer bedrohlicher. Die Verantwortlichen gaben zu, dass es zu diesem Zeitpunkt zu einer partiellen Kernschmelze kam.[204] Das bedeutet, dass sich Teile der Brennelemente verflüssigt und auf bis zu 2.000°C erhitzen konnten. Der Super-GAU dieses Szenarios wäre jedoch eine vollständige Kernschmelze, bei der sich die gesamten Brennstäbe verflüssigen und in die Erde brennen würden. Würde dieses geschmolzene Material auf Wasservorkommen treffen, gäbe es eine gewaltige Explosion und es würde viel mehr Radioaktivität freigesetzt, als bei den Explosionen der einzelnen Reaktoren. Die komplette Kernschmelze geschah trotz alledem, nach Angaben der Betreiber, in den Blöcken 1, 2 und 3 und das sogar schon 60-100 Stunden nach dem Erdbeben und dem gewaltigen Tsunami. Die Dramatik der Ereignisse wurde jedoch wieder einmal drastisch heruntergespielt. Die Lage in den Blöcken 2 und 3 sei nicht so dramatisch, da diese länger gekühlt worden seien. Um die Kühlung der Brennstäbe wieder in Gang zu setzen, versuchte man einen neuen Kühlkreislauf zu installieren.[205] Dies war sehr wichtig, da ohne einen geschlossenen Kreislauf das zur Kühlung eingesetzte Meerwasser weiterhin verdampft und so radioaktives Material freigesetzt wird.

Die ausgetretenen, radioaktiven Stoffe und deren Folgen

Durch Untersuchungen der umliegenden Umgebung stellte man fest, dass Plutonium, radioaktives Cäsium und Iod aus der Anlage ausgetreten waren. Radioaktives Strontium wird ebenfalls vermutet. Weiterhin floss das Wasser, welches zu Kühlung eingesetzt wurde wieder zurück ins Meer und konterminiert dieses ebenfalls. Man kann jedoch sagen, dass Wasser die aufgenommene Radioaktivität sehr stark verdünnt und weit verteilt, sodass dieser Aspekt zunächst einmal leicht beruhigend wirkte. Auch das Wetter spielte in den ersten Tagen, nach den Explosionen, der Bevölkerung in die Hände. Die radioaktive Wolke verteilte sich zunächst auf dem Pazifischen Ozean, wo sie sich durch

---

202 Vgl. Quarks & Co vom 26.04.2011
203 Vgl. ARD-Reportage vom 30.03.11
204 Vgl. ARD-Reportage vom 30.03.11
205 Vgl. ARD Mittagsmagazin vom 24.05.11

Regenschauer entlud. Doch drehende Winde trieb die radioaktive Wolke zurück auf das Festland und verteilte sich auf fast ganz Japan.[206] Dadurch wurden Seen und Flüsse verunreinigt, woraus auch Trinkwasser aufbereitet wird. Besonders das ausgetretene Plutonium ist für die Menschen sehr gefährlich. Schon kleinste aufgenommene Mengen können den Körper dauerhaft verstrahlen und zahlreiche Krankheiten auslösen und verstärken. Das Gefährliche an verunreinigtem Trinkwasser ist jedoch, dass es in den Körper gelangt, und sich so an lebenswichtigen Organen anlagert. Iod-131, welches eine Halbwertszeit von acht Tagen besitzt, lagert sich beispielsweise in der Schilddrüse an, wobei Cäsium eine Halbwertszeit von 30 Jahren hat und die Knochen der Betroffenen schädigt. Dies spiegelt eine permanente Belastung für den menschlichen Körper wider, sodass es viel schneller und häufiger zu tödlichen Krankheiten kommen kann.[207] So ist das Risiko z.b. an Schilddrüsenkrebs zu erkranken in radioaktiv verseuchten Gebieten, wie z.b. in Teilen Weißrusslands, 30-mal höher als in nicht-konterminierten Gebieten.[208]

Das aufkommende Bewusstsein Japans

Erst Ende Mai begaben sich Experten der Internationalen Atomenergiebehörde nach Fukushima, um zu sehen wie TEPCO und die japanische Regierung die Katastrophe unter Kontrolle bringen will. Trotz dieser Kernkraftkatastrophe, welche zunächst ca. 140.000 Menschen ihr Zuhause kostete, bleibt die Atomlobby Japans weiterhin stark, ja fast übermächtig, da sie zusätzlichen Druck auf Regierung und Gemeinden ausüben kann, da sehr viele Arbeitsplätze durch die Atomenergie geschaffen und erhalten werden.[209] Doch seit neuesten keimt auch in Japan der Gedanke auf: hin zu erneuerbaren und sauberen Energiequellen und weg von der Atomkraft. So ließ es, der im Juli noch amtierende Ministerpräsident Naoto Kan verlauten. Ein Eckpeiler müsse der Ausbau von Solar- und Windenergie als auch die Entwicklung von Biomasse, als Speicher sein. Der andere wichtige Punkt sei ein Energieeinsparungsprogramm, um nicht mehr von zu vielen Meilern abhängig zu sein. Doch ein genaues Datum könne er für den jetzigen Zeitpunkt noch nicht bekannt geben.[210] Auch in der Bevölkerung regt sich langsam aber sicher ein reges Bewusstsein gegen die Atompolitik der Regierung. In Tokio demonstrierten so viele

---

206 Vgl. ARD-Reportage vom 30.03.11
207 Vgl. ARD-Reportage vom 30.03.11
208 Vgl. Quarks & Co vom 26.04.2011
209 Vgl. ARD Mittagsmagazin vom 24.05.2011
210 Vgl. Süddeutsche vom 13.07.2011

Menschen wie noch zuvor für eine atomfreie Zukunft. Nach Angaben japanischer Medien sind ca. 70% der Bevölkerung für einen Ausstieg aus der Atomenergie.[211]

4.2 Das Moratorium

Nach der Katastrophe von Japan und dem Kernkraftwerk Fukushima 1 gingen in Deutschland mehr Menschen auf die Straßen, um gegen die Beschlüsse der Bundesregierung zur Laufzeitverlängerung vom September 2010 zu demonstrieren, als je zuvor. Nach Angaben der taz gingen am Samstag, den 26. März 2011, über 200.000 Menschen auf Deutschlands Straßen, um für einen sofortigen Atomausstieg zu demonstrieren.[212] Auch direkt nach dem Unglück vom 11. März 2011 war der Unmut der Bevölkerung Deutschlands zu spüren. Dies bemerkte auch die Bundesregierung und ruf am 15. März 2011 ein zunächst drei monatiges Moratorium der ältesten Atommeiler ins Leben. Die Kraftwerke: Brunsbüttel, Unterweser, Biblis A, Biblis B, Philippsburg 1 und Isar 1, gingen mit sofortiger Wirkung vom Netz. Das baden-württembergische Atomkraftwerk Neckarwestheim 1, welches schon öfters durch Negativmeldungen in den Schlagzeilen war, wurde endgültig stillgelegt. Auch das eigentlich junge Kernkraftwerk Krümmel, welches schon stillgelegt ist, sollte auch nicht wieder an das deutsche Stromnetz angeschlossen werden.[213]

Das Interessante ist zudem, dass nicht nur die ältesten Meiler vom Netz gingen, sondern auch, dass die Beschlüsse zur Laufzeitverlängerung, welche erst wenige Monate zuvor beschlossen wurden, ausgesetzt werden. Nun gingen jene Kernkraftwerke vom Netz, welche auch schon nach dem „Atomkonsens" der Bundesregierung unter Gerhard Schröder nicht mehr am Verbundnetz hängen würden. Es handelt sich hierbei um die Kraftwerke Biblis A und Neckarwestheim 1.[214] Daraufhin wurden die Stimmen der Opposition laut, da sie das Moratorium als eine Überbrückungszeit der Regierung sah, um in den kommenden Landtagswahlen nicht allzu schlecht abzuschneiden. Die Reaktionen der Bevölkerung waren jedoch enorm. Dies sah man sehr deutlich

---

211 Vgl. Der Spiegel vom 19.09.2011
212 Vgl. Taz vom 26.03.2011
213 Vgl. Tagesschau vom 15.03.2011
214 Vgl. FAZ vom 15.03.2011 A

anhand des Wahlergebnisses in Baden-Württemberg und anderen Bundesländern, in denen die Grünen ihren Stimmenanteil fast verdoppeln konnten.[215]

Zudem wurden die Energiekonzerne laut. Man kann sich vorstellen, dass ein drei monatiges Moratorium, d.h. drei Monate in denen die Kraftwerke keine Gewinne abwerfen, die Kraftwerksbetreiber eine Menge Geld kosten könnte. Man geht davon aus, dass ein durchschnittliches Kernkraftwerk pro Tag einen Gewinn von ca. einer Million Euro erzielt. Dies wären, bei einer Laufzeit von drei Monaten, ca. 90-100 Millionen Euro Reingewinn für ein Kraftwerk eines Energiekonzerns.[216] Deswegen ist auch unter Juristen das Moratorium sehr umstritten. Daraufhin entschloss sich der Energieriese RWE Klage gegen die Beschlüsse der Bundesregierung zur Abschaltung von Biblis A einzureichen. Der Konkurrent E.ON, welcher viel mehr von dem Moratorium betroffen ist, enthält sich jedoch einer Klage. RWE wolle die Rechte seiner Aktieninhaber schützen, da das Kraftwerk die aktuell geltenden Sicherheitsregelungen befolge.[217] Man sollte jedoch wissen, dass das Aussetzen der Kraftwerke keine allzu große Rolle spielt, da es ja praktisch keine *„Restlaufzeiten"* für die Meiler gibt, sondern *„Reststrommengen"*. Das heißt, dass die Reststrommengen der Kraftwerke gleich blieben. Nur die Zahlungsströme, aus der Verwendung der Energie, werden erst in der Zukunft realisiert werden. Diese Regelung wäre eintreten, wenn sich an den Reststrommengen der Atomkraftwerke nichts geändert hätte.[218]

Doch wozu richtete die Bundesregierung ein solches Moratorium ein? Was möchte sie in diesem Zeitraum erreichen? Woher kam dieser plötzliche Umschwung in der Atompolitik?

Die Kanzlerin sagte dazu im Bundestag, dass ein Ereignis, diesen Ausmaßes, in einem so weit entwickelten und hochtechnologisierten Land wie Japan die völlig verändere.[219] Man müsse die Situation neu bewerten und die Sicherheit der deutschen Atomkraftwerke überprüfen und sicherstellen. Dazu berief die Bundesregierung die Reaktor-Sicherheitskommission, um einen Bericht zur Sicherheit der deutschen Atomkraftwerke zu erstellen. In diesem Bericht

---

215 Vgl. Landtagswahl (2011)
216 Vgl. Die Zeit vom 01.04.2011 A
217 Vgl. Die Zeit vom 01.04.2011 B
218 Vgl. Die Zeit vom 01.04.2011 A
219 Vgl. Tagesschau vom 17.03.2011

wurden Bewertungen und Empfehlungen zusammengetragen, um bei der derzeitigen Lage die bestmögliche Entscheidung zu treffen. Das Ergebnis der Reaktor-Sicherheitskommission ist, dass Deutschland gegen Überflutungsszenarien besser gewappnet sei, als das Kraftwerk Fukushima 1. Außerdem seien aber noch keine hinreichenden Sicherheitsmechanismen im Bezug auch terroristische Anschläge eingesetzt.[220]

Auch im Bundesrat wurde dem Moratorium und der drei monatigen Abschaltung der sieben ältesten Meiler zugestimmt.[221] Die Opposition versuchte dagegen die sieben Kraftwerke sofort abschalten zu lassen und reichte hierfür sogar einen Gesetzesentwurf ein. Auch der Fraktionsvorsitzende der Grünen, Jürgen Trittin, bemängelte, dass eine komplette Sicherheitsüberprüfung der deutschen Atomkraftwerke mehr als drei Monate benötige und dass das Moratorium der Bundesregierung nur dazu diene, um die nächsten Landtagswahlen möglichst schadlos zu überstehen.[222] In der Europäischen Kommission sorgten die Beschlüsse Deutschlands ebenfalls für Unruhe. EU-Energiekommissar Günther Oettinger wollte dahingehend für alle Kernkraftwerke der EU Sicherheitsüberprüfungen anordnen.[223]

Am 15. Juni 2011 endete offiziell das Moratorium der deutschen Bundesregierung. Die Beschlüsse zu dem neuen Energiekonzept und dem beschlossenen (beschleunigten) Atomausstieg sind unter dem Kapitel 5.1 zu finden.

4.3 Die Ethikkommission

Zusätzlich zu dem angesetzten Moratorium und den Sicherheitsüberprüfungen der ältesten Kernkraftwerke Deutschlands, wurde eine Ethikkommission am 22. März 2011 von der Bundesregierung berufen. Sie sollte Fragen wie, „bis wann" und „in welcher Weise" der Atomausstieg erfolgen könnte, beantworten und der Bundesregierung so beratend zur Seite stehen. Vorsitzende dieser Kommission waren der ehemalige Bundesumweltminister Prof. Dr. Klaus Töpfer und der frühere UNEP-Chef Prof. Dr. Matthias Keiner. Weitere bekannte Mitglieder waren der BASF-Vorstandsvorsitzende Dr. Jürgen Hambrecht, der Vorsitzende

---

220 Vgl. Sicherheitsüberprüfung (2011) S.15
221 Vgl. Tagesschau vom 18.03.2011
222 Vgl. Tagesschau vom 17.03.2011
223 Vgl. FAZ vom 15.03.2011 B

des Zentralkomitees der deutschen Katholiken Alois Glück. Insgesamt wohnten

der Ethikkommission fünfzehn hohe Vertreter aller möglichen Zweige der Industrie, der Soziologie, der Risikoforschung, der Theologie und anderer Wissenschaften inne.[224]

Nach Ansicht der Ethikkommission ist der Atomausstieg der Bundesrepublik Deutschland innerhalb eines Jahrzehnts zu meistern. Man müsse jedoch eindeutige zeitliche Zielsetzungen vorgeben, um die Planung und Investitionen verbindlich zu regeln. Dies stellte sie in einem Bericht am 30. Mai 2011 in Berlin vor. In diesem Bericht gab sie zugleich Vorschläge für Maßnahmen in der Energiewende, wie sie auch schon ähnlich im Energiekonzept vom September 2010 zusammengefasst sind.

5. Die wirtschaftlichen Folgen des Atomausstiegs durch das neue Energiekonzept zur Energiewende

Die außergewöhnlichen Ereignisse von Fukushima, die anschließende Erstellung eines Moratoriums der ältesten deutschen Atomkraftwerke und die Empfehlungen der eingeschalteten Ethik- und Reaktorsicherheitskommission führten in Deutschland zu einem erneuten raschen Umdenken in der Atompolitik. Der Atomkonsens der Rot-Grünen Bundesregierung unter Bundeskanzler Gerhard Schröder von 2000 konnte sich knapp zehn Jahre manifestieren, das Energiekonzept der Schwarz-Gelben Bundesregierung unter Bundeskanzlerin Angela Merkel konnte sich dagegen nicht einmal ein Jahr halten bis es wieder zu einem Umschwung in der Energieerzeugung kam. Dieses Kapitel beinhaltet die Eckpunkte zum Atomausstieg hin zu den erneuerbaren Energien und anschließend eine umfassende Analyse der entstehenden Kosten auf Seiten des Staates, der Energieerzeuger und der Endverbrauchern. *„Der Weg zur Energie der Zukunft – sicher, bezahlbar und umweltfreundlich"*,[225] dieser Slogan der Bundesregierung wird hier nun, vor allem in der Kostenanalyse, detailliert beschrieben.

---

224 Vgl. Ethikkommission (2011) und Bericht der Ethikkommission S.2
225 Vgl. Bundesministerium für Umwelt vom 06.06.2011 - Eckpunkte zur Energiewende – Kopfzeile

5.1 Das neue Energiekonzept zur Energiewende

Um die Neuerungen zur Energiewende darzulegen, wird präzise auf die Quellen der Bundesregierung[226] bzw. des Bundesministeriums für Umwelt, Naturschutz und Reaktorsicherheit[227] eingegangen. Zusätzlich wird noch verstärkt auf die verabschiedeten Gesetzestexte eingegangen, da sie die objektivsten Informationen zu diesem aktuellen Thema liefern.

5.1.1 Allgemeine Feststellungen bzw. Eckpunkte der Energiewende

Die Energieversorgung Deutschlands mit seinen hochtechnologisierten und energieintensiven Industrien ist auf eine sichere und ausreichende Stromversorgung angewiesen. Dies will die Bundesregierung weiterhin sichern, da Deutschland als Export- und Industrienation zu jeder Tages- und Nachtzeit ausreichende Mengen an Energie benötigt. Ziel wird es sein den eigenen Netto-Strombedarf selbst herzustellen und somit nicht zu stark von Energieimporten abhängig zu sein.[228] Zusätzlich muss man sicherstellen, dass die enormen Anstrengungen zum Umbau der Energiepolitik nicht allein auf den Schultern des Staates und somit der Gesellschaft bzw. der Steuerzahler lasten. Man möchte, dass die Preise für die Nutzung von Energie möglichst stabil und bezahlbar bleiben, um somit den Wirtschaftsstandort Deutschland weiterhin attraktiv zu halten. Damit soll auch für zukünftige Generationen mindestens der gleiche gesellschaftliche und soziale Wohlstand gesichert werden.[229] Da Deutschland bis dato seine Klimaziele immer erfüllt hat, sollen durch den gewaltigen Umbau hin zu den erneuerbaren Energien und durch die Verbesserung der Energieeffizienz weitere Reduktionen der Treibhausgase bis 2050 möglich sein. Dazu wird es nicht ausreichen bis 2020 eine Million Elektroautos und bis 2030 sogar sechs Millionen an den Mann oder die Frau zu bringen. Wobei bei diesen Projekt über zwei Milliarden Euro bis 2013 in Forschung und Entwicklung fließen. Weitere Bonifikationen wie zehn Jahre lang keine Kfz-Steuer zu bezahlen und eigene Parkplätze kommen beispielsweise hinzu.

---

226 Vgl. Bundesregierung vom 08.07.2011 - Die Maßnahmen zur Energiewende
227 Vgl. Bundesministerium für Umwelt vom 06.06.2011 - Eckpunkte zur Energiewende
228 Vgl. Bundesministerium für Umwelt vom 06.06.2011 - Eckpunkte zur Energiewende – Abschnitt 1
229 Vgl. Bundesregierung vom 08.07.2011 - Die Maßnahmen zur Energiewende

Durch die Empfehlungen der Ethikkommission aus ihrem Bericht[230] vom 30. Mai 2011, sowie der Reaktorsicherheitskommission wurden die Risiken der deutschen Atomkraftwerke neu bewertet und man kam auch auf ein Drängen aus großen Teilen der Bevölkerung nach, die Frage der Atomkraft als Brückentechnologie neu zu stellen und neu zu reagieren. Ziel wird es die erste Industrienation zu sein, welche nicht mehr von herkömmlichen, nichterneuerbaren Energien abhängig ist, sondern sein Energienetz auf hocheffizienten Systemen von erneuerbaren Energien aufzubauen.[231]

5.1.2 Stufenweises Herunterfahren der Atomkraftwerke

Durch die Erstellung des Moratoriums Mitte März 2011 wurden bereits sieben Kraftwerke vom deutschen Energienetz genommen (Brunsbüttel, Unterweser, Biblis A, Biblis B, Philippsburg 1, Isar 1 und Neckarwestheim 1). Hinzu kam das schon stillgelegte Kraftwerk Krümmel, welches nicht wieder ans Energienetz angeschlossen werden sollte.[232] Nach den jetzigen Beschlüssen der Bundesregierung sollten diese Kraftwerke nicht wieder, auch nicht nach dem Ende des Moratoriums Mitte Juni 2011, in Betrieb genommen werden, um das große Ziel: *atomkraftfreies Deutschland bis spätestens Ende 2022* realisieren zu können. Dazu gibt es erstmals ziemlich genaue Abschaltdaten[233] für jedes einzelne Kraftwerk:

- Bis Ende 2015: Abschaltung des Kernkraftwerkes *Grafenrheinfeld*
- Bis Ende 2017: Abschaltung des Kernkraftwerkes *Grundremmingen B*
- Bis Ende 2019: Abschaltung des Kernkraftwerkes *Philippsburg 2*
- Bis Ende 2021: Abschaltung der Kernkraftwerke *Grohnde, Grundremmingen C* und *Brokdorf*
- Bis Ende 2022: Abschaltung der Kernkraftwerke *Isar 2, Emsland* und *Neckarwestheim 2*

Die Reststrommengen der bereits, durch das Moratorium, abgeschalteten Kraftwerke dürfen auf andere Kraftwerke übertragen werden. Dazu zählen auch die Kraftwerke Mühlheim-Kärlich sowie das Kernkraftwerk Krümmel. Als Orientierung der verbleibenden Laufzeit jedes einzelnen Kraftwerks dienen die

---

230 Vgl. Bericht der Ethikkommission
231 Vgl. Bundesregierung vom 08.07.2011 - Die Maßnahmen zur Energiewende
232 Vgl. Tagesschau vom 15.03.2011
233 Vgl. Bundesministerium für Umwelt vom 06.06.2011 - Eckpunkte zur Energiewende – Abschnitt 4

32 offiziellen Betriebsjahre, welche jedem Kraftwerk zur Verfügung stehen.[234] Da man jedoch davon ausgehen muss, dass in den kommenden beiden Wintern die Energiemengen der jetzigen Energieproduzenten nicht ausreichen könnten, behielt man sich das Recht vor eines der Kernkraftwerke, welche seit dem Moratorium abgeschaltet sind, als sogenannte „Kaltreserve" zu nutzen. Das heißt, falls in den Wintern 2011/12 und 2012/13 nicht genügend Energie zur Verfügung steht, soll eines der Atomkraftwerke zur Verfügung stehen, um in dieser Notsituation aushelfen zu können. Die Bundesnetzagentur kam jedoch Ende August 2011 zu dem Entschluss, dass man sich in einem solchen Engpass nicht auf Atomenergie beziehen müsse, da fünf herkömmliche Kohlekraftwerke und Mineralölraffinerien zur Verfügung stehen würden, welche hier mit ca. einem Gigawatt Energie aushelfen könnten.[235]

- Erdgaskraftwerk *Mainz-Wiesbaden* – 350 Megawatt
- Steinkohlekraftwerk *Mannheim* – 203 Megawatt
- Kraftwerk *Ensdorf* – 286 Megawatt
- Mineralölraffinerie *Oberrhein* – 10 Megawatt
- Erdgaskraftwerk *Freimann/München* – 106 Megawatt

Durch diese Beschlüsse der Bundesregierung im Einklang mit der Ethikkommission, der Reaktorsicherheitskommission und der Bundesnetzagentur

„*...gibt es in Deutschland ein festes und verbindliches Datum für den Ausstieg aus der Kernenergie...* ".[236]

5.1.3 Umbau der Energieversorgung – Ausbau der erneuerbaren Energien

Durch das Energiekonzept vom September 2010, welches zuvor schon vorgestellt wurde, sind die grundlegenden Veränderungen zum Ausbau der Energieversorgung grob vorgegeben. Es bedarf jedoch einer beschleunigten Umsetzung der beschriebenen Ansätze. Vor allem für die gesteckten Klimaschutzziele der Bundesregierung (siehe Abbildung[237]) ist der raschere Umbau eine weitere Herausforderung, jedoch aber auch ein Ansporn zur Realisierung der bis 2050 gesteckten Reduktionsziele für Treibhausgase.

---

234 Vgl. Bundesministerium für Umwelt vom 06.06.2011 - Eckpunkte zur Energiewende – Abschnitt 4
235 Vgl. Kaltreserve vom 31.08.2011
236 Vgl. Bundesregierung vom 08.07.2011 - Die Maßnahmen zur Energiewende
237 Vgl. Ziele für die Reduktion von Treibhausgasen - Grafik

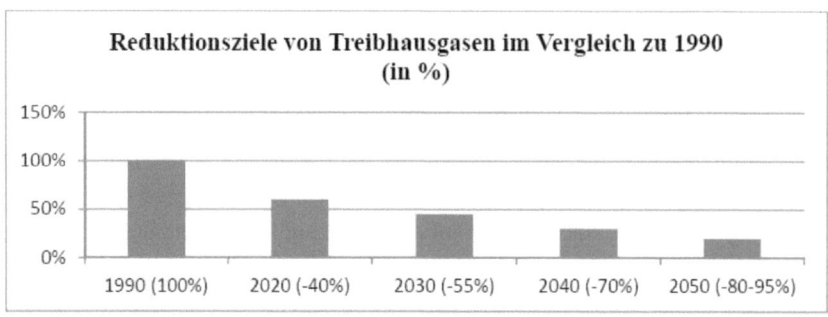

Quelle: Vgl. Ziele für die Reduktion von Treibhausgasen – Grafik

Das große Ziel ist es natürlich durch den Aus- und Neubau der Energienetze den Anteil der erneuerbaren Energien, d.h. Strom aus Solar- und Windkraft sowie aus Biomasse möglichst zu erhöhen. So möchte die Bundesregierung den Anteil der erneuerbaren Energien von heute ca. 17% auf 35% bis 2020 verdoppeln.[238] Die Eckpunkte dieses beschleunigten Programms werden die Anstrengungen widergeben, welche für die nächsten Jahrzehnte geplant sind.

Wichtigste Grundlage hierfür ist das EEG (Erneuerbare-Energien-Gesetz), welches die gesamten erneuerbaren Energien, ihre Vergütungen und weitere wichtige Formalien auf sich vereint und so die Gesetzesgrundlage hierfür schafft. Um die folgenden Eckpunkte bedarfsgerecht zu realisieren ist es natürlich von Nöten, dass neue effiziente Technologien im Zusammenhang mit neuen Arbeitsplätzen das Fundament bilden. Aus ihnen sollen Wachstum und neue Exportmöglichkeiten entstehen, woraus ein sozial-gerechtes und möglichst hohes Wohlstandsniveau in einer der energieeffizientesten Volkswirtschaften der Welt entstehen soll. Dies kann jedoch nur in stetiger Zusammenarbeit und Unterstützung mit allen Instanzen gelingen.[239]

Das Problem der Entsorgung radioaktiver Abfälle wurde in dieser Arbeit schon einige Male thematisiert. Nun hat man sich darauf verständigt, dass man, wie im Energiekonzept 2010 beschrieben, den ehemaligen Salzstock Gorleben weiter erkunden will, ob dieser als ein geeigneter Ort hierfür erscheint. Weiterhin

---

238 Vgl. Bundesregierung vom 08.07.2011 - Die Maßnahmen zur Energiewende
239 Vgl. Bundesministerium für Umwelt vom 06.06.2011 - Eckpunkte zur Energiewende – Abschnitt 8-10

möchte man andere geologisch geeignete Gebiete finden. Unter anderem sollen Einnahmen aus der Kernbrennstoffsteuer dazu genutzt werden um die Schachtanlage Asse II zu sanieren.[240]

Maßnahmen zum Um- bzw. Ausbau der erneuerbaren Energien und des Energienetzes

Durch die langsame Reduzierung der Kernenergie müssen zweifellos neue Energiequellen dieses Defizit füllen. Das Anliegen der Bundesregierung und ihrer Beschlüsse ist es, wie oben angesprochen, den Anteil der erneuerbaren Energien zu erhöhen. Um dies zu realisieren ist der zentralste und wichtigste Ansatzpunkt der Beschlüsse der Aus- und Umbau des derzeitigen Energienetzes. Das jetzige Problem, aber auch das Ziel ist es, dass Anlagen, welche Strom aus erneuerbaren Energiequellen herstellen, besser in das bisherige Netz integriert werden. Das bedeutet, dass der saubere Strom bedarfsgerechter generiert werden muss und zudem Speicherfunktionen entstehen müssen, falls sich Lücken auftun.[241]

Man möchte durch den beschleunigten Ausbau jedoch keine großen Erhöhungen im Strompreis generieren, da dies auf Kosten der Wirtschaft, sowie der Bevölkerung geschehen würde. Dadurch wird die schnelle Entwicklung hin zu einem Volumenmarkt angestrebt. Das bedeutet, dass weite Teile der Wirtschaft an dem Ausbau beteiligt sein sollen und nicht nur vereinzelte Unternehmen, sodass zugleich eine gewisse Monopolstellung verhindert wird. Somit soll auch die Wettbewerbsintensität auf dem Strommarkt erhalten bleiben.[242] Je schneller sich dieser Prozess vollzieht, desto besser sind auch die Wirtschaftsprognosen der inländischen Unternehmen. Zudem will man dadurch erreichen, dass die derzeitige EEG-Umlage von 3,53 Cent/KWh, welche zurzeit jeder Endverbraucher zahlt, nicht überschritten und langfristig gesenkt werden kann. Nun gab jedoch das Bundesministerium für Umwelt bekannt, dass die EEG-Umlage 2012 leicht auf 3,59 Cent/KWh steigen soll. Dies macht in einem durchschnittlichen 4-Personen-Haushalt mit 3.500 KWh/Jahr einen Betrag von

---

240 Vgl. Bundesministerium für Umwelt vom 06.06.2011 - Eckpunkte zur Energiewende – Abschnitt 32
241 Vgl. Bundesministerium für Umwelt vom 06.06.2011 - Eckpunkte zur Energiewende – Abschnitt 11
242 Vgl. Bundesministerium für Umwelt vom 06.06.2011 - Eckpunkte zur Energiewende – Abschnitt 15

18 Cent je Monat aus.[243] Hierbei spielt die Windenergie eine der wichtigsten Rollen, da durch die Entwicklung zu einem Volumenmarkt hier viel kosteneffizienter gearbeitet und Strom produziert werden kann.[244]

Der Grundstein, welcher durch das Erneuerbare-Energien-Gesetz dargestellt wird, wird für die Beschleunigung des Ausbaus novelliert und so den jetzigen Gegebenheiten angepasst, sodass die Maßnahmen auch gesetzeskonform umgesetzt werden können. Somit soll die Investitions- und Planungssicherheit der Investoren, der Unternehmen aber auch des Staates weitestgehend gesichert sein. Außerdem möchte man die Anreize so setzen, dass vor allem Windoffshore-Kraftwerke, Wasserkraftwerke und Geothermie zusätzlich gefördert und somit auch vergütet werden bzw. möchte man die Bonifikationssysteme vereinfachen. Da die bedarfsgerechte Stromerzeugung ein wichtiger Bestandteil ist, soll auch diese mehr vergütet werden. Das heißt es wird demnächst eine Art *„Flexibilitätsprämie"*[245] geben, welche Anreize auf diesem Gebiet schaffen und die zusätzlichen Investitionsmehrkosten tragen soll. Hinzu kommt, dass die Netzintegration, d.h. die Einspeisung von selbst generiertem Strom, von Photovoltaikanlagen verbessert werden muss, um so mögliche Energielücken schließen und vorzubeugen zu können.[246]

Ausbau der Windenergie

Die Windenergie stellt in den nächsten Jahren den Teil der erneuerbaren Energien dar, welcher das größte Potenzial auf sich vereint. Deshalb sollen beispielsweise „Offshore Windanlagen" mit einer Summe von ca. 5 Mrd. € von der Kreditanstalt für Wiederaufbau (KfW) unterstützt und gefördert werden. Somit kann man die Ergebnisse dieser ersten Offshore-Kraftwerke genau untersuchen und evtl. weiter investieren oder sogar Kostensenkungspotentiale wirkend machen. Hinzukommen Vereinfachungen im Genehmigungsverfahren durch ein Planungs-Beschleunigungsgesetz,[247] sodass diese Kraftwerke schneller errichtet werden und so einen wichtigen Beitrag liefern können. Dies

---

243 Vgl. Bundesministerium für Umwelt vom 14.10.2011
244 Vgl. Bundesministerium für Umwelt vom 06.06.2011 - Eckpunkte zur Energiewende – Abschnitt 12
245 Vgl. Erneuerbare-Energien-Gesetz - Nr. 42 Seite 1634 – S.13 § 33i
246 Vgl. Bundesministerium für Umwelt vom 06.06.2011 - Eckpunkte zur Energiewende – Abschnitt 13
247 Vgl. Gesetz über Maßnahmen zur Beschleunigung des Netzausbaus – Nr. 43 Seite 1690

soll jedoch ausschließlich in der deutschen Wirtschaftszone gelten.[248] Zusätzlich sollen Offshore-Betreiber mit einer Grundvergütung von 3,5 Cent/KWh vergütet werden. Hinzukommen weitere 15 Cent/KWh in den ersten zwölf Jahren des Betriebs. Diese Vergütung kann jedoch über die ersten zwölf Jahre hinaus verlängert werden. Falls eine Offshore-Anlage zudem noch vor dem 01. Januar 2018 in Betrieb gehen wird, wird die Anfangsvergütung auf 19 Cent/KWh erhöht.[249]

Ein weiterer wichtiger Punkt bei dem Ausbau der Windenergie an Land ist, dass man alte, weniger effektive Anlagen durch neue, moderne und effektivere Anlagen ersetzen will. Dazu benötigt man jedoch genügend große, geeignete Flächen. Dazu möchte die Bundesregierung einige Analysen erstellen um potenzielle Gebiete ausfindig zu machen. Hierzu möchte man eng mit die Ländern und Kommunen zusammenarbeiten.[250] Anreize sollen zusätzliche Vergütungs-Maßnahmen schaffen. Im Fall der Windenergie mit einer Grundvergütung von 4,87 Cent/KWh und einer Anfangsvergütung von 8,93 Cent/KWh in den ersten fünf Betriebsjahren würde ein Boni von 0,5 Cent/KWh hinzukommen, wenn die Anlagen ab dem 01. Januar 2002 in Betrieb genommen wurden und mindestens das Zweifache an Energie der ersetzten Anlagen produzieren.[251]

Der beschleunigte Ausbau des deutschen Energienetzes und die Bedeutung der Speicher

Um die ganzen Pläne und Ziele zu verwirklichen, muss ein geeignetes, leistungsfähiges und versorgungssicheres Stromnetz entstehen bzw. muss das bisherige Energienetz modernisiert werden, da die deutschen Stromnetze noch nicht auf den Transport der erneuerbaren Energien ausgelegt sind.[252] Um dies von vornherein gewährleisten zu können wurde das Netzausbau-Beschleunigungsgesetz[253] verabschiedet und trat am 5. August 2011 in Kraft. Durch dieses Gesetz will man den Bau der erforderlichen Stromübertragungs-netze und Höchstspannungsleitungen beschleunigen, welche beispielsweise die

---

248 Vgl. Bundesministerium für Umwelt vom 06.06.2011 - Eckpunkte zur Energiewende – Abschnitt 17
249 Vgl. Erneuerbare-Energien-Gesetz – Nr. 42 Seite 1634 – S.10 § 31
250 Vgl. Bundesministerium für Umwelt vom 06.06.2011 - Eckpunkte zur Energiewende – Abschnitt 19
251 Vgl. Erneuerbare-Energien-Gesetz – Nr. 42 Seite 1634 – S.10 §§ 29, 30
252 Vgl. Bundesregierung vom 08.07.2011 - Die Maßnahmen zur Energiewende
253 Vgl. Gesetz über Maßnahmen zur Beschleunigung des Netzausbaus – Nr. 43 Seite 1690

Windenergie aus dem Norden in die Industriezentren des Südens transportiert. Wiederum sollen Genehmigungsverfahren stark verkürzt, vereinfacht und eine zentrale Anlaufstelle eingerichtet werden. Als weitere Vereinfachungsmaßnahme sollen zukünftig aufwendige Einzelanbindungen von Windparks zu einer Art Clusterverbindung zusammengetragen werden. Insgesamt soll das Netzausbau-Beschleunigungsgesetz überprüfen bzw. eine entsprechende Bundesfachplanung überprüft, ob ein Vorhaben der Bundesregierung oder eines Energieproduzenten auf Widerstand von öffentlichen Gemeinden oder Privatleuten stoßen könnte.[254]

Zusätzlich sind in ihm die erforderlichen Regelungen wie Bußgelder, die zuständigen Behörden und Umweltverträglichkeitsprüfungen beinhaltet.

Dass erneuerbare Energien Lücken in der Produktion von Energie aufweisen, ist bekannt. Dieses Problem, der Schließung solcher Defizite, soll vor allem durch intelligente Netze und Speichersysteme behoben werden. Hierzu wird der Anreiz gesetzt, dass neue (Strom)-Speicher von den Netzentgelten befreit werden. Durch zusätzliche staatliche Gelder aus der Flexibilitätsprämie soll in den Bereichen Speichersysteme und intelligente Netze die Forschung und Entwicklung weiter vorangetrieben werden.[255] Hierzu wir ein Budget von bis zu 200 Mio. € bis 2014 in Aussicht gestellt.[256] Da die Speicher jedoch wahrscheinlich nicht ausreichen werden, plant die Bundesregierung den Bau hocheffizienter Kohle- und Gaskraftwerke bis 2020, welche eine Leistung von ca. 10GW leisten sollen.

Förderung von Kraft-Wärme-Kopplung und Gebäudesanierungs-Programmen

Vorweggenommen muss man sagen, dass ein neues Kraft-Wärme-Kopplungsgesetz verabschiedet wird, da das bisherige Gesetz aus dem Jahr 2002 datiert. Bis 2016 werden die Kraft-Wärme-Kopplungs-Anlagen eine weitere

---

254 Vgl. Gesetz über Maßnahmen zur Beschleunigung des Netzausbaus – Nr. 43 Seite 1690 S.2 § 5
255 Vgl. Bundesministerium für Umwelt vom 06.06.2011 - Eckpunkte zur Energiewende – Abschnitt 21 u. 22
256 Vgl. Bundesregierung vom 08.07.2011 - Die Maßnahmen zur Energiewende

wichtige Rolle spielen. Man wird die Förderungsmittel für die Kraft-Wärme-Kopplung effizienter einsetzen, um so die Energieerzeugung aus diesen Anlagen weiter über das Jahr 2016 zu fördern.[257]

Ein weiterer wichtiger Standpunkt wird im Gebäude- und Sanierungssektor gefordert. Da wir ca. 40% unserer Energie fürs Wohnen verbrauchen, ist dies ein guter Ansatzpunkt Energie einzusparen. Man möchte bis 2050 Gebäude und Häuser nahezu klimaneutral stellen, um so einen wichtigen Teil der Energie einsparen zu können.[258] Die Sanierung von Gebäuden birgt viele Möglichkeiten für die Einsparung von Energie und Treibhausgasen im Allgemeinen. Durch effizientere und dadurch auch klimafreundlichere Baumaterialien sollen so Häuser und Gebäude im Niedrigstenergiestandard entstehen. Als Vorbild soll der Bund dienen, welcher ab 2012 nur noch Gebäude mit diesem Niedrigstenergiestandard bauen lassen will. Dazu werden die Ausgaben auf diesem Sektor von derzeit 936 Mio. € auf 1,5 Mrd. € für 2012 bis 2014 angehoben, um weitere Anreize an die Bevölkerung zu übergeben, sollen neue Abschreibungsmöglichkeiten in diesem Sektor entstehen. Der Nachlass soll etwa 10% der Investition betragen. Der Bund hat zusätzlich die Absicht Pläne an (zukünftige) Eigentümer zu übergeben, in denen man die Möglichkeiten einsehen kann wie man sein Haus auf diesen Standard bringt.[259]

Das Kriterium des Niedrigenergiestandard wird auch zukünftig bei Plänen der öffentlichen Bauten eine große Rolle spielen. Bei der Vergabe von öffentlichen Aufträgen soll man fest, ja sogar gesetzlich daran gebunden sein. Insgesamt bedeutet dies, dass das Hauptaugenmerk auf hohen Energieeffizienzklassen und einem hohen Leistungsniveau der Produkte liegt. Dieses Kriterium will man auch auf europäischer Ebene stark proklamieren.[260]

Monitoring und jährliche Kontrollen

Damit die vorgeschlagenen und vorgegebenen Maßnahmen der Energieeffizienz, Wirtschaftlichkeit und Versorgungssicherheit auch in die Tat umgesetzt werden, soll sich eine Monitoring-Gruppe dieser annehmen. Hierzu

---

257 Vgl. Bundesministerium für Umwelt vom 06.06.2011 - Eckpunkte zur Energiewende – Abschnitt 25
258 Vgl. Bundesregierung vom 08.07.2011 - Die Maßnahmen zur Energiewende
259 Vgl. Bundesministerium für Umwelt vom 06.06.2011 - Eckpunkte zur Energiewende – Abschnitt 26, 27 u. 28
260 Vgl. Bundesministerium für Umwelt vom 06.06.2011 - Eckpunkte zur Energiewende – Abschnitt 29 u. 30

wird der Bundeswirtschafts- und Bundesumweltminister benötigt. So werden der Bundeswirtschaftsminister über den Kraftwerks- und Netzausbau und der Bundesumweltminister über den Ausbau der erneuerbaren Energien jährlich berichten. Damit dies objektiv und plausibel erörtert werden kann, müssen weitere Institutionen wie das Statistische Bundesamt oder die Bundesnetzagentur ins Boot geholt werden, welche die Kriterien überprüfen und analysieren werden. Zusätzlich muss man sich nicht nur um die Gefahren der eigenen Kernkraftwerke kümmern, sondern auch um die der europäischen und weltweiten Kraftwerke. Es wird nicht reichen, wenn Deutschland allein die Weichen für ein atomfreies Europa oder einer atomfreien Welt stellt, da Katastrophen wie die in Tschernobyl oder Fukushima meist nicht nur ein Land betreffen.

Möglichkeiten und Risiken

Es könnte jedoch auch viele Klagen und Proteste von Gemeinden und Kommunen geben, dass die neuen Anlagen und Stromtrassen ihr Landschaftsbild und somit auch eine Einnahmequelle aus dem Tourismus zerstören. Hier soll ein finanzieller Ausgleich mit den Netzbetreibern angestrebt werden. Wenn der Aus- und Umbau jedoch so gelingen sollte wie er geplant ist, ist das eine bedeutende Chance für kommende Generationen ihre Energiebezüge ökologisch rein herzustellen und zu benutzen. Zusätzlich würde sich Deutschland als Marktführer in Sachen erneuerbare Energien weiter etablieren können. Dies würde dem Standort Deutschland volkswirtschaftlich zu Gute kommen.

5.2 Die wirtschaftlichen Folgen der Energiewende

Es ist wohl nachvollziehbar, dass ein solch großer struktureller Wandel eine Menge Energie und Geld kosten wird. Der Bundesumweltminister Norbert Röttgen bringt es in einem Interview auf den Punkt: *„Es gibt keinen goldenen Weg in die Energiezukunft, der nichts kostet und keinerlei Anstrengungen erfordert."*[261] Jedoch dürfe man die wirtschaftlichen Folgekosten eines Reaktorunglücks, wie dem in Fukushima, nicht außer Acht lassen. Diese Folgekosten würden eine Volkswirtschaft viel mehr Schaden zufügen, als eine Wende in der Energiepolitik.[262] Um die wirtschaftlichen Folgen dieses Wandels besser überblicken zu können, werden die Kosten auf Seiten der

---

261 Vgl. Financial Times Deutschland vom 22.04.2011
262 Vgl. Financial Times Deutschland vom 22.04.2011

Energiekonzerne, des Staates und der Endverbraucher einzeln analysiert und zum Schluss zu möglichen Zukunftsperspektiven zusammengetragen. Somit entsteht ein besserer Überblick über die einzelnen Instanzen.

5.2.1 Kosten auf Seiten der Energiekonzerne

Kosten des Moratoriums

Nach dem verhängten Moratorium der Bundesregierung Mitte März 2011 ging man davon aus, dass die abgeschalteten Kraftwerke nach den drei Monaten wieder ans Energienetz angeschlossen werden dürften. Dadurch wären den Energiekonzernen kein großer wirtschaftlicher Schaden entstanden, da man bis dahin von zu produzierenden Restmengen Strom ausging. Somit hätten sich die Gewinne, aus der Produktion und dem Verkauf des Stroms nur um drei Monate verschoben, d.h. sie wären nur zeitlich verzögert generiert worden. Doch durch die Entscheidungen, welche die Bundesregierung auf Rat der Ethikkommission und der Reaktorsicherheitskommission gefällt hat, entstanden den vier großen Energieerzeugern schon gehörige Einbußen. Eon, welches am meisten betroffen ist, betitelte seinen entstanden Schaden durch das Moratorium auf ca. 250 Mio. €.[263] RWE geht beispielsweise vom einem Schaden von 150 bis 200 Mio. € durch das Moratorium aus.[264]

Kosten durch den Aus- und Neubau von effizienteren Kohle- und Gaskraftwerken

Einer der wichtigsten Punkte zur Energiewende der Bundesregierung war die Effizienzsteigerung schon bestehender herkömmlicher Stein- und Braunkohlekraftwerke, sowie den Neubau von neuen, effizienten Kraftwerken zur Lückenfüllung des wegfallenden Atomstroms. Nach einer Schätzung des Instituts der deutschen Wirtschaft Köln entstehen schon durch diese Ansatzpunkte Kosten in Höhe von mehreren Milliarden Euro. Zur Unterscheidung und zur besseren Veranschaulichung unterscheidet man zwischen den Umbau bestehender Kraftwerke und dem Neubau von effizienten Kohle- und Gaskraftwerken bzw. Gas und Druckkraftwerken (GuD).

---

263 Vgl. Handelsblatt vom 31.05.2011 Bild 3
264 Vgl. Handelsblatt vom 31.05.2011 Bild 4

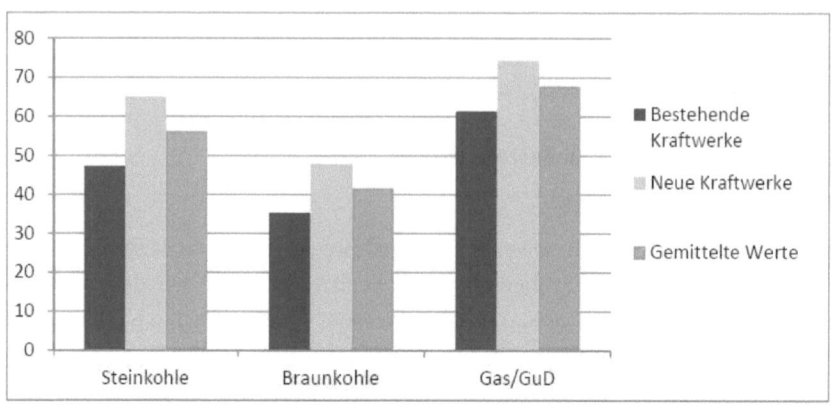

Daten in Mrd. Euro; Quelle: Vgl. Hubertus Bardt Juni 2011 S.9 – Institut der deutschen Wirtschaft Köln

Man erkennt, dass die Kosten für den alleinigen Neubau deutlich über den anderen Werten liegen. So würde man nach Schätzungen des Instituts beim Neubau von beispielsweise Steinkohlekraftwerken 65,1 Mrd. € benötigen, um die wegfallende Energiemenge des Stroms aus Kernenergie allein durch Steinkohle abzufangen. Im Vergleich dazu ist der Umbau schon bestehender Anlagen mit 47,3 Mrd. € deutlich günstiger. Durchschnittlich werden jedoch durch die Mittelung aller Werte ca. 55,2 Mrd. € durch den Aus- und Neubau von Kraftwerken fällig. Zusätzliche Steigerungen der Kosten können z.B. durch teurer werdende Emissionszertifikate und den steigenden Ölpreis entstehen.[265]

Kosten des Abbaus der Kernkraftwerke

Die Kosten des Abbaus der Kernkraftwerke sind von den Energiekonzernen selbst nicht zu erfahren, die Beschaffung solcher Informationen scheint nahezu unmöglich. Auch nach mehrmaligen Anfragen an die Konzerne erhielt man keine Antwort auf die Kostenthematik. Nach einer der neuesten Studien, der Unternehmensberatung Arthur D. Little (ADL), welche Kraftwerksbetreibern beratend zur Seite steht und somit gute Informationen besitzt, geht man davon aus, dass Kosten von insgesamt ca. 18 Mrd. € auf die Energieerzeuger zukommen werden, um den Abbau und die Entsorgung der Meiler voranzutreiben. Die geschätzten 18 Mrd. € können dabei in zwei Phasen eingeteilt werden. Der erste Teil ist das Abklingen der Brennelemente. Diese Phase wird in etwa fünf bis sieben Jahren erreicht sein und pro Kraftwerk

---

265 Vgl. Hubertus Bardt Juni 2011 S.8 u. 9

schätzungsweise 150 bis 250 Mio. € kosten. Dies macht summa summarum ca. vier Mrd. € nur für das Abklingen der Brennelemente und das Runterfahren aller Reaktoren. Danach müssen die gesamten Anlagen zerlegt und abgetragen werden. Dies wird die Unternehmen, nach Angaben der Unternehmensberatung ADL, weitere 14 Mrd. € kosten. Da es keine offiziellen Stellungnahmen der großen vier Energiekonzerne gibt, kann man jedoch für einen durchschnittlichen Reaktor die Summe von 930 Mio. € veranschlagen. Darauf entfallen allein 750 Mio. € auf das Abklingen der Brennelemente und größtenteils den Abbau des Meilers. 150 Mio. € geht in die Behandlung der radioaktiven Stoffe und zusätzliche 4,5 Mio. € wird der Genehmigungsprozess durch die Aufsichtsbehörden kosten. Einen großen Teil des Geldes wurde beispielsweise durch Gewinne schon zurückgestellt. Insgesamt stockten die Energiekonzerne ihre Rückstellungen diesen Sommer auf 30 Mrd. € auf. Ein großer Teil dieses Geld ist jedoch schon für die Beseitigung bzw. die Endlagerung von radioaktivem Material bestimmt, sodass das Geld aus den Rückstellungen wahrscheinlich nicht reichen wird.[266]

Zusätzliche und unerwartete Kosten

Es können jedoch weitere Kosten entstehen. Michael Kruse, Experte der Unternehmensagentur Arthur D. Little, bestätigt, dass bei solchen Großprojekten, wie dem Abbau eines gesamten Kernkraftwerks, zusätzliche Kosten von ca. 20-25% der Abbaukosten sehr leicht entstehen können. Diese Kosten werden die Unternehmen versuchen, beispielsweise durch die Verwendung der eigenen Arbeitskräfte, einzudämmen. So dass sie so wenig wie möglich spezialisierte Unternehmen beauftragen müssen.[267] Nun könnte man meinen, damit wäre die Sache für die Konzerne erledigt. Man muss jedoch nun berücksichtigen, dass ein durchschnittliches Kernkraftwerk bisher 1 Mio. € Reingewinn pro Tag erwirtschaftete und somit äußerst lukrativ war. Matthias Heck von der Investmentbank Macquarie schätzt, dass beispielsweise Eon 17 Mrd. € Reingewinn durch den Abbau der Kernkraftwerke nicht realisieren kann. Diese geschätzten 17 Mrd. setzen sich aus den Kosten zusammen, welche den Energieerzeugern entstehen, wenn sie auf andere Energiequellen ausweichen. Im Detail bedeutet dies folgendes: Die Gesamtkosten für eine Megawattstunde Strom aus Atomenergie kostet durchschnittlich 33,98 €, inklusive 12,33€ variabler Kosten. Bei anderen Energiequellen wie z.B. der Steinkohle betragen

---

266 Vgl. Handelsblatt vom 06.10.2011
267 Vgl. Handelsblatt vom 06.10.2011

die Gesamtkosten 53,90€, inklusive 42,83€ variabler Kosten. Bei Photovoltaikanlagen betragen die Gesamtkosten sogar durchschnittlich mehr als 220€ pro Megawattstunde.[268] Die Kosten der verschieden Energieträger sind zusätzlich im Anhang unter Anlage C zu finden. Man kann sich hier nun leicht vorstellen, dass den Konzernen durch die Beschlüsse zur Energiewende viel Geld entgeht. Durch den Abbau der Kraftwerke, der Modernisierung der herkömmlichen Kraftwerke und den Umstellungen zur Produktion von Strom aus teureren Energiequellen werden demzufolge mehrere Milliarden Euro benötigt.

Gesamtkosten der Energiekonzerne

Durch diese ganzen Faktoren kommt man zu den folgenden Gesamtkosten, welche die Konzerne die nächsten Jahre treffen werden. Man geht jedoch davon aus, dass ein Teil der Kosten durch leicht erhöhte Strompreise wieder reingeholt wird und/oder durch verringerte Steuern seitens des Staates, wie oben erwähnt, eingespart werden können.[269]

- Aus- und Neubau von Kohle- und Gaskraftwerken: 55,2   Mrd. €
- Abbau der Kernkraftwerke: 18,0   Mrd. €
- Zusätzliche Kosten: (0,2 bis 0,25 x 18,0 Mrd. €)   4,05   Mrd. €

Σ 77,25   Mrd. €

Da der Abbau der Kernkraftwerke bis 2022 beschlossen ist, sind die 77,25 Mrd. € die geschätzten Kosten, welche auf die Kernkraftwerksbetreiber in den nächsten zehn Jahren zukommen werden. Durch außerplanmäßige Schwankungen der Annahmen und Faktoren ist es wie in jeder Prognose möglich, dass das prognostizierte Ergebnis nicht exakt eintreffen wird. Es gibt jedoch eine gute Richtung vor in welchen Sphären sich die Kosten für die Energiekonzerne bewegen werden.

5.2.2 Kosten auf Seiten des Staates Kosten der zugesagten EEG-Förderung

Wie in Kapitel 5.1 beschrieben, werden die Zulagen für die Energieförderung maßgeblich erhöht, um der Industrie und den Unternehmen weitere Anreize zu geben die erneuerbaren Energien auszubauen. Breits im Jahr 2010 lagen die Brutto-Kosten der Vergütungen durch das Erneuerbare-Energien-Gesetz bei ca. 12,464 Mrd. € an die energieerzeugenden Unternehmen. Nach Schätzungen der

---

268 Vgl. Hubertus Bardt Juni 2011 S.8
269 Vgl. Hubertus Bardt Juni 2011 S.10

Technischen Universität Berlin kann man bis zu einer Verdreifachung der Zahlungen aus dem EEG bis 2025 rechnen. Nach den Angaben der TU Berlin betragen die Ausgaben für die EEG-Förderung 2025 ca. 28,880 Mrd. € (brutto) für die Einspeisevergütung der erneuerbaren Energien. Weiterhin geht man davon aus, dass die Zahlungen zwischen 2025 und 2030 wieder auf ein Niveau von 22,633 Mrd. (brutto) abnehmen könnten, wenn sich die Bundesregierung an die gesetzlich geregelten Bedingungen hält.[270] Nun muss man jedoch beachten, dass der Verkauf dieses EEG-Stroms Gelder generiert, sodass die Kosten nicht ganz so hoch ausfallen wie oben beschrieben. Für 2010 errechnete sich so ein Erlös von 3,154 Mrd. €. So kommt man auf Netto-Kosten der EEG-Vergütung von ca. 9,310 Mrd. € in 2010. Für 2025 würde durch eine Summe von 7,858 Mrd. € EEG-Erlöse immerhin eine Netto-Belastung von 21,022 Mrd. € entstehen. Bei der Berechnung der EEG-Erlöse am europäischen Strommarkt geht man dabei von einer jährlichen Preissteigerung von 2,7% aus. Wie man sich vorstellen kann, können die Preissteigerungen für die Zukunft nicht exakt prognostiziert werden, da diese von vielerlei Faktoren abhängen. Unterstellt man jedoch eine jährliche Preissteigerung von 2,7% so ergibt sich eine Netto-Belastung bis 2030 von ca. 250 Mrd. € für den Bund. Je höher jedoch die Strompreise steigen, desto niedriger werden die vorhergesehenen Kosten, da die Einnahmen aus dem Stromverkauf steigen.[271]

Kosten durch den Netzausbau von On- und Offshoreleitungen

Der massive Ausbau von Hoch- und Höchstspannungsleitungen war ein weiteres wichtiges Kriterium zur Energiewende, welches unabdingbar ist. Heutzutage könnten wir, wie oben bereits beschrieben, den Anstieg an Stromeinspeisung durch erneuerbare Energien in das deutsche Netz nicht ordnungsgemäß transportieren. Dabei geht es vor allem um den Bau neuer Leitungen zwischen dem Norden, wo größtenteils die Windenergie ihren Beitrag leisten soll, und dem industriellen Süden Deutschlands. Da die Bundesregierung eine Verdopplung des Ökostromanteils von 17% 2010 auf 35% 2020 gefordert hat, muss hier stark investiert werden. Aus Erfahrungswerten weiß man, dass 1 km neu verlegter Höchstspannungsleitungen im Freiland ca. 1,3 Mio. € kosten. Nun plant man bis 2020 3.500 km neue Höchstspannungstrassen zu bauen. Diese würde eine Investition von ca. 4,5 Mrd. € bedeuten. Kabeltrassen erfordern

---

[270] Vgl. Studie Technische Universität Berlin Juli 2011
[271] Vgl. Studie Technische Universität Berlin Juli 2011 S.23-25

jedoch einen weitaus höheren Investitionsbedarf. Man schätzt, dass von den 3.500km ca. 700km aus solchen Kabeltrassen bestehen werden. Für die Kosten bis 2020 bedeutet dies nun:

2.800 km x 1,3 Mio. € + 700 km x 8 Mio. € = 9,24 Mrd. €

für den Ausbau an Höchstspannungsleitungen für das deutsche Onshore-Höchstspannungsnetz. Für den Zeitraum zwischen 2020 und 2030 sind die Prognosen jedoch schwerer zu fällen. Doch man geht davon aus, dass die Investitionen, wenn überhaupt, nur leicht rückgängig sind und sich auf ca. 7 Mrd. € belaufen könnten.[272] Die Deutsche Energieagentur (Dena) geht sogar davon aus, dass der Ausbau von 3.500km Höchstspannungsleitungen nicht ausreichen werde. Die Dena geht von einer Ausbaustrecke von rund 4.500km aus. Dies würde die Summe von 9,24 Mrd. € auf ca. 12,5 Mrd. € erhöhen.[273] Gemittelt wäre man somit bei Kosten von ca. 10,9 Mrd. €

Zusätzlich müssen zudem die Mittel- und Niederspannungsnetze, durch den starken Ausbau der Photovoltaikanlagen auf ca. 360.000km, erneuert bzw. erst einmal gebaut werden. Nach einer Studie von E-Bridge werden die Kosten bis 2020 zwischen 21 und 27 Mrd. € hierfür liegen. Da man aber davon ausgeht, dass der vollständige Ausbau der Mittel- und Niederspannungsnetze nicht bis 2020 abgeschlossen sein wird, muss mit einer Verlängerung bis 2030 gerechnet werden. In diesem Umfang kommt man schließlich auf eine geschätzte Investitionssumme von ca. 40 Mrd. € bis 2030 für den Ausbau der Spannungsleitungen, welche den Photovoltaikanlagen dienen.[274]

Kosten durch den Netzanschluss von Offshorekraftwerken

Die Kosten, welche entstehen wenn Windparks an das deutsche Energienetz angeschlossen werden müssen, werden dementsprechend von den Übertragungsnetzbetreibern übernommen. Diese Regelung gilt bei den Offshore-Anlagen, bei denen bis 2015 mit dem Bau begonnen wird. Man geht hierbei von 3 Mio. € Kosten pro Megawatt aus. Da es bis zum Jahr 2030 25.000 MW Offshoreleistung geben soll, wären dies Investitionskosten von ca. 7,5 Mrd. €. Unterstellt man nun jedoch einen degressiven Verlauf der Netzanbindungs-

---

272 Vgl. Studie Technische Universität Berlin Juli 2011 S.37-38
273 Vgl. Dena vom 18.04.2011
274 Vgl. Studie Technische Universität Berlin Juli 2011 S.39

kosten kommt man auf eine Summe von ca. 14 Mrd. € für die Netzanbindung der Offshorekraftwerke.[275] Diese Kosten werden höchst-wahrscheinlich zu den indirekten EEG-Kosten miteingerechnet bzw. sind schon darin enthalten.

Weitgehend unbeachtete Kosten stellen die sogenannten Supergrids dar. Durch eventuelle Lücken im zukünftigen Strombedarf, durch die erneuerbaren Energien, muss der Bund Strom beispielsweise aus Norwegen oder Schottland beziehen. Um mit diesen überhaupt in Verbindung zu stehen, müssen auch diese Netze ausgebaut werden. Diese Aufgabe würde ein Investitionskapital von ca. 30 Mrd. € benötigen. Da größtenteils Deutschland auf diese Stromreserven angewiesen sein wird geht man davon aus, dass der Bund ca. 50% der Kosten übernehmen muss. Somit wird der Staatshaushalt mit weiteren 15 Mrd. €, durch den Ausbau der Overlay-Netze, belastet.

Gesamtkosten des Staates

Stellt man nun die direkten Kosten der EEG-Vergütung zusammen mit den indirekten Kosten der Photovoltaikanlagen und den Off- und Onshoreanlagen kommt man auf das folgende (vorläufige) Endergebnis der Gesamtkosten des Staates bis 2030:

- Direkte Kosten der EEG-Vergütung: 250 Mrd. €
- Indirekte Kosten:
    - Ausbau der Höchstspannungsleitungen   10,9 Mrd. € (bis 2020)
    - Ausbau der Höchstspannungsleitungen   7 Mrd. € (2020 bis 2030)
    - Ausbau Mittel- und Niederspannungsnetze 40 Mrd. € (bis 2030)
    - Netzanschluss von Offshorekraftwerken   14 Mrd. € (bis 2030)
    - Ausbau zwischenstaatlicher Netze   15 Mrd. € (bis 2030)

Σ 336,9 Mrd. €

Dieses Ergebnis ist jedoch nur durch verschiedene Annahmen prognostiziert. Wie bei dem Gesamtergebnis der Energiekonzerne können diese Annahmen selbstverständlich über die Jahre hinweg starken Schwankungen unterliegen, sodass auch dieses Ergebnis nicht exakt eintreffen könnte. Es gibt jedoch schon einmal einen guten „Vorgeschmack" auf die Belastungen, welche durch die Energiewende auf den Staat und somit auch auf die Steuerzahler zukommen werden.

---

275 Vgl. Studie Technische Universität Berlin Juli 2011 S.40

5.2.3 Kosten auf Seiten der Energieverbrauchen bzw. der Endnutzer

Nach der Analyse der Kosten auf Seiten der Energiekonzerne und des Staates kommt man nun zu der Frage: Müssen die Endverbraucher die gesamten Mehrkosten tragen? Nein, dies wird nicht der Fall sein! Ein gewisser Teil der Kosten der Energiekonzerne wird höchstwahrscheinlich über erhöhte Strompreise und somit durch die Endverbraucher finanziert, jedoch werden sie nicht die gesamten Kosten tragen müssen. Nach einer Studie von Prognos/vbw könnte sich der Strompreis von derzeit (2010) 23,5 Cent/KWh in 2025 auf 28,5 bis 28,8 Cent/KWh erhöhen. Jedoch muss man dabei bedenken, dass nur ca. 0,2 bis 0,6 Cent dieser Erhöhung auf den schnelleren Atomausstieg zurückzuführen ist. Das heißt, man geht davon aus, dass eine Mehrbelastung von ca. 200 € pro Jahr auf einen durchschnittlichen Haushalt, mit ca. 4.000 KWh, zukommen werden. Von diesen 200 € Mehrkosten sind jedoch nur 16 € durch den schnelleren Atomausstieg zu verantworten.[276]

(28,5 Cent/KWh − 23,5 Cent/KWh) x 4000 KWh = 200 €/Jahr

((0,2 Cent + 0,6 Cent) / 2) x 4000 KWh = 16 €/Jahr

Eine weitere Belastung der Endverbraucher wird jedoch die EEG-Umlage, welche zurzeit bei 3,53 Cent/KWh beträgt, darstellen.[277] Das Bundesministerium für Umwelt beteuert zwar, dass die EEG-Umlage in den nächsten Jahren, auch nicht durch den beschleunigten Atomausstieg, drastisch steigen soll, jedoch ist ein anderes Szenario wahrscheinlicher. Durch die erheblichen Kosten, vor allem bis zum Jahr 2025, könnte sie auf bis zu 6 Cent/KWh steigen. Nach diesem Zeitraum wird sie aller Voraussicht nach wieder sinken, da bis zu diesem Zeitraum die größten Investitionen getätigt sein werden. Dies hätte für einen 4-köpfigen Haushalt mit einem Durchschnittsverbrauch von 3.500 KWh/Jahr bis 4.000KWh folgende Auswirkungen allein durch die steigende EEG-Umlage[278]:

(6 Cent/KWh − 3,53 Cent/KWh) x 3.500KWh = 86,45 €/Jahr

(6 Cent/KWh − 3,53 Cent/KWh) x 4.000KWh = 98,80 €/Jahr

Man sieht bereits durch den Vergleich dieser beiden Prognosen der Technischen Universität Berlin und des Wirtschaftsdienstes, dass man von unterschiedlichen Schwerpunkten des Strompreisanstiegs ausgeht. Der Wirtschaftsdienst geht

---

276 Vgl. Wirtschaftsdienst Mai 2011 S.3
277 Vgl. Studie Technische Universität Berlin Juli 2011 S.59
278 Vgl. Studie Technische Universität Berlin Juli 2011 S.32

zwar davon aus, dass der Strompreis bis 2025 um mindestens 5 Cent pro KWh steigen wird, jedoch führt er nur 0,2 bis 0,6 Cent dieses Anstieges auf die Energiewende zurück, wobei die TU Berlin von einem Anstieg von etwa 2,5 Cent/KWh auf die EEG-Umlage zurückführt.

Genau wie die Studie des Wirtschaftsdienstes geht die *Deutsche Energieagentur* (Dena) von einem Preisanstieg von Strom und Elektrizität um ca. 4 bis 5 Cent pro KWh aus. Dies wäre ein Preisanstieg von ca. 20 % gegenüber den aktuellen Durchschnittspreisen.[279] Die Deutsche Energieagentur schlüsselt die Kostenthematik durch eine erste Hochrechnung wie folgt auf[280]:

Ausbau der Erneuerbare Energien:

Durch die Vorgabe der Bundesregierung den Anteil der erneuerbaren Energien 2020 auf 35% zu erhöhen, entsteht ein Preisanstieg um etwa 2 Cent/KWh. Als notwendige Bedingung wird unterstellt, dass 2020 110.000 MW Leistung aus erneuerbaren Energien bezogen werden.

Ausbau der Stromnetze:

Wie oben beschrieben, muss das deutsche Hoch- und Höchstspannungsnetz um ca. 3.500 bis 4.500 km ausgebaut werden und das Mittel- und Niederspannungsnetz um bis zu 400.000 km. Dieser Ausbau wird die deutschen Energieverbraucher ca. 1 Cent/KWh kosten.

Ausbau der Kohle- und Gaskraftwerke und der Ausbau der KWK-Anlagen:

Um die Lücken der erneuerbaren Energien schließen zu können, benötigt man effizientere und modernere herkömmliche Kraftwerke wie bisher. Um den Bau zu finanzieren geht die Dena von einer Preiserhöhung um weitere 1,5 Cent/KWh aus. In dieser Berechnung ist auch der Ausbau der Kraft-Wärme-Kopplungsanlagen enthalten.

Speicheranlagen:

Der Ausbau der Energiespeicher ist zurzeit noch nicht abschätzbar, da hier die Forschung in den nächsten Jahren mit bis zu 200 Mio. € weiter unterstützt wird, um bessere und effizientere Systeme herzustellen.[281]

---

279 Vgl. Dena vom 18.04.2011
280 Vgl. Dena vom 18.04.2011
281 Vgl. Bundesregierung vom 08.07.2011 - Die Maßnahmen zur Energiewende

Somit kann man laut Dena mit einer Erhöhung der Kosten eines deutschen Durchschnittshaushalts mit ca. 150 bis 200 € für die Jahre 2020 bis 2025 durchaus rechnen.

5.3 Gewinner und Verlierer der Energiewende

Natürlich gibt es bei solch einem Mammutprojekt Gewinner und Verlierer. Dies Kapitel zeigt, vor allem durch die entstehenden Kosten, die Gewinner und Verlierer dieses beschleunigten Kernkraftausstieges auf.

Die möglichen Verlierer

Es scheint, als ob einer der großen Verlierer die Energiebetreiber selbst sein könnten. Wie oben beschrieben entgeht ihnen durch diesen Wechsel sehr viel an sonst generierten Gewinnen. Da man mit einem durchschnittlichen Reingewinn von 1 Mio. € pro Tag pro Kraftwerk rechnen konnte, entgehen den Betreibern so Milliardenbeträge. Zusätzlich entstehen ihnen durch den gigantischen Abbau und die schwerfällige Entsorgung der Kraftwerke und Reaktoren sehr hohe Kosten. Es wird zwar durch die Erhöhung der Strompreise und die Generierung von Steuererleichterungen ein gewisser Teil der Kosten wieder reingeholt, aber wenn man die zwei Szenarien für die Kernkraftwerksbetreiber vergleicht, dann entgeht ihnen durch den beschleunigten Ausstieg mehr Geld als nach dem Energiekonzept vom September 2010.

Ein weiterer Verlierer der Energiewende ist die energieintensive Industrie. Durch die Strompreiserhöhungen könnten ihr zusätzliche Kosten von ca. 1,5 Mrd. € jährlich entstehen. Der Stahlindustrie allein droht durch einen Strompreisanstieg pro Cent pro KWh zusätzliche Kosten von 180 Mio. € im Jahr.[282] Ähnlich geht es der Deutschen Bahn. Sie ist der größte Stromabnehmer des Landes und somit am härtesten von den kommenden Strompreiserhöhungen betroffen. Das abgeschaltete Kraftwerk Neckarwestheim 1 war sogar das einzige Kraftwerk Deutschlands, das den 50-Hertz-Strom in die benötigte Frequenz von 16,7 Hertz für die Bahn umwandelte.[283] Firmen, welchen mit der Instandhaltung oder den Bau von Kernkraftwerken betraut wurden, zählen selbstverständlich auch eher zu den Verlieren, da ihnen eine große Einnahmequelle entgeht.

---

282 Vgl. Handelsblatt vom 31.05.2011 – Bild 6
283 Vgl. Handelsblatt vom 31.05.2011 – Bild 7

Die möglichen Gewinner

Der oder die größten Gewinner werden wohl die spezialisierten Nukleardienstleister werden, welche den Abbau der deutschen Meiler organisieren und vollziehen werden. Dieser Markt dürfte für viele Unternehmen wie Areva oder das staatliche Energiewerk Nord ein Milliardengeschäft werden. Viele Unternehmen, welche auch schon den Rückbau der ostdeutschen Kernkraftwerke bewältigt haben, haben sich wohl dadurch schon einige Pluspunkte an Erfahrung zugelegt und werden wohl dadurch einen Vorsprung vor anderen Unternehmen genießen. Dazu zählt beispielsweise das Unternehmen Nukem. Welche Summen dabei im Raum stehen ist jedoch noch nicht bekannt. Es wird jedoch für die Kernkraftwerksbetreiber eine teure Angelegenheit ihre Meiler gesetzeskonform abzubauen und abzutragen.[284]

Weiterhin zählen zu den großen Gewinnern, die Unternehmen bzw. Branchen, die mit dem Bau oder der Herstellung von erneuerbaren Energiequellen betraut sind. Das heißt Unternehmen, welche Photovoltaikanlagen oder Windräder produzieren sind eindeutig im Vorteil. Auch deren Zulieferer werden die Energiewende wohl gutheißen, da ihnen ein Auftragsboom entgegensteht.[285]

Sollte das Projekt Energiewende so verlaufen wie sich die Bundesregierung das vorstellt, kann es auch trotz Stromerhöhungen sehr viele Vorteile für die deutsche Bevölkerung bzw. die deutsche Volkswirtschaft geben. Wenn andere Staaten sehen, dass eine der größten Volkswirtschaften der Welt auf erneuerbare Energien setzt und damit zurecht kommt, kann das ein Anstoß für viele weitere Staaten sein diesem Energietrend zu folgen. So könnten wiederum viele Branchen in Deutschland durch den daraufolgenden Technologietransfer profitieren.

---

284 Vgl. Handelsblatt vom 06.10.2011
285 Vgl. Handelsblatt vom 31.05.2011 – Bild 18

6. Fazit

Seit vielen Jahrzehnten ist die Thematik der Atompolitik, sowie ihrer Entsorgung eine entscheidende Streitfrage der deutschen Politik und auch ihrer Bevölkerung. Vor allem seit Die Grünen das politische Parkett betreten haben, ist das Thema der nuklearen Energie immer weiter in den Fokus zentraler politischer Entscheidungen gerückt, sodass im Sommer 2011 eine der wichtigsten wirtschafts-und umweltpolitischen Entscheidungen Deutschlands gefallen ist: Die Aufhebung der Laufzeitverlängerung vom September 2010 und die Schaffung von neuen wirtschaftlichen, wie auch rechtlichen Grundlagen für einen beschleunigten Atomausstieg, wie die Novellierung des *Erneuerbaren-Energien-Gesetz*, des Atomgesetzes und die Kreierung von einigen neuen Gesetzestexten für die Förderung der anstehenden Prozesse. Da diese Entwicklung von vielen Faktoren der Vergangenheit abhing, muss man verstehen, wie sich die politischen Entscheidungen in Bezug auf die Kernenergie über die letzten Jahre bzw. Jahrzehnte entwickelt hat. Dies sollte diese Arbeit erreichen, dass man die Entscheidungen vergangener Tage in diesem Kontext sieht und die Auswirkungen auf heute nun projizieren kann.

Um jedoch den Fokus etwas zu erweitern, nahm diese Arbeit auch andere Länder, wie Frankreich, Japan und Österreich in Augenschein, um zu verstehen, dass es Staaten gibt, in denen noch nie ein Kernkraftwerk zur Erzeugung von Energie in Betrieb genommen wurde, was jedoch auch zu einem gewissen Teil auf eine geschickte geographische Lage zurückzuführen ist und dass es Staaten, wie Frankreich, gibt die sich ihre Energieerzeugung ohne Kernkraftwerke nicht mehr vorstellen könnten. Aus dieser Abhängigkeit hat sich auch Japan bis zum 11. März 2011 nicht befreien können bzw. nicht befreien wollen. Da die Atomlobby in Japan sehr stark ist und viele Arbeitsplätze des Landes auf diesen Sektor entfallen, konnten sie sich bis dahin einige Besonderheiten leisten, ohne dass Sanktionen oder Ähnliches verhängt wurden. Doch auch in Japan keimt solange der Gedanke von einer atomfreien Zukunft auf und man kann gespannt sein, wie sich diese Bewegung in den nächsten Jahren entwickelt.

Das Erdbeben Japans vom 11. März 2011 mit einer Stärke von 9,0 auf der Richterskala und der anschließende Tsunami vor der Ostküste, der die Katastrophe des Kernkraftwerk *Fukushima 1* ausgelöst hat, sind auch zentrale Punkte dieser Arbeit, da höchstwahrscheinlich nur durch ein Unglück diesen Ausmaßes ein Umdenken in der Atompolitik Deutschlands vollziehen konnte. Da man aus der Vergangenheit weiß, dass die Fraktionen der CDU/CSU und der

FDP schon nach dem Atomkonsens von 2000 der Rot-Grünen Bundesregierung ankündigten, diesen bei einem möglichen Machtantritt wieder kippen zu wollen, kann man sich vorstellen, welche Auswirkungen dieser atomare Super-GAU gehabt haben muss, wenn innerhalb nur eines halben Jahres dass eigene Energiekonzept, mit einer Tragweite von ca. 40 Jahren, wieder für nichtig erklärt wird. Auch Bundeskanzlerin Angela Merkel merkte an, dass ein Ereignis, diesen Ausmaßes, in einem so hochtechnologisierten Land, wie Japan, die Lage und Ansichtsweise völlig verändere.[286]

Mit diesen Worten erklärte sie sich im Bundestag zu dem beschlossenen Moratorium und der eingesetzten Ethik- und Reaktorsicherheitskommission. Deutschland müsse die Lage seiner Kernkraftwerke, durch den Super-GAU von Fukushima, völlig neu bewerten. Auf dessen Grundlage entschied man sich die, schon durch das Moratorium, abgeschalteten Kraftwerke nicht wieder ans Netz gehen zu lassen und den Atomausstieg drastisch zu beschleunigen.

Somit wurden erstmals verbindliche Ausstiegsdaten für die verbleibenden Meiler festgelegt und den bestehenden Kraftwerkspark komplett neu auszurichten. Zuerst müsse man den Aus- und Umbau der bestehenden Kraftwerke vorantreiben und die benötigten Transportmedien ausbauen, um den „neuen" und „sauberen" Strom zu transportieren. Gleichzeitig dürfe man jedoch nicht die Klimaschutzziele für die nächsten Jahre bzw. Jahrzehnte außer Acht lassen. Aufgrund von vielen neuen Anreizmechanismen für Kraftwerksbetreiber soll dies in beschleunigtem Umfang geschehen. Einer der wichtigsten Punkte ist hierbei der starke Ausbau von Off- und Onshorekraftwerken, vor allem im Norden Deutschlands. Zusätzlich müssen durch eventuell entstehende Lücken Stromspeichermedien weiter erforscht und verbessert werden. Für den Bund sind weitere Kriterien im Gebäude- und Wohnungsbau essentiell. Der Niedrigstenergiestandard soll ein wichtiger und entscheidender Faktor werden, wenn es um die Vergabe von öffentlichen Aufträgen geht. So könne man schon im Vorhinein Energiemengen einsparen und so noch effizienter mit der produzierten Energie umgehen.

Das Fazit im Bereich der absehbaren wirtschaftlichen Folgen fällt dementsprechend aus. In Zukunft werden gewaltige Kosten von ca. 77 Mrd. € auf die Kraftwerksbetreiber zukommen, zusätzlich wird ihnen eine wichtige und lukrative Einnahmequelle entzogen, sodass ein Teil der Kosten wohl über

---

286 Vgl. Tagesschau vom 17.03.2011

Energiepreiserhöhungen wieder reingeholt werden wird und zusätzliche staatliche Entlastungen die Energiekonzerne stützen werden. So kommt man zwangsläufig zu einer kalkulierten Strompreiserhöhung von ca. 4 bis 5 Cent/KWh für den Endverbraucher. Auch die energieintensive Industrie wird wohl zeitweise unter den Erhöhungen leiden müssen. Doch für viele Industriezweige, welche entweder wenig Energie zur Produktion benötigen oder sich frühzeitig für den Bau von regenerativen Energien entschieden haben, werden wohl die Gewinner dieser Energiewende sein. Außerdem dürfte der beschleunigte Ausstieg aus der Kernkraft den Staat ca. 340 Mrd. € kosten. Diese Kosten können über den langen Zeitraum zwar schwer prognostiziert werden, es gibt jedoch einen guten Einblick auf die Kostenthematik der nächsten zehn bis zwanzig Jahre.

Zusammenfassend kann man sagen, dass der beschleunigte Weg in die erneuerbaren Energien ein kostspieliger Prozess sein wird, dass die Auswirkungen auf die ganze deutsche Volkswirtschaft jedoch sehr positiv gestaltet werden können. Zusätzlich machen sich die deutschen Unternehmen ein gutes Image und festigen ihre Stellung auf dem Weltmarkt für regenerative Energien. Deutschland kann zudem zu einem guten Vorbild für andere Staaten heranreifen, welche ebenfalls auf erneuerbare Energien umsteigen möchten. Es wird jedoch nicht reichen, wenn die Bundesrepublik als alleiniger Vorreiter voranschreitet, da weltweit immer noch über 400 Kernkraftwerke am Netz hängen und sich weitere immer noch im Bau oder in der Planung befinden.[287] Deutschland macht hier nur einen geringen Bruchteil aus, aber es kann andere Staaten motivieren, wenn sie sehen, dass eine der größten Volkswirtschaften der Welt den Großteil seiner Energie aus erneuerbaren Energien bezieht. Deshalb ist es ein sehr kostspieliges, aber sehr sinnvolles Projekt, welches einen gewaltigen Anstoß in eine Welt ohne Atomkraft geben kann.

---

[287] Vgl. Kernkraftstatistik vom Mai 2011 S.9

Literaturverzeichnis

Anzahl der Opfer Fukushima Japan (aufgerufen am 18.09.2011)
http://www.care.de/japan_tsunami.html?gclid=CLKehezUpqsCFQIYzQod92d
W4Q

ARD Mittagsmagazin vom 24.05.11 (aufgerufen am 21.09.11)
http://www.ardmediathek.de/ard/servlet/content/3517136?documentId=7231708

ARD-Reportage vom 30.03.11 (aufgerufen am 16.09.2011)
http://www.ardmediathek.de/ard/servlet/content/3517136?documentId=6841530

Atomforum, 2009 (aufgerufen am 08.08.2011)
http://www.kernenergie.de/kernenergie/documentpool/Service/050festschrift200
9_07.pdf

Atomgesetz vom 23.12.1959 (aufgerufen am 10.8.2011)
http://www.gesetze-im-internet.de/atg/BJN R008140959.html

Atomgesetz, 2002 (aufgerufen am 17.08.2011)
http://www.agenda21-treffpunkt.de/archiv/00/daten/atomkomp.htm

Atomgesetz vom 22.04.2002 (aufgerufen am 16.08.2011)
http://www.bmwi.de/BMWi/Redaktion/PDF/A/gesetz-beendigung-
kernenergienutzung,property=pdf,bereich=bmwi,sprache=de,rwb=true.pdf

Atomkonsens (2000) A (aufgerufen am 16.08.2011)
http://www.agenda21_treffpunkt.de/lexikon/atomausstieg.htm

Atomkonsens (2000) B (aufgerufen am 17.08.2011)
http://www.strom.info/atomausstieg.html

Änderung Atomgesetz vom 28.09.2010 A (aufgerufen am 19.08.2011)
http://dipbt.bundestag.de/dip21/btd/17/030/1703050.pdf

Änderung Atomgesetz vom 28.09.2010 B (aufgerufen am 19.08.2011)
http://dipbt.bundestag.de/dip21/btd/17/030/1703051.pdf

Änderung Atomgesetz vom 28.09.2010 C (aufgerufen am 19.08.2011)
http://dipbt.bundestag.de/dip21/btd/17/030/1703052.pdf

Bericht der Ethikkommission (aufgerufen am 22.09.2011)
http://www.bundesregierung.de/Content/DE/Anlagen/2011/05/2011-05-30-
abschlussbericht-ethikkommission,property=publicationFile.pdf

Bundesministerium für Umwelt vom 14.06.2000 (aufgerufen am 16.08.2011)
http://www.bmu.de/files/pdfs/allgemein/application/pdf/atomkonsens.pdf

Bundesministerium für Umwelt vom 06.06.2011 – Eckpunkte zur Energiewende (aufgerufen am 06.10.2011) http://www.bmu.de/energiewende/doc/47465.php

Bundesministerium für Umwelt vom 14.10.2011 (aufgerufen am 18.10.2011) http://www.bmu.de/pressemitteilungen/aktuelle_pressemitteilungen/pm/47849.php

Bundesregierung vom 08.07.2011 – Die Maßnahmen zur Energiewende (aufgerufen am 11.10.2011) http://www.bundesregierung.de/Content/DE/Artikel/2011/06/2011-06-06-energiewende-kabinett-weitere-informationen.html#doc1102556bodyText4

Bundestag vom 15.03.2007 (aufgerufen am 9.8.2011) http://www.bundestag.de/dokumente/analysen/2007/Die_Europaeische_Atomgemeinschaft_-_EURATOM.pdf

Bundestagswahl 1998 (aufgerufen am 16.08.2011) http://www.wahlrecht.de/ergebnisse/bundestag.html

Bundestagswahl, 2009 (aufgerufen am 19.08.2011) http://www.bundestag.de/btg_wahl/wahlinfos/startseite/index.jsp

Bündnis 90/Die Grünen, 2009 (aufgerufen am 14.08.2011) http://geschichte-wissen.de/zeitgeschichte/60-die-brd/143-buendnis-90die-gruenen.html

Deckungsvorsorge, 2011 (aufgerufen am 16.08.2011) http://www.strom-magazin.de/energie-lexikon/deckungsvorsorge_1865.html

Dena vom 18.04.2011 (aufgerufen am 21.10.2011) http://www.dena.de/infos/presse/pm-archiv/pressemeldung/energiewende-kostet-aber-es-lohnt-sich/

Der Spiegel vom 19.09.2011 (aufgerufen am 23.09.2011) http://www.spiegel.de/panorama/0,1518,787108,00.html

Die Welt vom 14.03.2011 (aufgerufen am 04.10.2011) http://www.faz.net/aktuell/politik/ausland/atompolitik-in-frankreich-zaghafter-beginn-einer-debatte-1610021.html

Die Zeit vom 01.04.2011 A (aufgerufen am 22.09.2011) http://www.zeit.de/wirtschaft/unternehmen/2011-04/energiekonzerne-moratorium

Die Zeit vom 01.04.2011 B (aufgerufen am 23.09.2011) http://www.zeit.de/wirtschaft/unternehmen/2011-04/rwe-klage-moratorium

Energiekonzept vom 28.10.2010 (aufgerufen am 19.08.2011) http://www.bmwi.de/BMWi/Redaktion/PDF/Publikationen/energiekonzept-2010,property=pdf,bereich=bmwi,sprache=de,rwb=true.pdf

Erneuerbare-Energien-Gesetz – Nr. 42 Seite 1634 (aufgerufen am 11.10.2011) http://www.bgbl.de/Xaver/start.xav?startbk=Bundesanzeiger_BGBl

Ethikkommission, 2011 (aufgerufen am 22.09.2011) http://www.agenda21-treffpunkt.de/archiv/11/info/Ethikkommission.htm

Europäische Atomgemeinschaft vom 19.10.2007 A (aufgerufen am 4.8.2011) http://europa.eu/legislation_summaries/institutional_affairs/treaties/treaties_euratom_de.htm

FAZ vom 14.03.2011 (aufgerufen am 04.10.2011) http://www.faz.net/aktuell/politik/ausland/atompolitik-in-frankreich-zaghafter-beginn-einer-debatte-1610021.html

FAZ vom 15.03.2011 A (aufgerufen am 22.09.2011) http://www.faz.net/artikel/C30923/drei-monate-moratorium-alte-atomkraftwerke-werden-abgeschaltet-30330404.html

FAZ vom 15.03.2011 B (aufgerufen am 29.09.2011) http://www.faz.net/artikel/S32436/merkels-atom-moratorium-keine-tabus-und-keinen-sicherheits-rabatt-30330529.html

Financial Times Deutschland vom 22.04.2011 (aufgerufen am 16.10.2011) http://www.ftd.de/politik/deutschland/:energiewende-atomausstieg-kostet-wirtschaft-milliarden/60042998.html

Gesetz über Maßnahmen zur Beschleunigung des Netzausbaus – Nr. 43 Seite 1690 http://www.bgbl.de/Xaver/start.xav?startbk=Bundesanzeiger_BGBl (aufgerufen am 11.10.2011)

Handelsblatt vom 31.05.2011 (aufgerufen am 16.10.2011) http://www.handelsblatt.com/unternehmen/industrie/die-gewinner-und-verlierer-des-atomausstiegs/4030894.html

Handelsblatt vom 06.10.2011 (aufgerufen am 16.10.2011) http://www.handelsblatt.com/unternehmen/industrie/wer-am-atomausstieg-verdient/4668512.html

Handelszeitung vom 09.05.2011 (aufgerufen am 04.10.2011) http://www.handelszeitung.ch/unternehmen/_kehrtwende-der-atompolitik-japan-schaltet-akw-vorsorglich-ab

Hubertus Bardt Juni 2011 (aufgerufen am 17.10.2011) http://www.iwkoeln.de/Portals/0/PDF/trends02_11_5.pdf

Kaltreserve vom 31.08.2011 (aufgerufen am 12.10.2011) http://www.verivox.de/nachrichten/netzagentur-verzichtet-auf-akw-kaltreserve-78767.aspx?p=1

Kernenergie in Deutschland, 2010 (aufgerufen am 13.08.2011) http://www.kernenergie.de/kernenergie/Themen/Entsorgung/Streitpunkt_Gorleben/

Kernenergie in Deutschland, 2011, A, (aufgerufen am 10.08.2011) http://www.kernenergie.de/kernenergie/ Themen/Geschichte/

Kernkraftstatistik vom Mai 2011(aufgerufen am 13.08.2011) http://www.kernenergie.de/kernenergie/documentpool/Service/621kernenergie-in-zahlen2011.pdf

KKW Zwentendorf Geschichte A (aufgerufen am 30.09.2011) http://www.zwentendorf.com/de/geschichte. asp?index=2

KKW Zwentendorf Geschichte B (aufgerufen am 30.09.2011) http://www.zwentendorf.com/de/geschichte.asp?index=172233265

KKW Zwentendorf Sonne (aufgerufen am 30.09.2011) http://www.zwentendorf.com/de/sonne.asp

Landtagswahl. 2011 (aufgerufen am 14.08.2011) http://www.landtagswahl-bw.de/

Quarks & Co vom 26.04.2011 http://www.ardmediathek.de/ard/servlet/content/3517136?documentId=7023848 (aufgerufen am 13.09.2011)

Reaktorunglück Tschernobyl vom Mai 2011 http://www.kernenergie.de/kernenergie/documentpool/Service/025reaktorunfall_tschernobyl2011.pdf (aufgerufen am 16.09.2011)

Schweizer Fernsehen vom 26.04.2011 http://www.tagesschau.sf.tv/Nachrichten/Archiv/2011/04/26/International/Weltweit-1-44-Mio.-Tote-durch-Tschernobyl (aufgerufen am 05.10.2011)

Sicherheitsüberprüfung (2011) http://www.rskonline.de/downloads/rsk_sn_sicherheitsueberpruefung_20110516_hp.pdf (aufgerufen am 29.03.2011)

Studie Technische Universität Berlin Juli 2011 (aufgerufen am 18.10.2011) http://www.vbw-bayern.de/agv/vbw-Themen-Wirtschaftspolitik-Energie-

Publikationen-vbw_Studie_Kosten_des_Ausbaus_der_erneuerbaren_Energien--14361,ArticleID 20670.htm

Süddeutsche vom 13.07.2011 (aufgerufen am 21.09.2011) http://www.sueddeutsche.de/politik/nach-der-katastrophe-von-fukushima-japan-denkt-ueber-atomausstieg-nach-1.1119756

Tagesschau vom 11.03.2011 (aufgerufen am 16.09.2011) http://www.tagesschau.de/multimedia/sendung/ts25300.html

Tagesschau vom 15.03.2011 (aufgerufen am 22.09.2011) http://www.tagesschau.de/multimedia/sendung/ts25408.html

Tagesschau vom 17.03.2011 (aufgerufen am 29.09.2011) http://www.tagesschau.de/multimedia/sendung/ts25458.html

Tagesschau vom 18.03.2011 (aufgerufen am 29.09.2011) http://www.tagesschau.de/multimedia/sendung/ts25484.html

Tagesspiegel vom 18.03.2011 A (aufgerufen am 13.08.2011) http://www.tagesspiegel.de/mediacenter/fotostrecken/politik/geschichte-der-anti-atomkraft-bewegung/3965242.html?p3965242=3#image

Tagesspiegel vom 18.03.2011 B (aufgerufen am 13.08.2011) http://www.tagesspiegel.de/mediacenter/fotostrecken/politik/geschichte-der-anti-atomkraft-bewegung/3965242.html?p3965242=6#image

Tagesspiegel vom 18.03.2011 C (aufgerufen am 13.08.2011) http://www.tagesspiegel.de/mediacenter/fotostrecken/politik/geschichte-der-anti-atomkraft-bewegung/3965242.html?p3965242=10#image

Tagesspiegel vom 18.03.2011 D (aufgerufen am 13.08.2011) http://www.tagesspiegel.de/mediacenter/fotostrecken/politik/geschichte-der-anti-atomkraft-bewegung/3965242.html?p3965242=14#image

Taz vom 26.03.2011 (aufgerufen am 23.09.2011) http://www.taz.de/!68079/

Weltspiegel vom 13.03.2011 (aufgerufen am 18.09.2011) http://www.ardmediathek.de/ard/servlet/content/3517136?documentId=6708096

Wirtschaftsdienst Mai 2011 (aufgerufen am 21.10.2011) http://www.umweltrat.de/SharedDocs/Downloads/DE/06_Hintergrundinformationen/2011_05_Zeitgespraeche_Atomausstieg.pdf?blob=publicationFile

Ziele für die Reduktion von Treibhausgasen – Grafik (aufgerufen am 11.10.2011) http://www.bundesregierung.de/Content/DE/Infoboxen/2011/Bilder/2011-07-29-grafik-reduktion-treibhausgase.html

Anhang

Anlage A: Reststrommengen[288] der einzelnen Kernkraftwerke laut „*Gesetz zur geordneten Beendigung der Kernenergienutzung zur gewerblichen Erzeugung von Energie*"

Anlage	Beginn der kommerziellen Nutzung	Produzierte Strommenge in TWh seit Betriebsbeginn bis 31.12.1999	Reststrommenge ab dem 01.01.2000 in TWh (netto)
Obrigheim	01.04.1969	76,00	8,70
Stade	19.05.1972	134,00	23,18
Biblis A	26.02.1975	179,50	62,00
Neckarwestheim 1	01.12.1976	137,50	57,35
Biblis B	31.01.1977	177,50	81,56
Brunsbüttel	09.02.1977	87,60	47,67
Isar 1	21.03.1979	127,20	78,35
Unterweser	06.09.1979	193,30	117,98
Philippsburg 1	26.03.1980	119,30	87,14
Grafenrheinfeld	17.06.1982	174,40	150,03
Krümmel	28.03.1984	137,80	158,22
Grundremmingen B	19.07.1984	142,90	160,92
Philippsburg 2	18.04.1985	159,70	198,61
Grohnde	01.02.1985	169,40	200,90
Grundremmingen C	18.01.1985	134,10	168,35
Brokdorf	22.12.1986	137,30	217,88

---

288 Vgl. Atomgesetz vom 22.04.2002 S. 7 und Atomgesetz (2002) B

Isar 2	09.04.1988	125,70	231,21
Emsland	20.06.1988	128,30	230,07
Neckarwestheim 2	15.04.1989	118,50	236,04
Mülheim-Kärlich	01.03.1986	11,30	107,25[289]
Summe		2670,30	2623,31

---

[289] Mühlheim-Kärlich seit 1988 außer Betrieb, aber Strommengen übertragbar

Anlage B: Zusätzliche Elektrizitätsmengen nach dem Elften Gesetz zur Änderung des Atomgesetztes[290]

Anlage	Beginn der kommerziellen Nutzung	Reststrommenge ab 01.01.2000 TWh (netto)	Zusätzliche Elektrizitätsmengen in TWh (netto)
Obrigheim	01.04.1969	8,70	-
Stade	19.05.1972	23,18	-
Biblis A	26.02.1975	62,00	68,617
Neckarwestheim 1	01.12.1976	57,35	51,000
Biblis B	31.01.1977	81,56	70,663
Brunsbüttel	09.02.1977	47,67	41,038
Isar 1	21.03.1979	78,35	54,984
Unterweser	06.09.1979	117,98	79,104
Philippsburg 1	26.03.1980	87,14	55,826
Grafenrheinfeld	17.06.1982	150,03	135,617
Krümmel	28.03.1984	158,22	124,161
Grundremmingen B	19.07.1984	160,92	125,759
Philippsburg 2	18.04.1985	198,61	146,956
Grohnde	01.02.1985	200,90	150,442
Grundremmingen C	18.01.1985	168,35	126,938

---

[290] Vgl. Änderung Atomgesetz vom 28.09.2010 B S.5

Brokdorf	22.12.1986	217,88	146,347
Isar 2	09.04.1988	231,21	144,704
Emsland	20.06.1988	230,07	142,328
Neckarwestheim 2	15.04.1989	236,04	139,793
Mülheim-Kärlich	01.03.1986	107,25[291]	-
Summe		2.623,30	1.804,278

---

[291] Mühlheim-Kärlich seit 1988 außer Betrieb, aber Strommengen übertragbar

Anlage C: Stromerzeugungskosten der verschiedenen Energieträger in Euro pro Megawattstunde[292]

	Gesamtkosten	Variable Kosten
Kernkraft	33,98	12,33
Steinkohle	53,90	42,83
Braunkohle	47,80	35,03
GuD	57,96	51,31
Gasturbine	80,76	77,40
Wind Onshore	71,95	25,40
Wind Offshore	93,80	32,08
PV Freifläche	207,12	37,78
PV Dach	239,57	43,65
KWK Steinkohle	26,09	8,85
KWK Gas	46,22	37,66

---

292 Vgl. Hubertus Bardt Juni 2011 S. 8

Einzelbände

Julia Steblau: Der Atomausstieg als Folge der Reaktorkatastrophe in Japan (Fukushima) 2011; ISBN: 978-3-656-04303-4

Haike Blinn: Der bedingte Einfluss der Antiatomkraftbewegung auf den geplanten Atomausstieg Deutschlands; ISBN: 978-3-640-83298-9

Henrik Nagel: Die Ablösung der Kernenergie durch erneuerbare Energien in Deutschland; ISBN: 978-3-656-06791-7

Tobias Henze: Nuclear power in Germany - History and future prospects; ISBN: 978-3-656-36495-5

Marcus Kreysch: Die wirtschaftlichen Folgen des Atomausstiegs in Deutschland – Eine Kostenanalyse unter Einbeziehung historischer Ereignisse; ISBN: 978-3-656-23845-4